U0127957

林語堂評傳

　　中華學術，源遠流長。春秋戰國時期，諸子並起，百家爭鳴，呈現了學術思想的高度繁榮。兩漢時代，經學成為正統；魏晉之世，玄學稱盛；隋唐時代，儒釋道三教並尊；到宋代而理學興起；迨及清世，樸學蔚為主流。各個時代的學術各有特色。綜觀周秦以來至於近代，可以說有三次思想活躍的時期。第一次為春秋戰國時期，諸子競勝。第二次為北宋時代，張程關洛之學、荊公新學、蘇氏蜀學，同時並興，理論思維達到新的高度。第三次為近代時期，晚清以來，中國遭受列強的凌侵，出現了空前的民族危機，於是志士仁人、英才俊傑莫不殫精積思，探索救亡之道，各自立說，期於救國，形成中國學術思想史上的第三次眾說競勝的高潮。

　　試觀中國近代的學風，有一顯著的傾向，即融會中西。近代以來，西學東漸，對於中國學人影響漸深。深識之士，莫不資西學以立論。初期或止於淺嘗，漸進乃達於深解。同時這些學者又具有深厚的舊學根柢，有較高的鑑別能力，故能在傳統學術的基礎之上汲取西方的智慧，從而達到較高的成就。

　　試以梁任公（啟超）、章太炎（炳麟）、王靜安（國維）、陳寅恪四家為例，說明中國近代學術融會中西的學風。梁任公先生嘗評論自

己的學術云：「康有為、梁啟超、譚嗣同輩……欲以構成一種不中不西即中即西之新學派……蓋固有之舊思想既根深蒂固，而外來之新思想又來源淺觳，汲而易竭，其支絀滅裂，固宜然矣。」（《清代學術概論》）所謂「不中不西即中即西」正表現了融合中西的傾向，不過梁氏對西學的了解不夠深切而已。梁氏自稱「適成為清代思想史之結束人物」，這未免過謙，事實上梁氏是近代中國的一個重要的啟蒙思想家，誠如他自己所說「為《新民叢報》、《新小說》等諸雜誌……二十年來學子之思想頗蒙其影響……其文條理明晰，筆鋒常帶感情，對於讀者別有一種魔力焉」。梁氏雖未能提出自己的學說體系，但其影響是深巨的。他的許多學術史著作今日讀之仍能受益。

　　章太炎先生在《菿漢微言》中自述思想遷變之跡說：「少時治經，謹守樸學……及囚系上海，三歲不覿，專修慈氏世親之書……乃達大乘深趣……既出獄，東走日本，盡瘁光復之業，鞅掌餘間，旁覽彼土所譯希臘德意志哲人之書……凡古近政俗之消息、社會都野之情狀，華梵聖哲之義諦、東西學人之所說……操齊物以解紛，明天倪以為量，割制大理，莫不孫順。」這是講他兼明華梵以及西哲之說。有清一代，漢宋之學爭論不休，章氏加以評論云：「世故有疏通知遠、

好為玄談者，亦有言理密察、實事求是者，及夫主靜主敬、皆足澄心……苟外能利物，內以遣憂，亦各從其志爾！漢宋爭執，焉用調人？喻以四民各勤其業，瑕釁何為而不息乎？」這是表示，章氏之學已超越了漢學和宋學了。太炎更自讚云：「自揣平生學術，始則轉俗成真，終乃回真向俗……秦漢以來，依違於彼是之間，偏促於一曲之內，蓋未嘗睹是也。乃若昔人所謂專志精微，反致陸沉；窮研訓詁，遂成無用者，余雖無腆，固足以雪斯恥。」太炎自負甚高，梁任公引此曾加評論云：「其所自述，殆非溢美。」章氏博通華梵及西哲之書，可謂超越前哲，但在哲學上建樹亦不甚高，晚歲又回到樸學的道路上了。

王靜安先生早年研習西方哲學美學，深造有得，用西方美學的觀點考察中國文學，獨闢蹊徑，達到空前的成就。中年以後，專治經史，對於殷墟甲骨研究深細，發明了「二重證據法」，以出土文物與古代史傳相互參證，達到了精確的論斷，澄清了殷周史的許多問題。靜安雖以遺老自居，但治學方法卻完全是近代的科學方法，因而取得卓越的學術成就，受到學術界的廣泛稱讚。

陳寅恪先生博通多國的語言文字，以外文資料與中土舊籍相參

證，多所創獲。陳氏對於思想史更有深切的睿見，他在對於馮友蘭《中國哲學史》的《審查報告》中論儒佛思想云：「佛教學說，能於吾國思想史上發生重大久遠之影響者，皆經國人吸收改造之過程。其忠實輸入不改本來面目者，若玄奘唯識之學，雖震動一時之人心，而卒歸於消沉歇絕⋯⋯在吾國思想史上⋯⋯其真能於思想上自成系統，有所創獲者，必須一方面吸收輸入外來之學說，一方面不忘本來民族之地位。」這實在是精闢之論，發人深思。陳氏自稱「平生為不古不今之學，思想囿於咸豐同治之世，議論近乎曾湘鄉張南皮之間」，但是他的學術成就確實達到了時代的高度。

此外，如胡適之在文化問題上傾向於「全盤西化論」，而在整理國故方面作出了多方面的貢獻。馮友蘭先生既對於中國哲學史進行了系統的闡述，又於40年代所著《貞元六書》中提出了自己的融會中西的哲學體系，晚年努力學習馬克思主義，表現了熱愛真理的哲人風度。

胡適之欣賞龔定庵的詩句：「但開風氣不為師。」熊十力先生則以師道自居。熊氏戛戛獨造，自成一家之言，讚揚辯證法，但不肯接受唯物論。馮友蘭早年擬接續程朱之說，晚歲歸依馬克思主義唯物

論。這些大師都表現了各自的特點。這正是學術繁榮，思想活躍的表現。

　　百花洲文藝出版社有鑒於中國近現代國學大師輩出，群星燦爛，構成中國思想史上第三次思想活躍的時代，決定編印《國學大師叢書》，以表現近代中西文明衝撞交融的繁盛景況，以表現一代人有一代人之學術的豐富內容，試圖評述近現代著名學者的生平及其學術貢獻，凡在文史哲任一領域開風氣之先者皆可入選。規模宏大，意義深遠。編輯部同仁建議我寫一篇總序，於是略述中國近現代學術的特點，供讀者參考。

張岱年

1992年元月，序於北京大學

重寫近代諸子春秋

《國學大師叢書》在各方面的關懷和支持下，就要陸續與海內外讀者見面了。

當叢書組編伊始（1990年冬）便有不少朋友一再詢問：為什麼要組編這套叢書？該叢書的學術意義何在？按過去理解，「國學」是一個很窄的概念，你們對它有何新解？「國學大師」又如何劃分？……作為組織編輯者，這些問題無疑是必須回答的。當然，回答可以是不完備的，但應該是明確的。現謹在此聊備一說，以就其事，兼謝諸友。

一、一種闡述：諸子百家三代說

中華學術，博大精深；中華學子，向以自強不息、厚德載物之精神著稱於世。在源遠流長的中國學術文化史上，出現過三個廣開風氣、大師群起的「諸子百家時代」。

第一個諸子百家時代，出現在先秦時期。那時，中華本土文化歷經兩千餘年的演進，已漸趨成熟，老莊、孔孟、楊墨、孫韓……卓然穎出，共同為中華學術奠定了長足發展的基脈。此後的千餘年間，漢儒乖僻、佛入中土、道教蘖生，中華學術於發展中漸顯雜陳。宋明時

期，程朱、陸王……排漢儒之乖、融佛道之粹、倡先秦之脈、興義理心性之學，於是，諸子百家時代再現。降及近代，西學東漸，中華學術周遭衝擊，文化基脈遇空前挑戰。然於險象環生之際，又一批中華學子，本其良知、素養，關注文化、世運，而攘臂前行，以其生命踐信。正所謂「鐵肩擔道義，妙手著文章」，康有為、章太炎、嚴復、梁啟超、王國維、胡適、魯迅、黃侃、陳寅恪、錢穆、馮友蘭……他們振民族之睿智，汲異域之精華，在文、史、哲領域篳路藍縷，於會通和合中廣立範式，重開新風而成績斐然。第三個諸子百家時代遂傲然世出！

《國學大師叢書》組編者基於此，意在整體地重現「第三個諸子百家時代」之盛況，為「第三代」中華學子作人傳、立學案。叢書所選對象，皆為海內外公認的學術大師，他們對經、史、子、集博學宏通，但治學之法已有創新；他們的西學造詣令人仰止，但立術之本在我中華從而廣開現代風氣之先。他們各具鮮明的學術個性、獨具魅力的人品文章，皆為不同學科的宗師（既為「經」師，又為人師），但無疑地，他們的思想認識和學術理論又具有其時代的共性。以往有過一些對他們進行個案或專題研究的書籍面世，但從沒有對他們及其業

續進行過集中的、整體的研究和整理，尤其未把他們作為一代學術宗師的群體（作為一個「大師群」）進行研究和整理。這批學術大師多已作古，其學術時代也成過去，但他們的成就惠及當今而遠未過時。甚至，他們的一些學術思想，我們至今仍未達其深度，某些理論我們竟會覺得陌生。正如第一代、第二代「諸子百家」一樣，他們已是中華學術文化傳統的一部分，研究他們，也就是研究中國文化本身。

對於「第三代諸子百家」及其學術成就的研究整理，我們恐怕還不能說已經充分展開。《國學大師叢書》的組織編輯，是一種嘗試。

二、一種觀念：一代人有一代人之學術

縱觀歷史，悉察中外，大凡學術的進步不能離開本土文化基脈。但每一代後起學子所面臨的問題殊異，他們勢必要或假古人以立言、或賦新思於舊事，以便建構出無愧於自己時代的學術。這正是「自強不息、厚德載物」之精神在每一代學子身上的最好體現。以上「三代」百家諸子，莫不如是。《國學大師叢書》所沿用之「國學」概念，亦當「賦新思於舊事」而涵注現時代之新義。

明末清初，王（夫之）、顧（炎武）、黃（宗羲）、顏（元）四傑

繼起，矯道統，斥宋儒，首倡「回到漢代」，以表其「實學實行實用之天下」的樸實學風，有清一代，學界遂始認「漢學」為地道之國學。以今言之，此僅限「國學」於方法論，即將「國學」一詞限於文字釋義（以訓詁、考據釋古文獻之義）之範疇。

《國學大師叢書》的組編者以為，所謂國學就其內容而言，系指近代中學與西學接觸後之中國學術，此其一；其次，既是中國學術便只限於中國學子所為；再次，既是中國學子所為之中國學術，其方式方法就不僅僅限於文字（考據）釋義，義理（哲學）釋義便也是題中應有之義。綜合起來，今之所謂國學，起碼應拓寬為：近代中國學子用考據和義理之法研究中國古代文獻之學術。這些文獻，按清代《四庫全書總目》的劃分，為經、史、子、集四部。經部為經學（即「六經」，實只五經）及文字訓詁學；史部為史志及地理志；子部為諸子及兵、醫、農、曆算、技藝、小說以及佛、道典籍；集部為詩、文。由此視之，所謂「國學家」當是通才。而經史子集會通和合、造詣精深者，則可稱為大師，即「國學大師」。

但是，以上所述仍嫌遺漏太多，而且與近現代學術文化史實不相吻合。國學，既是「與西學接觸後的中國學術」，那麼，這國學在內

涵上就不可能，也不必限於純之又純的中國本土文化範圍。尤其在學術思想、學術理論的建構方式上，第三代百家諸子中那些學貫中西的大師們，事實上都借用了西學，特別是邏輯分析和推理，以及與考據學有異曲同工之妙的實證方法，還有實驗方法、歷史方法，乃至考古手段……而這些學術鉅子和合中西之目的，又多半是「賦新思於舊事」，旨在建構新的學術思想體系，創立新的學術範式。正是他們，完成了中國學術從傳統到現代的轉型。我們今天使用語言的方式、思考問題的方式……乃得之於斯！如果在我們的「國學觀念」中，將他們及其學術業績排除在外，那將是不可理喻的。

至此，《國學大師叢書》之「國學」概念，實指：近代以降中國學術的總稱。「國學大師」乃「近現代中國有學問的大宗師」之意。因之，以訓詁考據為特徵的「漢學」，固為國學，以探究義理心性為特徵的「宋學」及兼擅漢宋者，亦為國學（前者如康有為、章太炎、劉師培、黃侃，後者如陳寅恪、馬一浮、柳詒徵）；而以中學（包括經史子集）為依傍、以西學為鏡鑒，旨在會通和合建構新的學術思想體系者（如梁啟超、王國維、胡適、熊十力、馮友蘭、錢穆等），當為更具時代特色之國學。我們生活在90年代，當取「一代人有一代人

之學術」（國學）的觀念。

《國學大師叢書》由是得之，故其「作人傳、立學案」之對象的選擇標準便相對寬泛。凡所學宏通中西而立術之本在我中華，並在文、史、哲任一領域開現代風氣之先以及首創新型範式者皆在入選之列。所幸，此舉已得到越來越多的當今學界老前輩的同情和支援。

三、一個命題：歷史不會跨過我們這一代

中西文明大潮的衝撞與交融，在今天仍是巨大的歷史課題。如今，我們這一代學人業已開始自己的學術歷程，經過80年代的改革開放和規模空前的學術文化積累（其表徵為：各式樣的叢書大量問世，以及紛至遝來名目繁多的學術熱點的出現），應當說，我們這代學人無論就學術視野，抑或就學術環境而言，都是前輩學子所無法企及的。但平心而論，我們的學術功底尚遠不足以承擔時代所賦予的重任。我們仍往往陷於眼花繚亂的被動選擇和迫不及待的學術功利之中難以自拔，而對自己真正的學術道路則缺乏明確的認識和了悟。我們至今尚未創建出無愧於時代的學術成就。基於此，《國學大師叢書》的組編者以為，我們有必要先「回到近現代」──回到首先親歷中西文

化急劇衝撞而又作出了創造性反應的第三代百家諸子那裡去！

　　經過一段時間的困惑與浮躁，我們也該著實潛下心來，去重新瞭解和領悟這一代宗師的學術生涯、為學風範和人生及心靈歷程（大師們以其獨特的理智靈感對自身際遇作出反應的閱歷），全面評價和把握他們的學術成就及其傳承脈絡。唯其貫通近代諸子，我們這代學人方能於曙色熹微之中，認清中華學術的發展道路，了悟世界文化的大趨勢，從而真正找到自己的學術位置。我們應當深信，歷史是不會跨過我們這一代的，90年代的學人必定會有自己的學術建樹。

　　我們將在溫情與敬意中汲取，從和合與揚棄中把握，於沉潛與深思中奮起，去創建有中國特色的社會主義新文化。這便是組織編輯《國學大師叢書》的出版宗旨。當我們這代學人站在前輩學術鉅子們肩上的時候，便可望伸開雙臂去擁抱那即將到來的中華學術新時代！

錢宏（執筆）

1991年春初稿

1992年春修定

自　序

　　為林語堂寫評傳不容易，即使是以學術成就為主的評傳。

　　林語堂在《八十自敘》中說：「我只是一團矛盾而已，但是我以自我矛盾為樂。」其實世界上沒有絕對單純的人，人人都是一團矛盾，不過有人的矛盾比較簡單、清晰，有人的矛盾則既多且亂，不容易理出頭緒來。林語堂身處政治、學術紛爭的時代，且又是個不甘寂寞的人，各種矛盾在他身上反映出來是不奇怪的。糟還糟在他「以自我矛盾為樂」，自視甚高，常常愛唱點別調、反調，世人對他的評價自然就更加難以一致了。

　　林語堂到底值不值得研究？他主要是個政治人物，還是個學者、作家？

　　在政治紛爭的時代，任何人當然不可能完全脫離政治的影響。但從林語堂一生的活動來看，他可以說是一個著作等身、影響頗大的學者和作家，非常值得研究。

　　林語堂說自己是「兩腳踏東西文化，一心評宇宙文章」，「對外國人講中國文化，而對中國人講外國文化」。照我看，他的成就雖然兩方面都有，但以「對外國人講中國文化」更為重要。他介紹中國文化的英文著作有二三十種之多。在國外出版這類著作種數之多、印量

之大、影響之深遠，恐怕沒有第二個人可以和他相比。美國文化界曾
將林語堂列為「20世紀智慧人物」之一。美國波士頓西門斯學院圖書
館學專家安德森認為林語堂「一身融匯了東西的智慧」，可以稱得上
「文化人中之龍鳳」。美國前總統布希也曾選讀林語堂的作品，作為
瞭解中國的參考，並給予了相當高的評價。這一切都說明了林語堂在
學術界的地位。無視或否認這一事實是不明智的。

　　當然，林語堂由於自身種種的侷限，他對中國文化的宣傳不可能
都正確、都深刻，他對中西文化的看法不一定都站得住腳。哪些該肯
定，哪些應否定，哪些值得進一步探討，這一切，都需要我們拿他的
作品來進行具體的分析研究，不能憑印象或憑感情輕易下結論。

　　可是由於種種原因，林語堂的著作一向介紹、出版得很少，因而
也就談不上什麼研究。改革開放以來，學術研究的環境改善了，海內
外的學術交流增加了。特別是近幾年，林語堂的中文著作重印了不
少，英文著作也有相當一部分出版了譯本，這就為研究工作提供了良
好的基礎。正是在這樣的前提和基礎上，劉炎生同仁寫出了他的研究
性著作《林語堂評傳》。

　　我個人認為，《林語堂評傳》代表了國內林語堂研究的新成果，

具有相當突出的特點。

特點之一是研究的角度新。過去對林語堂的研究均從「文學家」著眼，主要評價他的散文理論、散文創作和小說創作。而《評傳》則從「國學家」的角度切入，全面評述了林語堂在文藝學、語言學、文化學、哲學、歷史學等等方面的活動及觀點和著作。我認為作為學者的林語堂比作為作家的林語堂成就更大，更值得研究。這個角度選得好。

特點之二是提供了不少新材料。劉炎生同仁查閱了報導過林語堂活動的大量報紙、雜誌，通讀了林語堂主編的《論語》、《人間世》、《宇宙風》雜誌，搜集了大陸、香港、臺灣出版的各種林語堂著作，從中發掘出不少寶貴的材料。如林語堂在方言、古音、簡體俗字方面的研究成果，過去雖有人提及，但均語焉不詳，《評傳》作了較具體的介紹。又如林語堂參加「五四新文化運動」的情況、林語堂對泰戈爾的批評、林語堂在「三一八慘案」前後的活動、林語堂在武漢國民政府服務期間的活動、林語堂對「西安事變」的肯定及對毛澤東、朱德、張學良的讚揚等等，不少材料均是前人未道及的。這些材料的發掘與披露，對我們全面瞭解和評價林語堂，無疑是十分重要的。事實

是學術研究的基礎，過去有些著作或因掌握材料不全，或因有意無意回避某些事實，因而無法作出正確的結論。《評傳》在提供材料方面力求全面、客觀，這一優點是非常突出的。

特點之三是在評價林語堂方面提出了不少新觀點。過去不少著作評價林語堂以「是否與左翼文人步調一致」為標準，一致的就肯定，不一致的就否定。這一標準顯然過於狹隘。《評傳》則具體問題具體分析，以是否反帝反封建、是否愛國、是否有利於民族文化的發展、是否有利於中西文化的互補與融合等等作為標準，這種立足點顯然高得多，其評價結果當然也會大不相同。例如對林語堂提倡幽默、提倡小品文的個人筆調，林語堂主編的《論語》、《人間世》、《宇宙風》雜誌，林語堂在海外宣傳中華文化的活動，《評傳》有的作了充分肯定，有的作了基本肯定。這幾件事是關係林語堂一生的大事，肯定這幾件事對確立林語堂的學者形象至關重要。敢於推翻一些傳統的看法，用新的尺度評價歷史現象，在這點上顯示了《評傳》作者的膽識。

總之，《林語堂評傳》的出版，說明在林語堂研究這個領域，向前大大跨進了一步。當然，由於林語堂本身存在的種種矛盾，對他的

看法也必然見仁見智，一下子不可能取得統一。不過學術研究往往是在爭論中取得進步的，我相信這本書的出版，將會對像林語堂這樣的有爭議的歷史人物的研究工作，起推動作用。

　　《林語堂評傳》是劉炎生同仁長期積累、辛勤耕耘的成果，我祝賀他取得這樣可喜的成果，我相信他會在今後的研究工作中做出更輝煌的成績。

諸孝正

英文提要

P R É C I S ———————————————————————————— —— ———

    This is a book commenting on Lin Yutang's all life cultural activities from the visual angle of the experts in the theory of the state.

    The book has reviewed systematically Lin Yutang's achievements won in the research work in the theory of the state. He was of great attainments in linguistics and he was an innovator in lexicographical work and indexes. He was a famous linguist who took an early part in the study of the phonetics of archaism, initiated the research on different dialects and used common, simplified words. He not only had a deep and wide range study of Confucianism and the theory of Taoists, made an earnest research on the relationship between their connotation and the life of modern society, but also put forward a lot of valuable points about criticism and inheritance. He had a good knowledge of ancient Chinese literature, drawing and calligraphy art and an unique understanding of Su Dongpo, Tao Yuanming and Yuan Zhonglang, he made a great breakthrough in the study of "The Red Mansion". Lin made great contribution to the introduction of Chinese national culture to the western world and made important contribution to the promotion of the exchange between Chinese culture and the western culture.He was the first scholar who systematically introduced Chinese traditional classics to the western countries and put forward very early important opinions of "mutual supplement" and "mixing" between China and the western countries.

In the meantime, the book describes the close relationship between Lin Yutang's research activities in the theory of the state and his social critical activities. When he analysed the negative influence of the traditional culture during the period of "Yu Si", he made a close connection with social Criticism. After "April Twelfth" Counter-revolutionary Coup, he expressed his indignation at the cruel situation; when he criticized the current politics, he connected it with the critique of the old culture. When he propagandized the Anti-Japanese War abroad, he used the traditional culture as the weapon to attack the aggressors and fascists.

In addition, the book also includes the connection of Lin Yutang's research activites in the theory of the state and his literary activities. He used for reference the western literary concept to inherit our classical literary tradition and formed a kind of unique literary propositions; he was the first who proposed humour, personality, familiar essays and personal styles and he did a great deal to the development of our humour literature and familiar essays.

This book which is full of historical facts, with new and objective viewpoints, will be of great help to the readers who want to know Lin Yutang.

　　由於眾所周知的原因，我國學術界長期不重視對林語堂的研究，未能把他作為一個客觀存在的有過較大影響的文化現象來加以正視和評價。有些中國現代文學史著作，只是把他當作一個反動作家罵幾句了事。這就使許多人特別是青年不知道他是一個怎樣的人。

　　自從80年代初開始，隨著實事求是的治學精神的恢復和發揚，逐漸出現了「林語堂熱」。至目前為止，已出版了林語堂的大量著作，引起了廣大讀者的興趣。同時，發表了不少有關的學術論著，認真地論評了他的許多活動和著作，反映了他的較為真實的情況。不過，多數研究者只是從文學家的角度來評價他的得失，對有些問題的研究有欠深入，而且有的論者仍然對他作過多的否定，好些觀點並不公允。因而，有必要對他作進一步的研究。

　　百花洲文藝出版社計畫出版一套《國學大師叢書》，並決定將《林語堂評傳》列為該叢書的一種，由我負責撰寫。這對我來說是一個難得的磨煉機會，可以在如何評價具有複雜性的現代學人和作家方面作有益的嘗試。因而，我決意不揣淺陋，盡力把它寫出來。

　　一般人都只是把林語堂看作一個作家，其實他更是一個有建樹的國學家。他知識淵博，學貫中西，經歷了中西兩種不同的文化環境，

以西方文化作為參照系，對我國傳統文化既有宏觀上的把握，又有微觀方面的研究，創獲不少。他在語言學方面有很高的造詣，是字典檢字法的革新者，是從事古音研究、宣導方言研究和使用俗字（簡體字）的著名語言學家。他對儒家和道家學說有較全面而深入的研究，對它們的內蘊及與現代社會人生的關係作了認真的探討，對它們該如何加以批判繼承提出了有價值的看法。他對我國古代文學、繪畫和書法也頗為熟悉和精通，尤其對蘇東坡和《紅樓夢》等作家作品有獨到的見解。他還在向西方宣揚中華民族文化和實現中西文化融合方面作出了突出的貢獻，他的《吾國與吾民》、《生活的藝術》、《孔子的智慧》、《老子的智慧》、《蘇東坡傳》和《京華煙雲》等著作，對於促進西方讀者瞭解中華民族文化起到了重要作用。

林語堂的國學研究活動，往往與他的社會批評活動有密切的關係。他在《語絲》時期剖析傳統文化的消極影響時，就與抨擊軍閥政府及「叭兒狗」文人緊密聯繫起來。他在「四一二」反革命政變後，抒發不滿黑暗現實的感慨和譏評時政時，又與舊文化的批評結合起來。他在海外宣傳抗日救國時，則把傳統文化作為抨擊侵略者和法西斯的武器。直到美國製造「兩個中國」的謬論時，他也從傳統的民族

感情出發，堅決加以反對。

　　林語堂的國學研究活動，也與他的文學活動分不開。他借鑑西方的文學觀念，繼承我國古典文學傳統，形成了獨特的文學主張，曾在我國首倡幽默，並提倡性靈（個性）、小品文和個人筆調，對我國的幽默文學和小品文的發展產生了很大影響。

　　鑒於這些情況，我構思寫作此書時，以林語堂一生的主要經歷為貫穿線索，以他的國學研究活動為中心內容，將他的社會批評活動和文學活動等穿插其中，並力求做到有機統一，以便較充分地反映他所取得的成就和存在的某些偏限。所作的具體闡述，大都是從有關的原始材料中挖掘出來的，有些還是目前評論界尚未涉及的。希望此書對於讀者瞭解林語堂的文化活動多少有些裨益。

　　當我醞釀寫作此書時，曾得到陳則光和廖子東先生的關懷和支持。陳先生是我的老師，曾親切地對我說：「林語堂是有學問的，值得研究。」廖先生曾手把手地指導我治學多年，曾幾次談及對林語堂的看法，並將他收藏的林語堂著作送給我參考。二位先生均已謝世。謹借此書對二位前輩學者，表示永恆的懷念。

目　錄

C O N T E N T S ————————— — —— ——

總　序　張岱年　001

重寫近代諸子春秋　錢宏（執筆）　001

序　諸孝正　001

英文提要　001

前　言　001

第一章　早年的文化薰陶　001

  1.1　「山地的孩子」　002

  1.2　在尋源書院　006

  1.3　在聖約翰大學　007

第二章　出國遊學前後的文化汲納　011

  2.1　在清華學校　012

  2.2　在哈佛大學　016

  2.3　在樂魁索、耶那和萊比錫大學　019

第三章　重返北京初年對傳統文化的態度及其他　023

3.1　執教北京大學　024

3.2　提倡用科學方法研究國學　025

3.3　研究語言學　026

3.4　首倡幽默　031

3.5　批評泰戈爾的說教　034

第四章　《語絲》時期對傳統文化的反思和致力於社會批評　037

4.1　參加語絲社　038

4.2　主張徹底改造「國民性」　040

4.3　斥責紳士名流的「高調」　045

4.4　抨擊「勿談政治」　047

4.5　支持「女師大」學生的正義鬥爭　049

4.6　「首都革命」中的勇士　052

4.7　「費厄潑賴」一由贊同到擯棄　053

4.8　「三一八」慘案發生後的悲憤　058

4.9　「打狗運動」的急先鋒　063

4.10　對執政府和「叭兒狗」的總攻擊　067

4.11　被迫逃亡　070

第五章　在廈門大學和武漢革命政府期間的文化活動　071

5.1　出任廈門大學文科主任兼國學院總秘書　072

5.2　繼續從事語言學研究　073

5.3　反對扼殺國學研究　077

5.4 「沒有盡到地主之誼」 080

5.5 終於離開廈門大學 082

5.6 「投身加入武漢的國民政府服務」 084

5.7 抨擊「東方文明」 087

5.8 「對那些革命家也感到膩煩」 089

第六章　到上海後的國學研究和對東西文明的態度 091

6.1 重逢魯迅與在中央研究院任職 092

6.2 不滿黑暗現實 094

6.3 《子見南子》事件 098

6.4 語言學研究取得新的成果 100

6.5 在東吳大學任教和編寫英語教材 101

6.6 論東西文明 104

6.7 論白璧德的古典主義與克羅齊的表現主義 108

第七章　《論語》前期的社會活動和文化活動 113

7.1 創辦《論語》 114

7.2 中國民權保障同盟的「宣傳主任」 122

7.3 歡迎蕭伯納 125

7.4 譏評時政 127

7.5 進一步提倡幽默 133

7.6 提倡性靈 142

7.7 提倡語錄體 146

7.8 提倡俗字（簡體字） 148

第八章　創辦《人間世》、《宇宙風》和寫作《吾國與吾民》　155

8.1　創辦《人間世》　156

8.2　暢談小品文的特性　157

8.3　西方小品文藝術和中國小品文傳統　160

8.4　「到底是前進的」　164

8.5　創辦《宇宙風》　166

8.6　反對文學成為「政治的附庸」　166

8.7　重視古代文化遺產　169

8.8　「盡了它們的使命」　172

8.9　《語言學論叢》和《大荒集》、《我的話》出版　175

8.10　《吾國與吾民》的寫作由來　176

8.11　《吾國與吾民》的不同反響　179

8.12　《吾國與吾民》是一部怎樣的書？　181

8.13　舉家旅美　190

第九章　在海外弘揚中華民族文化和宣傳抗日救國　193

9.1　旅美之初　194

9.2　《生活的藝術》轟動美國　196

9.3　《生活的藝術》的內涵　199

9.4　宣傳抗日救國　211

9.5　編寫《孔子的智慧》　213

9.6　充滿傳統文化精神的民族正氣歌——《京華煙雲》　218

9.7　傳統文化成為抨擊法西斯的武器　226

9.8　回到重慶　230

9.9　《中國與印度的智慧》和《啼笑皆非》　232

9.10　再回重慶　234

第十章　繼續在海外弘揚中華民族文化和反對美國製造「兩個中國」 239

10.1 以傳記形式介紹中國文化——《蘇東坡傳》 240

10.2 編寫《老子的智慧》 244

10.3 譯介中國古代小說名作 247

10.4 三次榮獲榮譽博士學位 248

10.5 嚴肅的歷史傳記——《武則天傳》 250

10.6 初次訪台和反對製造「兩個中國」 254

10.7 到華盛頓講演和邀遊中南美六國 255

10.8 鄉愁益濃 258

10.9 結束旅美生涯 260

第十一章　在臺灣從事文化活動的新績 263

11.1 定居臺灣 264

11.2 《無所不談合集》 265

11.3 《紅樓夢》研究 267

11.4 主張「回復孔孟面目」 276

11.5 提倡整理漢字 278

11.6 主編《當代漢英詞典》 281

11.7 飲譽國際文壇 283

11.8 告別世界 287

附錄一　林語堂學術行年簡表 291

附錄二　參考資料 307

後　記 311

第一章

早年的文化薰陶

1.1 「山地的孩子」

1895年10月10日，林語堂出生於福建南部山區龍溪縣阪仔村一個基督教家庭。他的父親為他取的乳名叫和樂。

阪仔村，是一個四面高山環抱的小村莊。當地人稱它東湖。村子的南面是十尖山，高聳入雲，無論晴雨，都掩映於雲霧之間。北面是石缺山，矗立如鋸齒形狀，山壁陡立，危崖高懸，塞天閉日。山嶺上中間裂開，傳說有一仙人曾路過此山時將其大趾誤插在石上裂痕。接近東南方向，有一帶橫嶺。村中有一條河，急流激湍，但水淺不深。村中土地肥沃，農民們世世代代在這裡耕種，過著異常純樸的生活。

林語堂是在阪仔度過快樂的童年生活的。他小時候，是一個無憂無慮而又好動的孩子。經常涉足於山野、禾田或河岸邊，盡情地呼吸大自然的清新、自由的空氣，欣賞日落時的奇景，和氣吞萬象的高山雄壯景色。這使他驚異於大自然的神奇變幻，並常常幻想怎樣走出這四面皆山的深谷，更是培育了他酷愛自由、不受束縛的個性，以及熱愛故鄉山水之情。他曾一再自詡是「山地的孩子」，並在《四十自敘》詩中寫道：

> 我本龍溪村家子，環山接天號東湖；
> 十尖石起時入夢，為學養性全在茲。

可見，阪仔的山水給林語堂的影響是很大的。

林語堂的祖父，是漳州北郊貧瘠的五裡沙村的農民。1865年（同治四年），太平天國侍王李世賢的部隊撤離漳州地區時，他被抓去當挑夫而失蹤。祖母是基督教徒，生有二子。自從丈夫被抓走之後，她逃到廈門鼓浪嶼，將次子送當地一個有錢的呂姓醫生，將長子（林語堂的父親）留在身邊，相依為命。她是農家出身的婦女，力氣很大，頗有膽量。有一次在五裡沙受到十幾個土匪襲擊時，她竟揮動一根扁擔將他們擊退。

林語堂的父親叫林至誠，曾做過小販，經常肩挑糖果或炒豆，四處叫賣。有時挑米去監獄賣，或挑竹筍到漳州去出售。十三四歲時，他還無償地為一位牧師搬運行李，走了八九十公里，結果，超負荷的重擔使他的肩膀上留下了一個永不消失的疤痕。他後來把自己肩上的疤痕指給孩子們看，「要小孩們知道必須刻苦耐勞，才能站起來做人」[1]。24歲時，他入了教會的神學院，成了一個虔誠的基督徒，在阪仔村傳教。他同情勞動者，敢於跟邪惡的稅吏、鄉紳抗爭，是一個「理想主義者」和「樂天派」，「敏銳而熱心，富於想像，幽默詼諧」。他通過自學，有一定的中文修養。而且由於經常閱讀傳教士范禮文博士介紹的「新學」書籍，和上海基督教學會林樂和牧師（Young. J.Allen）主編的《教會消息》，對西方文化有所瞭解，思想較新，因而不僅擁護光緒皇帝的改革新政，並希望自己的六個兒子都能上大學讀書，甚至到牛津大學、柏林大學去深造。

林至誠對自己的孩子們，和藹可親，異常愛護，除送他們上學念

1　《林語堂自傳》，《逸經》第17、18、19期。

書外，平時還親自教他們讀書。林語堂六歲入阪仔的銘新小學。十歲時，跟他的三哥憾廬等到廈門鼓浪嶼教會小學讀書，住在叔父家裡。每逢暑假，他們兄弟回到家裡，每天早飯後搖鈴上課，林至誠教他們讀《四書》、《詩經》、《聲律啟蒙》和《幼學瓊林》等書籍，還教他們對對子。他能夠輕鬆從容地把經典的意思講解出來，孩子們都很佩服。林語堂生性聰敏，接受能力強。他不僅能領會他父親所講的知識，而且很快學會了對對子。有一次，學校的一位國文教師給他的一篇作文寫上「如巨蟒行小徑」的評語，意思是說他的行文拙笨。他看了後，即時回敬以「似小蚓過荒原」，對得頗為工整。

林語堂曾說，「我所有的些少經書知識乃早年由父親庭訓而得」[2]，「我因為幼承父親的庭訓，對儒家經典根底很好，而我會把它銘記於心」[3]，「少時常聽我父親引孟子說：『雖存乎人者，豈無仁義之心哉。』一這句話不知如何，永遠縈繞在我心上。這樣的人生觀，不是很好的嗎？」[4]他甚至還表示過，「行為尊孔孟，思想服老莊，這是我個人自勵的準繩。『文章可幽默，作事須認真』，也是我律己的格言。這種態度，與我少時的家教有關」[5]。這就表明，少年時期的家庭教育，使林語堂受到了我國傳統文化的薰陶，並對他後來的人生觀和治學產生了深遠的影響。

此外，林語堂也從他父親那裡接受了西方文化的啟蒙教育。譬如，經常引導他學好英語，到國內外最好的大學去讀書；給他灌輸基

2　《林語堂自傳》，《逸經》第17、18、19期。
3　《八十自敘》，臺灣風雲時代出版公司，1989年版。
4　林語堂：《孟子說才志氣欲》，《無所不談合集》，臺灣開明書店，1985年四版。
5　《論做一個人》，《無所不談合集》，臺灣開明書店，1985年四版。

督教義，使他從小就成了一個虔誠的基督教徒；還非常愛看林琴南譯的西洋小說，如《福爾摩斯》、《天方夜譚》、《茶花女》以及史各德、狄更斯、莫泊桑等人的作品。

林語堂的母親楊順命，是一位出身貧苦農家的善良忠厚的婦女。因為丈夫是牧師，因而她在鄉村裡頗有威望。但她從不對人擺架子，經常請過路的農夫到家裡乘涼，喝茶。她對孩子們十分慈愛，孩子們也非常敬愛她。有個暑假，林語堂和他的二姐美宮編了一個法國偵探故事講給她聽，目的是為了使她聽了後得到快樂。她聽了幾回後明白了他們的用意，便哈哈大笑說：「原來你們在騙我，沒有這種事！」[6] 她牙齒不好，笑的時候總是用手捂著嘴。

林語堂有五個兄弟，兩個姐姐。長兄景良（和安），二兄玉霖（和風），三兄憾廬（和清），四兄和平（早歿），弟弟玉苑（幽），長姐瑞珠，二姐美宮。在父母的教育和基督教義的影響下，他跟兄弟姐姐親密無間，感情融洽。不僅經常在一起玩耍，讀書，而且一起做一些力所能及的家務。在他們之間從未發生過不愉快的事情。因而，他們長大後都能互相幫助，互相支持。

對林語堂影響最大的，是他的二姐美宮。她長得清秀、聰穎，在毓德女校畢業後，很想去福州上大學念書，因而一再拒絕母親談論婚事。但父親月薪只有24元，又一心要把幾個男孩送進大學，無力滿足她的心願。於是，當她看到實在沒有希望時，只好答應婚嫁。她嫁給西溪鄉下的一個男人。林語堂參加了她的婚禮。在婚禮前一天，她從

6　林太乙：《林語堂傳》，臺灣聯經出版事業公司，1989年版。

身上掏出四角錢送給林語堂，並說：「我們是窮人家，二姐只有這四角錢給你。你不要糟蹋上大學的機會。我因為是女的，所以沒有這種福氣。你要立定決心，做個好人，做個有用的人，好好的用功讀書，因為你必得成名。你從上海回家時，再來看我。」[7]這和著眼淚傾吐出來的心裡話，使林語堂受到很大的震動和激勵，心神不安，仿佛自己是在替她上大學似的。次年秋天，她因患鼠疫去世，死時已懷孕7個月了。這更是給了林語堂莫大的刺激，內心十分痛苦，並終生未能忘懷。

1.2　在尋源書院

林語堂13歲時，進入廈門教會學校尋源書院讀書。之所以進這所學校，是因為他父親是信仰基督教的牧師，而且該校可以免交學費和膳費。

在這裡讀書，林語堂感到「白費光陰」。該校校長是美國人畢牧師，無意於教育而醉心於發財，品行貪婪無厭。他當時熱衷於做房地產生意。林語堂經常聽見他在辦公室裡不停地打算盤的聲音。他開設的課程雖然有地理、算術、經典、地質學，但教材內容很簡單，而且教員講課不顧學生的個性需要和是否真有所得。因而，林語堂深為失望和反感，但他卻不用花多少工夫，便能升級，並名列前茅。

尤為不合理的是，該校規定學生不准看中國的報紙，不准看中國

7　《林語堂自傳》，《逸經》第17、18、19期。

的戲劇，不准學習中文。這顯然是別有用心的。其結果，嚴重影響了林語堂學習祖國的文化知識，使他遲遲不知道孟姜女哭夫以至淚沖長城的傳說，也不懂得後羿射日十落其九，而其妻嫦娥奔月遂為月神的故事，更是從未聽說過女媧氏煉石一以三百六十五塊石補天，其後她剩下的那第三百六十六塊石便成為《紅樓夢》中的主人公寶玉的故事，等等。林語堂後來發現自己在瞭解祖國的文化知識上有很大缺陷時，便對該校的教育有「憤恨」之情。

在失望之餘，林語堂只好自行閱讀一些傳統文化書籍。他曾閱讀過蘇東坡的作品，並產生了很大的興趣，也接觸過司馬遷的《史記》、吳乘權的《綱鑒易知錄》等。遺憾的是，該校沒有一個圖書館，林語堂無法讀到更多的書籍。他後來頗有感慨地說：「如果當時有一圖書館，充滿好書，任我獨自與天下文豪結神交，我當得特殊的鼓舞。」[8]

1.3　在聖約翰大學

林語堂17歲時，以第二名的成績畢業於尋源書院。接著，他便幸運地進入上海聖約翰大學就讀。這所大學是當時中國培養英語人才的最好學校。他先在該校預備學校學了一年半英語。由於刻苦用功，經常鑽研一本袖珍牛津英文字典，對於任何一個英文字，或是一個英文片語的用法，如不弄清楚，絕不放過去，因而把英語學通了。

8　《林語堂自傳》，《逸經》第17、18、19期。

在聖約翰大學就讀時，林語堂曾加入神學院，預備獻身為基督教服務。可是，過了一年半便離開了。因為他無法接受種種凡庸瑣屑而又荒謬的教義說法，如耶穌是童女所生和他肉體升天的說法。

聖約翰大學有一些好教授，如巴頓‧麥克奈、瑞邁爾等，學識都很好。可是，由於課堂教學的刻板，學生沒有很多發問的機會，對聽得合意的有趣的又不能完整記錄下來。因而，林語堂對當時的課堂教學並不滿意，認為「由課堂的講演中得益無多」[9]。不過，他在跟校長卜舫濟博士和幾個較好的教授的日常接觸中，尤其是聽了李壽山女士（林語堂的第一個英語教師）一口優美的英語後，使他得益不少，並覺得他們仁愛、誠懇而真實。

課餘，林語堂喜歡到學校圖書館挑選書籍看。他先後借閱了張伯倫的《十九世紀的基礎》、赫克爾的《宇宙之謎》、華爾德的《社會學》、斯賓塞的《倫理學》、韋習特墨的《婚姻論》等等。通過閱讀這些著作，使他增加了社會科學知識，增進了對西方文化和生活的瞭解。

在聖約翰大學，林語堂幾乎完全停止了對中文的研讀。該校雖然開設了中文課，但校方根本不把它當作一回事。即使學生的中文成績年年不及格，也照樣可以畢業。當時教中文的教員盡是一些老學究，缺乏新的知識，怪誕可笑，講授亦很不得法。有一位教員竟然說可以坐汽車由中國到美國去。又有一位教中國民法的老夫子，一小時才講了不必要講的十行書。因而，每當他講課時，林語堂只好自己偷看書

9　《林語堂自傳》，《逸經》第17、18、19期。

籍。

林語堂學習，既用功又靈活，從來不用死記硬背的方法。每當同學們拼命死記去爭取考得高分時，他往往跑到蘇州灣去捉鰻魚、鱔魚和其他小魚。可是，他的學業卻總是取得優異的成績。二年級時，他竟獲得了三種獎章，在領導演講隊參加比賽時還獲得了銀盃，因而轟動全校，對鄰近的聖瑪麗大學的女生也有一定的震動。他認為，他後來之所以能與廖翠鳳結婚，與此不無關係。到畢業時，他取得了第二名的好名次。

還值得一提的是，林語堂很喜歡參加體育活動。他喜愛打網球，打棒球，參加學校足球隊，當了學校划船隊的隊長。他還擅長跑步，曾創造了學校一英里賽跑的紀錄，代表學校參加遠東運動會。由於愛好運動，他具有強健的體魄。這對他後來參加某些重大的社會活動，和長期從事筆耕生活，是極為有益的。

對於在聖約翰大學的學習生活，林語堂後來作了這樣的評價：

得失兩項相比對，我仍覺聖約翰對我有一特別影響，令我將來的發展有很深的感力的，即是它教我對於西洋文明和普通的西洋生活具有基本的同情。由此看來，我在成年之時，完全中止讀漢文也許有點利益。那令我樹立確信西洋生活為正當之基礎，而令我覺得故鄉所存留的種種傳說為一種神秘。因此當我由海外歸來之後，從事於重新發現我祖國的工作，我轉覺剛剛到了一個向所不知的新大陸從事探險，於其中每一事物皆似孩童在幻想國中所見的事事物物之新鮮、緊張，

和奇趣。同時，這基本的西方觀念令我自海外歸來後，對於我們自己的文明之欣賞和批評有客觀的，局外觀察的態度。自我反觀，我相信我的頭腦是西洋的產品，而我的心卻是中國的。

這一番話，說出了林語堂的真實感受，而且也是有一定的道理的。

第二章

出國遊學前後的文化汲納

2.1 在清華學校

1916年，林語堂畢業於聖約翰大學後，應北京清華學校（清華大學前身）校長周治春之聘，任該校英語教員。

林語堂到清華學校之初，還沒有完全擺脫基督教的羈絆。他雖然在聖約翰大學就讀時，已拋棄了基督教義中的好些荒謬說法，但他的宗教意識畢竟根深蒂固，未能從根本上打破神的觀念。他往往認為，如果上帝不存在，整個宇宙將徹底崩潰，人類的生命自然也就不會存在。因而，他在校內自動兼帶一個星期日聖經班，並任聖經班的恭祝聖誕會主席。

這自然是很不適宜的，不免大受同事們的非議。正當他十分苦惱之時，他問同事劉大鈞：「如果我們不信上帝是天父，便不能普愛同行，行見世界大亂了，對不對呀？」得到的答覆卻是：「為什麼呢？我們還可以做好人，做善人呀，只因為我們是人的緣故。做好人正是人所當做的咧。」[1]這一答語，體現了儒家人類尊嚴和西方以人為本的人文主義精神，具有莫大的說服力，終於把他與基督教的精神聯繫沖塌了。他從此認識到，如果我們之所以愛人是要依賴與在天上的一位第三者發生關係，那麼，我們的愛並不是真愛，而真愛人的應該是看見人的面孔才會真心愛他。於是，他感慨自己為什麼一向沒有認識到這一點，真是「愚不可及」。

林語堂這時還有一個頗為苦惱的事情，就是缺乏紮實的國學知

1　《林語堂自傳》，《逸經》第17、18、19期。

識。他一直在不重視中文學習的教會學校念書，儘管自學過一些國學書籍，但畢竟有限得很，更是缺少系統，因而不僅「學問差」，連中文基礎也是「很浮泛不深」，「僅僅是半通」[2]。而現在置身於中國文化中心的北京，且在中國最高學府的清華學校執教，他便深深感到自己缺乏國學知識和中文基礎，是一個很大的缺陷，心態常常處於窘迫之中。

於是，他下決心「開始認真在中文上下功夫」，博覽國學書籍，以充實自己，「洗雪恥辱」。他最先是從看《紅樓夢》著手的。他認為，這不僅可以幫助他學習標準的北京話，而且可以提高文學語言的修養。他感到襲人和晴雯說的語言，實在是太美了。同時，他經常跑去以賣舊書著名的琉璃廠翻看和選購國學書籍。諸如《人間詞話》、《四庫集錄》、《說文》、《玉篇》、《廣韻》、《韻府群玉》、《佩文韻府》、《駢字類編》等等。久而久之，他的國學修養不再那麼空疏了，不僅可以跟書商談論書籍，而且可以談論古本了。可見，在清華學校任教期間，他進一步打好了自己的國學基礎。他後來回憶說：「蓋自任清華教席之後，我即努力於中國文學，今日之能用中文寫文章者，皆得力於此時之功也。」[3]

1917年1月2日，胡適和陳獨秀先後在《新青年》發表《文學改良芻議》和《文學革命論》等文，舉起文學革命的大旗，主張反對舊文學，提倡新文學，反對文言文，提倡白話文。林語堂對於這場文學革命運動，熱情關注，並持支持態度。他於1918年3月2日撰寫了《論漢

2　　《林語堂自傳》，《逸經》第17、18、19期。
3　　《八十自敘》，臺灣風雲時代出版社，1979年版。

字索引制及西洋文學》一文，發表在《新青年》第4卷第4號上。他在文中，明確表示贊同文學革命，並提出了頗為重要的看法：

> 我們文學革命的大宗旨，實在還只是個形式的改革（用白話代替文言之謂也）。……
>
> 我們既然以文學革命提倡，而吾人尚未曾看見西文的好處到底是怎樣，自然該負那做個榜樣、喚醒國人心目中的責任。應該以此為我們的大義務。對於此點，應該下全力著手。雖是現在新青年所刊的自然皆重老實有理的話。其趨向自然對的。但弟的意思，是要為白話文學（白話當文用，後來自有白話文學）設一個像西方論理細密精深，長段推究，高格的標準。人家讀一次這種的文字，要教他不要崇拜新文學也做不到了。這才盡我們改革新國文的義務。
>
> 白話為吾人平日所說的話，所以其性質，最易氾濫，最易說一大場無關著落似是而非的老婆話。我們須要戒用白話的人，不要胡思亂寫，沒有去取。雖是形式上，正如胡適君所說，「寧可失之於俗，不要失之於文」（記不清是胡適君說的不是），而意義上，絕不容有此毛病也。

這些看法表明，林語堂早在文學革命之初，就認為文學革命不能只是語言形式的改革，而應借鑑西方文學才能創作出真正的新文學來，而且使用口語寫作時也應注意有所去取。這對於文學革命是不無裨益的。因而，錢玄同特地給林語堂文加了按語：「西人文章之佳處，我們中國人當然要效法他的。我們提倡新文學，自然不單是改文

言為白話，便算了事。」[4]這說明了林語堂的看法，受到了錢玄同的重視。

在文學革命精神的影響下，林語堂這時開始致力於語文學方面的研究工作，並創造了一種新的檢字法，即「首筆」檢字法，「對康熙字典首發第一炮攻擊」[5]。他曾撰寫《漢字索引制說明》一文，刊登在《新青年》1918年第4卷第2號上。從中可以看出，他之所以研製新的檢字法，是有感於二百多年來，一直沿用著的康熙字典，「檢法迂緩，隸部紛如，不適今用」。而他研製的檢字法，卻只須記住字的「橫」、「直」、「撇」、「點」、「勾」位次，便可查出要尋找的字來，頗為「簡便捷速」。

蔡元培曾為他編撰的《漢字索引》寫序，對他創造的檢字法作了高度評價。他說：

林君玉堂有鑒於是，乃以西文字母之例，應用於華文之點劃，而有《漢字索引》之創制：立十九「母筆」以為華文最小之分子；其兩分子或三分子之接觸，則更以「交筆」「離筆」別之；而接筆之中，又別為「外筆」「內筆」二類。以此為部，則無論何字，弟取其最初三筆之異同，而准之以為先後，其明白簡易，遂與西文之用字母相等，而檢閱之速，亦與西文相等。苟以之應用於字典，辭書，及圖書名姓之記錄，其足以節省吾人檢字之時間，而增諸求學與治事者，其

4　　錢玄同：《〈論漢字索引制及西洋文學〉按語》，《新青年》第4卷第4號。
5　　林語堂：《記蔡子民先生》，《無所不談合集》，臺灣開明書店，1985年四版。

功效何可量耶！[6]

事實上，林語堂所創制的檢字法，後來成為漢語字典的檢字方法，並被廣泛地運用於其他辭書。所謂「後來諸新索引法，皆不出此範圍」[7]，是合符實際情形的說法。

除了創制新的檢字法外，林語堂還研究了成語辭書編輯法。他曾將自己的有關想法寫成《分類成語辭書編纂》一文，發表於1918年的《清華季刊》。他指出，歷來辭書的編制方法，「陳陳相因，至今日已不適於一般學生之用」，應有一種更科學的方法。而他提出的編纂方法，則是將意思相近的成語編排在一起，按第一個字的「首筆」編排次序。這一編纂方法，具有集中、簡明和易檢的優點。

林語堂研究字典檢字法和成語辭書編纂法，看似簡單平凡的事情，但其實是對於文化教育事業極為有益的。

2.2　在哈佛大學

1919年7月9日，林語堂與家底殷實的銀行家千金廖翠鳳結成伉儷。在認識廖翠鳳之前，林語堂曾先後愛過兩位女性。一位是「美麗迷人」、「純樸可愛」的家鄉姑娘賴伯英。他們小時候，經常在一起捉鯰魚、捉螯蝦，青梅竹馬，十分相愛，長大後都認為「相配非常理

6　　《漢字索引制說明・附蔡孑民先生序》，《新青年》第4卷第2號。
7　　林語堂：《記蔡孑民先生》，《無所不談合集》，臺灣開明書店，1985年四版。

想」[8]。可是，由於境遇不同，林語堂要繼續上大學深造，賴伯英則要留在家鄉照顧雙目失明的祖父，於是彼此只好忍痛分手。賴伯英後來嫁給了阪仔鄉的一個商人。另一位是林語堂至友的妹妹陳錦端。她長得「美麗無比」，林語堂深深地愛她。他在上海聖約翰大學讀書時，每逢假期回家，有事無事總要跑去她家裡。可是，她的父親陳醫生替她看中了一個名門富戶的少爺，不願以家境貧困的林語堂為婿。於是，他深為失望，萬分痛苦。即使母親前來安慰他，他也無法抑制內心的傷痛，哭得軟癱在床上。他一生都懷念著她。直到他逝世前一年，陳錦端的嫂子陳希慶到香港去拜訪他時，他還詢問陳錦端的情況，並表示要到廈門去看她。

林語堂與廖翠鳳結合，既是雙方父母精挑細選的，也是彼此心願的。廖翠鳳是廈門鼓浪嶼有名的銀行家廖悅發的女兒，上海聖瑪利亞女校畢業生。她在女校讀書時，就聽說過林語堂三次走上禮堂講臺領取三種獎章的美談，十分愛慕他。她母親曾對她說：「語堂是牧師的兒子，但是家裡沒有錢。」她當即表示：「窮有什麼關係？」[9]欣然同意嫁給他。

林語堂結婚後不幾天，便攜眷赴美國哈佛大學留學。以林語堂的家庭經濟條件來說，是不可能出國深造的。可是，按照清華學校的規定，任教三年的教員可以去美國留學，並享受「半獎學金」，即每月40元美金。當時胡適又以林語堂留學回來後到北京大學任教為條件，答應由北大每月預借40美元給他。再加上廖翠鳳有1千銀元的嫁妝。

8　　《八十自敘》，臺灣風雲時代出版社，1979年版。
9　　《八十自敘》，臺灣風雲時代出版社，1979年版。

因而，他認為可以應付留學期間的生活費用，便決意前往。

林語堂在哈佛大學，進的是比較文學研究所，主攻「歌德研究」與「莎士比亞研究」。他跟吳宓、婁光來是同班同學。教他們的教授是當時美國最孚眾望的白璧德，學生大都很敬仰他。他是哈佛大學唯一獲得過碩士學位的教授，學識淵博，善於講授。他曾開設《盧梭與浪漫主義》課程，認為盧梭的浪漫主義出現之後，使文學的一切標準都消失了，必須建立一個文學的批評標準。對於他的文學主張，林語堂感到難以接受。他讚賞義大利哲學家克羅齊的美學理論，曾為該校的克羅齊信徒斯賓加恩辯護，表示不同意白璧德的看法。他認為，把所有的好作品都用一個統一的「法規」去要求和評價，是不合適的。譬如蘇東坡寫作時，心裡並沒有固定的文體義法，只是隨意寫來，如行雲流水，「行於不得不行，止於不得不止」。可見，他的文藝觀具有傾向自由的色彩。不過，儘管他與白璧德的文學見解相左，而他撰寫的《批評論文中語彙的改變》一文，還是得到了白璧德的好評，認為可以改寫成碩士論文。

林語堂住在赭石街五十一號，位於衛德諾圖書館後面。據房東太太說，該圖書館的藏書，要是一本書頂一本書那樣排起來，可以排好幾英里。林語堂向來希望有一個藏書豐富的圖書館，任自己自由挑選書籍來閱讀。於是，凡是不上課時，他就到該圖書館閱覽，廣泛閱讀西歐文學作品，增進了對西方文化的瞭解。

林語堂這時生活頗為清苦，竟窮得連購買一張觀看哈佛大學對耶魯大學足球賽門票的錢都沒有。抵美六個月後，廖翠鳳患急性盲腸

炎，手術後又受了感染，再次開刀。他手頭上的錢都花光了，口袋裡只剩下13元。只好用它來買了一罐老人牌麥片做一個星期的食糧。幸好廖翠鳳的哥哥聞訊後寄來1千元，另外胡適接到他求援的急電後也寄來1千元，才得以勉強堅持下來。

在哈佛大學，林語堂讀完一年時，各科成績都是甲等。可是，他無法繼續讀下去了。原因是他的「半獎學金」，突然被留美學生監督施秉之（駐美大使施肇基的侄子，貪汙留美學生的獎學金去從事股票投機活動）取消了。他只好另外尋找出路。那時剛好法國樂魁索城美國主辦的中國勞工青年會，招聘一些華人知識份子。他立即向該會提出申請。待獲准後（對方還同意負責他們夫婦的旅費），他便把自己的想法告訴系主任，並表示願意在法國修課來彌補所缺的學分，以取得碩士學位。系主任看到他各科成績都是甲等，便同意他在巴黎大學修一門莎士比亞戲劇課程，就可以得到碩士學位。於是，他們夫婦便決定離美赴法。

2.3 在樂魁索、耶那和萊比錫大學

林語堂偕妻子來到法國樂魁索城後，住在青年會外面的一棟房子裡。他的工作是為中國勞工編一本識字課本（1千字），教他們識字學文化。（那些中國勞工，都是在第一次世界大戰後期被派到那裡負責運送並埋葬死屍的。他們大都沒有什麼文化，亟需學習識字寫字。）這對他來說，自然不用花費多少力氣的。因而，他有時間自修法文、德文，為去德國讀書做好準備。

在青年會服務了一段時間後，林語堂便申請入德國的耶那大學讀書。獲准後，他和妻子來到耶那，住在一個公寓裡。耶那是歌德的故鄉，是個美麗的小鎮，頗有古風遺俗。他在這裡過著較為愉快的生活，經常散步，欣賞各種具有歐洲風味的風光景色，古老的風俗和語言。他參觀過歌德的房子，喜愛歌德的《少年維特之煩惱》和《詩與真理》，但讀得更入迷的卻是海涅的詩和政論文字。因而他後來回國後，曾在《晨報副刊》上發表了一些歌德和海涅詩歌的譯作。

在耶那大學，他選修了三種課程，並徵得哈佛大學教務主任同意，將這三種課程代替莎士比亞戲劇課程，以取得哈佛大學的碩士學位。他認為，「有個哈佛的碩士學位，是很有用的」[10]。讀了一學期後，即1922年2月，他果然獲得了哈佛大學的碩士學位。

接著，他轉到萊比錫大學攻讀博士學位。這時他又急電胡適，向北大借款1千元。該校的語言學研究和印歐文法的比較哲學很著名，令他羨慕。他對Sieboid發明的用聲調去分析古籍的方法，也很感興趣。他還讀到了Passy的語學語音學，學到了嶄新的語言學理論知識。尤為難得的是，該校的漢學教授康拉狄對他很友好，使他得以能在那裡的中國研究室借閱許多珍貴的中文書籍，還被允許到柏林去借書。他在那裡開始認真研究了中國音韻學，鑽研了在國內亦難以看到的《漢學師承記》、《皇清經解》、《皇清經解續編》等書籍，熟悉了高郵王氏父子、段玉裁、顧炎武等人的考證注釋及古今經學的論爭。可以認為，他在該校攻讀時，他的中文根底真正積累深厚了，尤其是語

10　《八十自敘》，臺灣風雲時代出版社，1979年版。

言學和音韻學打下了極為堅實的基礎。

他撰寫的博士論文是《古代中國語音學》，並順利通過了答辯，獲得了音韻學博士學位。據說，這叫廖翠鳳非常高興和激動。當他走出答辯場時，廖翠鳳立即情不自禁地吻了他。

完成學業後，林語堂即偕同已有身孕的廖翠鳳離開萊比錫，轉道威尼斯、羅馬、那不勒斯，遊歷兩周後，雙雙回到祖國。

第三章

重返北京初年對傳統文化的

態度及其他

3.1 執教北京大學

1923年夏天，林語堂和廖翠鳳回到離別四年的祖國。他們先返回家鄉阪仔小住，然後來到廈門岳父家裡住下，大女兒林如斯就在這裡出生。

這年9月，林語堂偕同廖翠鳳和剛出生幾個月的女兒來到北京大學執教。他被聘為英文系英文和語言學教授，廖翠鳳則在預科教英文。

林語堂一到北大，便向代理校長蔣夢麟（蔡元培校長遊歷歐洲）清還兩千美元借款，並表示感謝。蔣夢麟一時不知道怎麼一回事，後來經過瞭解後才弄清楚事情的原委。原來胡適看中林語堂是一個人才，為了要他留學回國後到北大任教，便說北大願意每月預借40美元給他。當林語堂在國外兩次急電胡適求援時，胡適沒有求助於北大，而是自己掏腰包，每次寄1千美元給他。當林語堂得悉這一實情後，心裡無限感激胡適，並於年底把款還給了他。對於這件事，他們一直沒有對任何人說過。直到胡適作古後多年，林語堂才在《八十自敘》中將它告之世人。

林語堂在北大任教期間，曾開設《基本英文》、《作文》、《英語教授法》等課程。授課之餘，他致力於國學研究工作，在語言學方面用力最多，並表現出較廣泛的學術興趣。

3.2 提倡用科學方法研究國學

　　林語堂於1923年12月1日《晨報五周年紀念增刊》上，發表了《科學與經書》一文。在這篇文章中，他反對吳稚暉把胡適主張「整理國故」說為「禍國殃民」的事，而認為胡適的國學季刊《發刊宣言》是探討科學精神與國學關係的「第一著作」，「可以說是新學界的一個新紀元」。同時，他也認為胡適並沒有完全解決整理國故的諸多問題。因而，他提出：

　　我們可以毅然無疑說「科學的國學」是我們此去治學的目標，是我們此去努力的趨向。因為科學的知識與方法都能幫助我們把舊有的學問整理起來做有系統的研究。

　　他這裡所說的「科學的知識與方法」，是指「用西洋學術的眼光、見識、方法、手段，及應憑的西洋書籍來重新整理我們的國學材料」。

　　那麼，怎樣使國學研究具有科學性呢？他以為一要有科學的考證，二要有科學的研究，使「一字一句常因科學的知識（即比較參考的材料）而愈明白」，「拿定國學新的目的，搜集新的材料，擬定新的問題，立定新的標準，整理新的系統」。此外，他強調國學研究不能拘泥或停留於注釋或校勘工作，而應分門別類地進行系統研究，才會使「國學得了一大新運命新魄力，猶如久旱將幹的溪壑忽得秋霖大雨，沛然而下莫之能禦，此內容的革新與元氣的勃發不能不謝科學直

接激動之力」。

林語堂提出的這些有關國學研究的意見，不僅表明他重視國學研究，而且對於我國國學研究工作也是不無裨益的。

3.3 研究語言學

作為語音學博士的林語堂，當他開始國學研究之時，自然是致力於語言學方面的研究。

他於1923年9月12日《晨報副刊》發表了《國語羅馬字拼音與科學方法》一文。在這篇文章中，他針對莊澤宣在《解決中國言文問題的幾條途徑》一文中反對採用羅馬字制，另創拼音文字的意見，列舉了十二個理由來說明26個羅馬字母是最理想的中文拼音字母，並表示贊同蔡子民主張同時改用羅馬字又改革漢字的意見。他所列舉的十二個理由是：

一、羅馬字母是今日中國無論什麼人本來要懂的字母。

二、羅馬字母是實際上的世界字母。

三、羅馬字母是科學應用的字母。

四、羅馬字母是商務上應用的字母。

五、羅馬字母是歷史上經過幾番演化試驗的結果。

六、羅馬字能使譯名問題自然解決。

七、羅馬字便於行文中引用西文，採用西語。

八、羅馬字能幫助中外知識界相接近。

九、羅馬字能在國際上增高中國文的位置。

十、羅馬字有在世界各國印刷的便利。

十一、羅馬字有現成的大寫，小寫，印體，寫體，花體，斜體，不用重新演化出來。

十二、羅馬字有現成的電報字母，旗語，啞盲字母，打字機不須另制。

這些看法，曾得到錢玄同的充分肯定，認為是「極精當的議論」[1]。可見，林語堂對於採用羅馬字作為中文拼音文字，起過很大的促進作用。

林語堂又於1923年《國學季刊》第1卷第3號和1924年《晨報副刊》第56號，分別發表了《讀汪榮寶歌戈魚虞模古讀考書後》和《再論歌戈魚虞模古讀》兩文，與汪榮寶和章太炎商榷有關歌戈魚虞模等字的古讀音問題。從這兩篇文章可以看出，他具有深厚的古音學知識功底。而他提出的好些看法，如「我們處此西洋學術輸入時代，應把我們規模已備的古音學據科學方法而演進之，推密之，將必有空前的結果」，「我們以後研究古音，切不要只管『考古』，而不顧『審音』，才能夠有實在的進步及發明，才能夠把我們固有的古音學變成了西歐所承認的一種科學」，則對於古音學研究具有指導意義。

林語堂這時用力最多的是提倡方言研究。他於1923年12月9日應北大歌謠研究會約請，撰寫了《關於研究方言應有的幾個語言觀察點》一文，刊載於1924年《歌謠增刊號》。他認為，方言研究「乃是

1　《國語羅馬字拼音與科學方法・附記》，《晨報副刊》1923年9月12日。

語言學中極重要，並且極有趣味的事」。至於怎樣從事方言研究，他提出了十點意見：（一）應考求聲音遞變的真相，及觀察方言畛域現象。（二）應以廣韻二百、六部為研究起發點。（三）應使發音學詳密的方法理清音聲的現象。（四）應注重俗話而略於字音。（五）應力求規則的條理，或者說，應承認語言為有科學整理的可能性。（六）對於詞字應尋求文化的痕跡。（七）應博求古語之存於俗語中的。（八）對於文法關係應做獨立的語言學上的研究。（九）應考求句法的異同。（十）應尋求俗語中最新的文法傾向。這些看法，可以說既系統全面，又切實可行。

在林語堂等人的宣導下，北京大學於1924年1月26日成立了方言調查會。「這個方言調查會的目的，概括起來，可以說有兩種。一是橫的方面，作現代方言語法的調查。二為縱的方面，做各方言歷史的研究。這是近代研究文字學的人受了西洋語言學的影響，覺悟研究中國文字必不能放掉語言，而要研究語言必不能放掉方音。因此要把中國的文字語言整理好，非根本從搜集及整理方言材料著手不可。」[2] 參加成立大會的，有沈兼士、錢玄同、周作人、馬裕藻、朱希祖、林語堂、黎錦輝、魏建功、夏曾佑、容庚等三十二人，其中有一位日本學者今西龍。

會上，先由沈兼士報告該會成立的經過，說明方言研究的範圍，接著推舉林語堂為該會主席。然後，林語堂發表了重要講話，其要旨是：

2　　林語堂：《閩粵方言之來源》，《語言學論叢》，上海：開明書店，1933年版。

中國方言經教會中外牧師之搜集，成書頗多，有方言的字典，有方言的聖經。我們中國人不能長在其後。語言學為近百年來之產物，語言地理為二三十年來之產物。此項學問最有研究者推法國，德國也不弱。研究方言有兩個辦法：（1）分發傳單，列出問題，寄至各小學校，問其如何說法，用音標注出，再為比較。（2）一句話畫出一個地圖，看各地如何說法，比較其異同。唯分發傳單填寫，終易隔膜，我意最好有若干人到各地搜集去。至於應行研究之方面有三：（1）方音；（2）方言（即詞類）；（3）語法。我們應看所有的聲音到底有多少？中國聲音的變化到底如何變法？其中有定律沒有？如福建之客家，我們更可從聲音方面為人種之研究……3

從這當中可以看出，他對方言研究是抱有巨大的設想和期望的。

方言調查會成立後，林語堂不負眾望，做了大量的建設性工作。

其一，擬定《北大研究所國學門方言調查會宣言書》，並發表在1924年3月17日《北大日刊》、3月25日《晨報副刊》和《東方雜誌》第21卷第7號等報刊上。這表明林語堂等人把方言研究作為重要的學術研究活動來向社會宣傳，以使社會人士對它有所認識並予以支持。在這《宣言書》中，強調了方言調查的重要性，認為「由學術與實用兩方面觀看，中國方言有詳細透徹調查的必要」。同時，規定了方言調查的範圍，即「按方言調查，除去研究詞彙同異之外，還有種姓遷移的歷史，苗蠻異種的語性，古今音變的系統，方言語法的進化等連

3　《北京大學研究所國學門方言調查會成立紀事》，《晨報副刊》1923年2月12日。

帶問題，都是方言研究分內的事」。此外，提出了方言調查會及方言調查必須做的七項事情：一、製成方音地圖─此為語言調查的根本事業；二、考定方言音聲，及規定標音字母；三、調查殖民歷史─近日語言學界的一個重要調查結果，即方言與本地歷史的密切關係；四、考定苗夷異種的語言─此為本會所願特別鼓勵注意事件；五、依據方言的材料反證古音；六、揚雄式的詞彙調查；七、方言語法研究。

可以認為，它是我國語言學史上，第一個較為完備的方言調查的綱領性檔，對於我國現代方言調查和方言學建設具有重要意義。

其二，舉辦《中國比較發音學》和《標音原則》訓練班，林語堂親自授課。前者「以發音學的條理治方言」，「以研究中國各地方音」為目的，後者則「以國際音標注國語及方言的方法，專使非要精研發音學的人也可以粗得標音的規模及認識國際音標的字母」。從1924年3月4日起開講，每週講授兩次。但一星期後即合班上課，只講授方言字母和國際音標，一學期畢業。

其三，制定《北大方言調查會方言字母草案》[4]。共擬有47個字母，其中聲母35個，母音12個。對字母的讀音和分類、變通方音字母的通則、標音調等問題，均有詳細說明。

其四，徵求方言調查的文章。林語堂曾發表《徵求關於方言的文章》[5]一文，認為「方言材料的貢獻就以生長各處的居民對於本地方言的敘述為最重要」，因而表示「我們所要的是實地經驗的靠得住的

4　　《歌謠週刊》1925年3月。
5　　《歌謠週刊》1925年3月24日。

材料，凡有此種材料的貢獻無論多少詳略，或單說一省語言的概略或詳述各縣語言的情形本會都極歡迎」。這實際上希望有更多的社會人士來做方言調查工作，以期把「國中方言的事實大概調查清楚」，然後「再請專家加以系統的精細的研究」。後來，《歌謠週刊》果然發表過《廣西語言概論》（劉筆君）等文。

僅從這些來看，林語堂為我國現代方言調查做了不少有意義的工作，是我國現代方言研究的重要開拓者和奠基人之一。

實際上，林語堂這時已是國內知名的語言學家。1925年9月，錢玄同、趙元任成立「七人會」，而林語堂便是該會的成員之一，成為中國語言學界的精英。此後，他繼續在研究古音、探索文字改革的途徑和推廣國語羅馬字等方面作出了不小的貢獻。

3.4　首倡幽默

1924年5月23日《晨報副刊》上，刊登了林語堂的《徵譯散文並提倡幽默》一文。這是我國最早提倡幽默的文章。在這篇文章中，林語堂表示「早就想做一篇論『幽默』（Humour）的文」。為什麼呢？他認為中國人雖然富於「詼摹」，但在文字上卻缺少「幽默」，只有「正經話」和「笑話」；而西方人的著作如詹姆士的心理學卻常帶一兩句不相干的笑話，不乏「幽默」之感，「假作一種最高尚的精神消遣」。因而，他主張「在高談學理的書中或是大主筆的社論中不妨夾些不關緊要的玩意兒的話，以免生活太乾燥無聊」。即是說，他以為文章要有幽默感，才不致於太刻板，並能給人們一種特殊的精神愉

悅。

幽默這一「新名目」，一經林語堂提倡，便立即為人們所注目，並出現於一些作者的文章中。可是，究竟什麼是幽默，它具有怎樣的特性和功用，當時人們並不瞭解。於是，林語堂又於同年6月9日《晨報副刊》發表了《幽默雜話》一文。

林語堂指出，「幽默」二字，本是英語Humour的譯音，無所取義。其實，他之所以用「幽默」語，而不用「詼摹」之類，卻又是有考究的。他曾說：「凡善於幽默的人，其諧趣必愈幽穩，而善於鑒賞幽默的人，其欣賞尤在於內心靜默的理會，大有不可與外人道之滋味，與粗鄙顯露的笑話不同。「幽默」愈幽愈默而愈妙。故譯為幽默，以意義言，勉強似乎說得過去。」這就表明，幽默一詞既是Humour的譯音，又是確切地表達了某種獨特內涵或本質特徵的稱謂。可以認為，它是一個頗具科學性的概念。因而，它才經得住時間的檢驗，一直為人們所承認和接受。

林語堂認為，「愈幽愈默而愈妙」，「幽默也有雅俗不同，愈幽而愈雅，愈露而愈俗。幽默固不必皆幽雋典雅，然以藝術論自是幽雋較顯露者為佳。幽默固可使人嫣然啞而笑，失聲呵呵大笑，甚至於『噴飯』、『捧腹』而笑，而文學上最堪欣賞的幽默，卻只能夠使人家嘴旁兒輕輕的一彎兒的微笑」。這是說，那種具有含蓄性、詼諧性的幽默才會起到一種耐人尋味和輕鬆有趣的效果，因而是最好的幽默。

林語堂還指出，要有幽默的文學，就必須反對板面孔，「板面孔一日不去，幽默的文學一日不能發達」；同時不應「過於鄙俗不文，

不要講不自重的笑話。而歸根結底，是要有幽默的人生觀才能有幽默」。什麼是幽默的人生觀呢？那是「真實的，寬容的，同情的人生觀」。所謂「真實的」，是對「假冒」而言；所謂「寬容的」，是以「不嚴於責人輕於責己」的態度去對待情理；所謂「同情的」，則是「看見這可憐不完備的人類在這不完備的社會掙紮過活，有多少的弱點，多少的偏見，多少的迷蒙，多少的俗欲，因其可笑，覺得其可憐，因其可憐又覺得可愛……雖然不免好笑，卻是滿肚佛心，一時既不能補救其弊，也就不妨用藝術功夫著於紙上以供人類之自鑒」。而不要「專門說俏皮，奚落，挖苦，刻薄人家的話」。可見，這是以人道主義為核心的人生觀。

從林語堂的這些看法而言，可以說他已大體上闡述了什麼是幽默和怎樣才能幽默的問題。而且，他力圖把這作為人類智慧花朵的幽默，引入我國現代文學創作和人們的實際生活之中。因而，他是在我國第一個提倡幽默的人。這一首倡之功，是難能可貴的，不可埋沒的。

可是，幽默對於當時的人們來說，畢竟是太陌生了，因而反應並不怎麼強烈。連魯迅也曾持懷疑和不贊成的態度。1924年6月9日《晨報副刊》刊登的《小雜談三則》一文寫道：「林玉堂先生提倡幽默的文章裡，提起了魯迅先生的名字，於是有人向魯迅先生問及這件事。魯迅先生說他的作品中很少有幽默的分子。幽默在日本譯為有情滑稽，令人看後嫣然一笑便了。而他自己的作品，是要令人看後起不快之感，覺得非另找合適的生活不可，這是『撒替』，不是『幽默』，他的作品中幾乎滿是『撒替』（Satire）。」在這裡，魯迅否認自己的

小說有幽默性，其實就是不贊成幽默的一種委婉表示而已。可是，魯迅後來還是表示贊同了。他於1926年12月7日寫的《〈說幽默〉譯者附記》[6]中寫道：

　　將humour這字，音譯為「幽默」，是語堂開首的。因為那兩字似乎含有意義，容易被誤解為「靜默」、「幽靜」等，所以我不大贊成，一向沒有沿用。但想了幾回，終於也想不出別的什麼適當的字來，便還是用現成的完事。

　　魯迅對幽默的認識尚且如此，可見林語堂當時提倡幽默並不是一件容易的事情。

3.5　批評泰戈爾的說教

　　1924年4月12日至5月22日，印度著名詩人泰戈爾應北京講學社的邀請，來華遊歷，講演，提倡「東方文化」，反對西方文化，鼓吹「精神文明」，反對物質文明。既受到東方文化派和梁啟超、胡適、徐志摩等的熱烈歡迎和頌揚，也受到了共產黨人和新文學家陳獨秀、瞿秋白、沈澤民、沈雁冰、郭沫若、聞一多等人的猛烈批評。這成了我國現代思想文化史上的一次激烈的思想鬥爭，並成為我國五四以來東西文化問題論爭的一個重要組成部分。究其實質，則是我國新文化運動中激進派與保守派的不同世界觀和文化觀的大曝光和尖銳對立。

6　　《魯迅全集》（10），人民文學出版社，1982年版。

在這次激烈的思想鬥爭中，林語堂所持的觀點是頗為激進的。他雖然是前往北京東站歡迎泰戈爾的三百人之一，也曾觀看徐志摩、林徽因、張歆海和林長民等合演的泰戈爾戲劇《齊德拉》，但他並不怎麼崇拜泰戈爾，對當時有些人過分吹捧泰戈爾的詩歌、戲劇乃至人格，把他稱為「詩哲」、「耶穌」，頗為反感。因而，他曾先後發表了三篇文章，對泰戈爾的說教作了批評。

在《一個研究文學史的人對於貴推該怎樣想呢？》[7]一文中，林語堂表示：「我覺得泰戈爾於我的精神生活毫無關係，不曾覺得他有什麼意味，他曾給我何等的衝動。」這不僅表現了對泰戈爾的冷淡態度，而且對他的說教持否定的看法。在林語堂看來，泰戈爾明明是一個亡國的詩人，卻曾受到了「亡其國者」英國政府的熱烈歡迎，實為奇怪之至。而且正因為「格外受亡其國者之優待」，因而「在人家談如何使印度成為獨立強國時，泰氏也不講武力抵抗，也不講不合作，也不講憲法革命，卻來講『與宇宙和諧』，『處處見神』為救國之基礎」。可是，林語堂卻指出，「等到你修到『處處見神』的工夫（最速以一千年為期），印度早已不知道成個什麼了」。

在《吃牛肉茶的泰戈爾—答江紹原先生》[8]和《問竺震旦將何以答蕭伯納？》[9]中，林語堂還進一步論定泰戈爾之所以不贊成印度革命，認為「印度不必獨立」，是因為他「在英國治下十分順適，十分滿意，絕對不覺得有革誰的命的必要」，而他鼓吹「精神復興論」則

7　《晨報副刊》1924年6月16日。
8　《晨報副刊》1924年6月27日。
9　《晨報副刊》1924年7月15日。

是「為求身世及名譽之安全，迫不得已對付而發的言論」。

此外，在這些文章中，林語堂對那些稱頌泰戈爾及其說教的人，也作了指摘。他說：「我早就說了中國人的鑒察能力遠不及愛耳蘭人。印度人精神文明的爛調倒是十二分合中國人脾胃的，所以一聽入耳便十分佩服，十分景仰。」這裡所說的印度文明的「爛調」，就是泰戈爾一再鼓吹的所謂「精神復興」、「生活單純」、「內心純潔」、「與宇宙和諧」。而林語堂認為，所有這些都是不可相信的。

從林語堂所作的這些批評來看，他不僅對泰戈爾的政治態度極為不滿，而且對其宣揚的「東方文化」也是持懷疑看法的。

第四章

《語絲》時期對傳統文化的

反思和致力於社會批評

4.1　參加語絲社

1924年11月7日，《語絲》週刊創刊。這一刊物的發起人和組織者，是魯迅的學生孫伏園。他創辦這一刊物之初，邀請了十五位支持者作為固定撰稿人。他們是：魯迅、周作人、林語堂、錢玄同、李小峰、江紹原、章川島、斐君女士、王品青、章衣萍、曙天女士、淦女士、顧頡剛、春台、林蘭女士等。但始終堅定不移的撰稿者，卻只有魯迅、周作人、林語堂等五六個人。

林語堂參加語絲社前後，胡適於1922年創辦《努力》週刊，1924年12月13日創辦《現代評論》，徐志摩則於1923年組織新月社。從個人關係來說，林語堂跟胡適交往最早，既是患難之交，又是引薦他進北大任教的人；而他跟徐志摩的關係也不錯，曾參加過新月社的某些活動。可是，他卻沒有加入胡適、徐志摩等「正人君子」的行列，而是參加了語絲社，與魯迅等「學匪」為伍。這對他來說，可說是人生道路上的一次重要抉擇。

他為什麼會作出這樣的選擇呢？他曾說：

北京大學的教授出版了幾個雜誌，其中有《現代評論》，由胡適之為中心的若干人辦的；一個是頗有名氣的《語絲》，由周作人，周樹人，錢玄同，劉半農，郁達夫等人主辦的，胡適之那一派包括徐志摩，陳源（西瀅），蔣廷黻，周鯁生，陶孟和。說來也怪，我不屬於胡適之派，而屬於語絲派。我們都認為胡適之那一派是士大夫派，他們是能寫政論文章的人，並且適於做官的。我們的理由是各人說自己

的話，而「不是說別人讓你說的話。」（我們對他們有幾分諷刺）這對我很適宜，我們雖然並非必然是自由主義分子，但把《語絲》看做我們發表意見的自由園地，周氏兄弟在雜誌上往往是打前鋒的。[1]

　　從這段話可以看出，他之所以沒有加入《現代評論》派行列，而成為《語絲》派的一員，主要是因為他的思想和志趣有別於胡適等人，而接近於《語絲》諸子。

　　當時胡適等人的政治傾向，不但不反對北洋軍閥政府的統治，而且想投靠他們，撈上一官半職，因而新月社曾有一條「不談政治」的規則。他對此頗為反感，認為「此亦一怪現象也」[2]。而語絲社同人創辦《語絲》的宗旨卻是「發表自己所要說的話」，「想衝破一點中國的生活和思想界的昏濁停滯的空氣」，「我們個人的思想儘自不同，但對於一切專斷與卑劣之反抗則沒有差異」[3]。這表明他們是要大膽發表社會批評與文明批評，並逐漸形成了一種共同傾向，即「任意而談，無所顧忌，要催促新的產生，對於有害於新的舊物，則竭力加以排擊」[4]。這樣的辦刊方針和傾向，是適應他的思想個性要求的。我們從他1924年6月發表的有關批評泰戈爾的文章中，就可以看出他是著重於從政治與文化角度評論泰戈爾思想的嚴重侷限的，並具有無所顧忌、有啥說啥的特點。

　　此外，林語堂加入《語絲》社之前，跟周作人、錢玄同等人是北

1　　林語堂：《八十自敘》，臺灣風雲時代出版公司，1989年版。
2　　林語堂：《給玄同的信》，《語絲》1925年4月20日第23期。
3　　《〈語絲〉發刊詞》，《語絲》1924年11月27日第1期。
4　　魯迅：《我和〈語絲〉的始終》，《萌芽月刊》1930年2月1日第1卷第2期。

大方言調查會的夥伴。他們志同道合，相互切磋，建立了一定的交誼。這無疑也是他願意加入語絲社的一個因素。

林語堂加入語絲社後，經常參加該社同人的活動。他們兩周聚會一次，一般都是星期六下午，地點在中央公園的來今雨軒。在魯迅、周作人、錢玄同等人的影響下，他的思想愈來愈激進，逐漸成為《語絲》派的一員大將。

4.2　主張徹底改造「國民性」

林語堂在五四新文化運動的幾年間，為了適應時代的要求，不僅廣泛地接觸了西方文化，而且「浸淫於中國文學及哲學的研究」，「埋頭研讀中國哲學和語言學」，因而思想「飄浮在中國覺醒的怒潮裡」[5]，思考過有關中國國民性的問題。他曾說：「我很久要找一個字來代表中國混沌思想的精神及混沌思想的人的心理特徵，來包括一切要以道德觀念壓死思想的人使他們歸成一類，而千思苦求不能得，終於沒有法子想，只得暫收它擱在腦後。」[6]這實際上就是指國民性問題。

1924年底，林語堂終於有了重要的發現和認識。一天傍晚，他因覺得疲倦，到街上閒步，又因天氣好，涼風習習，越走越有興味，走過東單牌樓，東交民巷東口，直至哈德門外，而這時他立刻產生了「退化一千年」之感。為什麼呢？因為那裡已沒有了亮潔的街道、精

5　　林語堂：《八十自敘》，臺灣風雲時代出版公司，1989年版。
6　　《論士氣與思想界之關係》，《語絲》1924年12月1日第3期。

緻的樓房，有的是做煤球的人、賣大缸的人、挑剃頭擔的人，擺攤的什麼都有，相命、占卦、賣曲本的，賣舊鞋、破爛古董、鐵貨、鐵圈的，也有賣牛筋的，還有羊肉鋪的羊肉味，燒餅的味，街中灰土所帶之驢屎馬屎之味。正在這時，忽然吹來了一陣風，「將一切賣牛筋，破鞋，古董，曲本及路上行人卷在一團灰土中，其土中所夾帶驢屎馬屎之氣味佈滿空中，猛烈的襲人鼻孔」[7]。

於是，他頓時產生了一種「覺悟」：「所謂老大帝國陰森沉晦之氣，實不過此土氣而已。我想無論是何國的博士回來卷在這土氣中央絕不會再做什麼理想，尤其是我們一些坐白晃晃亮晶晶包車的中等階級以上的人遇見這土氣，絕沒有再想做什麼革命事業的夢想。」[8]這是他從自己的親身感受中得到的一種帶有哲理性的認識。他把這一認識，稱為「無意間得關於本國思想界的重大發明，使我三數年來腦中一個無法解決的問題，臨時得一最正當完滿的解決，如心上去了一個重負，其樂自非可言喻」[9]。實際上，這對他來說確實是一個有意義的發現，甚至可以說他是帶著這一發現步入中國思想界的活動的。

1925年3月12日，中國民主革命的偉大先行者孫中山在北京逝世。一向敬佩孫中山的林語堂與數萬北京人民一起瞻望孫中山的靈柩從協和醫院移往中央公園，心情異常激動。於是，他於3月29日寫了《論性急為中國人所惡》[10]一文，以紀念孫中山先生。從這篇文章看來，他這時已開始思考著怎樣改造國民性的問題。他肯定了魯迅所強

7　《論土氣與思想界之關係》，《語絲》1924年12月1日第3期。
8　《論土氣與思想界之關係》，《語絲》1924年12月1日第3期。
9　《論土氣與思想界之關係》，《語絲》1924年12月1日第3期。
10　《剪拂集大荒集》，人民文學出版社，1988年版。

調的「思想革命」是對的，但認為「性之改造」是一個更難的途徑。所謂「性之改造」，即去除中國人的「惰性慢性」，變為孫中山先生那樣的救國救民的「急躁性」。他認為，中國人之所以具有「惰性慢性」，是因為深受傳統的「中庸哲學」和「樂天知命」思想的影響。「中庸哲學即中國人惰性之結晶，中庸即無主義之別名，所謂樂天知命亦無異不願奮鬥之通稱。」這可謂深刻揭示出這些傳統思想的實質及其弊害。因而，他主張擺脫封建傳統的精神桎梏，形成一個「精神復興」運動，使「現代惰性充盈的中國人變成有點急性的中國人」。他的這些認識，無疑是有見地的。錢玄同曾在《中山先生是「國民之敵」》一文中，稱讚他的看法啟發了自己的思路。

　　同年4月7日，林語堂又寫了《給玄同的信》[11]。這是他讀了劉復與錢玄同發表在《語絲》第20期上討論國民性的文章，即《巴黎通信》和《寫在半農給啟明的信底後面》後寫的。劉復在他的文章中提出了一個重要問題，即救國是靠「洋方子」還是靠「自己」。他讚賞周作人說過的一句話，即「我們已經打破了大同的迷信，應該覺悟只有自己可靠……所可惜者中國國民內太多外國人耳」，並說，「我在國外鬼混了五年，所得到的也只是這句話」，「我們雖然不敢說：凡是『洋方子』都不是好東西，但是好東西也就太少。至少也可以說：凡是腳踏我們東方的，或者是眼睛瞧著我們東方這一片『穢土』的，其目的絕不止身入地獄，超度苦鬼」。他之所以說這番話，是有感於帝國主義對中國的侵略和欺負，具有鮮明的反帝傾向。但也有明顯的片面性，即認為當時中國人中看重西方文化的人太多，看重中國文化

11　《語絲》1925年4月20日第23期。

的人太少，顯然多少存在著排外和維護舊傳統的思想意識。

錢玄同的看法卻與劉復有所不同。他表示贊同若英國人和俄國人「踢我一腳，我便還他一口」的態度，但認為劉復說的「只有自己可靠」的「自己」，應是「指各人獨有的『我自己』」，而不是「指中國人共有的『我們中國』」，「中國國民內固然太多外國人，卻也太多中國人」，「應打破國家底迷信」，不應借「愛國」之名來反對「洋方子」，復活「國故」，「對於帝國主義底壓迫絕對應抗拒的，但同時更絕對應該『要針砭民族（咱們的）卑怯的癱瘓，要清除民族淫猥的淋毒，要切開民族昏聵的癱疽，要閹割民族自大的瘋狂』（這是啟明的話）」。應該愛「歐化的中國」，不是遺老遺少「要『歌誦』要『誇』的那個中國」。這一番話的旨意，歸根結底是反對排外和復古，主張借鑑西方的先進思想文化來改造落後的國民性，使中國成為「歐化的中國」，即具有現代文明的中國。

林語堂看了劉復和錢玄同的不同看法後，激發他對改造國民性問題作了進一步的思考。他認為，「中國人是根本敗類的民族，吾民族精神有根本改造的必要」，「中國政象之混亂，全在我老大帝國國民癖氣太重所致，若惰性，若奴氣，若敷衍，若安命，若中庸，若識時務，若無理想，若無狂熱，皆是老大帝國國民癖氣，而弟之所以信今日中國人為敗類也」。這樣的看法自然是異常偏激的，但也表明他對封建統治和封建文化造成中國「國民性」的極端愚昧落後，是有充分認識的。因而，他主張必須徹底改造固有的「國民性」，而途徑則是「唯有爽爽快快講歐化之一法而已」，做到「非中庸」，「非樂天知命」，「不讓主義」，「不悲觀」，「不怕洋習氣」，「必談政治」。但他

堅決反對「復興古人的精神」，認為即使「古人有比較奮勇活潑之氣」，但到現在「已一無復存」，連孔子也已失去了原有較為活潑並非呆板無聊的「真面目」。

這裡有必須指出的是，林語堂和錢玄同所說的「歐化」，並不是什麼「全盤西化論」，而是要以先進的西方文明來促使中國人進入現代文明的意思。這在錢玄同的《回語堂的信》[12]中說得很明白。他說：「……根本敗類的當然非根本改革不可。所謂根本改革者，鄙意只有一條路可通，便是先生所謂『唯有爽爽快快講歐化之一法而已』。我堅決地相信所謂歐化，便是全世界之現代文化，非歐人所私有，不過歐人聞道較早，比我們先走了幾步。我們倘不甘『自外生成』，唯有拼命去追趕這位大哥，務期在短時間內趕上；到趕上了，然後和他並轡前驅，笑語徐行……」由此可見，他們所說的「歐化」就是趕上西方所具有的現代文明，跟「全盤西化論」是不一樣的。

林語堂有關改造「國民性」的看法，跟魯迅在《燈下漫筆》等文中所體現出來的徹底反封建精神是基本一致的。而且在當時的時代環境中，他即使有些言詞過激，但也說明他痛心之切，憎惡之深，並能起到發人猛省的作用。可以認為，正值1925年前後以章士釗等人為代表的復古派捲土重來，大開倒車之時，他是站在進步的立場上，堅持新文化運動的正確方向的。

正因為這樣，林語堂有關徹底改造「國民性」的主張，曾受到錢玄同的充分肯定和讚賞。他說：

12 　《回語堂的信》，《語絲》1925年4月20日第23期。

語堂先生：

您說中國人是根本敗類的民族，有根本改造之必要，真是一針見血之論；我的朋友中，以前只有吳稚暉，魯迅，陳獨秀三位先生講過這樣的話。這三位先生的著作言論中，充滿了這個意思，所以常被「十足之中國人」所不高興。我覺得三十年前「中學為體，西學為用」這個老主意，現在並沒有什麼改變，不過將「用」的材料加多一些而已。……他們以為「用」雖可以加多，而「體」則斷不容動搖……

九年來，我最佩服吳、魯、陳三位先生的話；現在你也走到這條路上來了，我更高興得了不得。……[13]

這表明林語堂有關改造「國民性」的言論，在當時產生了較大的影響。

4.3　斥責紳士名流的「高調」

1925年5月30日，上海各界民眾一萬多人在英租界南京路上舉行聲勢浩大的反帝大示威，抗議日本帝國主義槍殺工人顧正紅。結果，英國巡捕竟向示威群眾開槍掃射，當場打死數十人，逮捕五十多人，釀成空前未有的五卅慘案。

慘案發生後，上海和北京乃至全國各地掀起了轟轟烈烈的反帝愛國運動。6月1日，上海二十多萬工人舉行總同盟罷工，五萬多學生罷課，大多數商人罷市。6月11日，上海工商學各界二十多萬人舉行群

13　《回語堂的信》，《語絲》1925年4月20日第23期。

眾大會，通過了反對帝國主義的十七條交涉條件。而北京各界也實行罷工，罷課，罷市，聲援上海人民的反帝愛國鬥爭。北京大學的教職員和學生還到東城鐵獅子胡同的執政府請願，險些兒遭到屠殺。此外，各個學校和社會團體組織了宣傳隊、募捐隊，宣傳五卅慘案的真相，募款支持上海人民的正義鬥爭。

可是，《現代評論》派的某些紳士名流卻站在愛國群眾運動的對立面，散佈流言，放出「高調」，大潑冷水。丁在君就曾大放厥詞，說什麼「學生只管愛國，放下書不讀，實上了教員的當」，「我們應該慎重，不要再鬧拳匪起來」，「愛國講給車夫聽有什麼用」，「勸化了一百個拉洋車的，不如感動了一個坐洋車的」，「抵制外貨我們自己吃虧」。有的名流也說什麼「單靠感情不能救國」，「救國須先求學」，「青年唯一的職務是念書」，「罷課是自殺」，「中國弄到這樣田地完全是知識階級的責任」[14]，等等。

在愛國群眾運動的鼓舞下，鼓吹變「中庸」為「急躁性」的林語堂，卻毅然參加了北京大學師生員工的請願行列，經歷了險些兒遭到血腥屠殺的情景。而且，他於6月24日和10月10日寫了《丁在君的高調》[15]和《隨感錄》[16]等文，讚揚愛國群眾的鬥爭精神，斥責紳士名流的「高調」。

在《丁在君的高調》一文中，林語堂指出：「這回愛國運動，大家正忙的手忙足亂，應接不暇，對外宣傳，對內講演，募款救濟工

14　林語堂：《丁在君的高調》，《剪拂集大荒集》，人民文學出版社，1988年版。
15　《剪拂集大荒集》，人民文學出版社，1988年版。
16　《語絲》1925年10月5日第47期。

人，籌畫抵制外貨，正苦無名流來實在出力，實在做事，實在幫忙，丁先生卻居然在旁邊說閒話。其實此種不負責任的閒話與不負責任的高調，相差無幾。閒話，高調，空洞話，無用之話，無積極主張的話，其實則一。」所謂不負責任的，就是不利於愛國群眾運動的。在他看來，只有通過愛國的群眾運動，才能解決帝國主義槍殺愛國示威群眾問題，取消不平等條約問題，改革內政問題，因而他表示「我輩所希望者在民眾」。然而，丁在君卻給群眾的愛國運動「潑『冷水』」，甚至胡說「中國弄到這般田地完全是知識階級的責任」。這顯然是蓄意維護封建軍閥統治的言論。因此，林語堂正告丁在君之流：「迎合官僚與軍閥的『高調』，是絕對而又絕對唱不得的。」

在《隨感錄》一文中，林語堂則指出丁在君一類新名流，實際上已成為替封建軍閥政府歌功頌德的新的守舊派人物。他們與急進派愈來愈「不相容」，「互相討厭」。可是，這是好事，「由於他們的互相討厭，然後社會才有進步」。這可謂深刻地揭露了丁在君一類紳士名流的本質，並昭示了《語絲》派與他們鬥爭的必要性。

從這些事實來看，林語堂在五卅慘案發生後的日子裡，已直接投身於反帝反封建的群眾運動，由進行文明批評發展到致力於社會批評，並表現了異常激進的思想。

4.4 抨擊「勿談政治」

自從五卅慘案之後，北京人民的愛國運動一直在不停地發展著。1925年10月27日，北京各學校團體五萬餘人又在天安門舉行集會和

遊行，反對段祺瑞執政府邀請英、美、法等十二國參加「關稅特別會議」，主張關稅自主。但巡警斷絕交通，並與遊行群眾發生衝突，造成流血事件。這表明廣大青年學生和人民群眾的愛國熱情空前高漲，極為關心中國的命運。

可是，就在這時，那些企圖依附於段祺瑞執政府的「名流」、「學者」和遺老遺少卻又跳將出來，鼓吹「勿談政治」，「閉門讀書」，「讀書救國」。而教育總長章士釗則於同年11月2日主持教育部部務會議，公然規定小學學生必須讀經，自四年級起，每週一小時。這實際上是推行所謂「讀經救國」的謬論。

針對「勿談政治」、「閉門讀書」和「讀書救國」等謬說，林語堂於1925年11月6日寫了《謬論的謬論》[17]一文予以有力的抨擊。他指出，「勿談政治」、「閉門讀書」、「讀書救國」等等，是「現時政府及名流的主張」，他們把政治看作只是「官僚的事，是與小百姓無關的」，「是中華官國應有的政治學」。而這種態度，實際上是「中國人古來惡談政治的惡根性的表現」，「實不過蓋藏些我們民族的懶惰性與頹喪性而已，不過是我們中庸知命系統哲學的新解釋，是我們羲皇上人擊壤而歌的新變相──總而言之就是西人所謂『東方文化精神』的新表示而已。」其結果，勢必「中國的命運也就完了」。因而，他表示堅決反對「勿談政治」主義，並主張「凡健全的國民不可不談政治，凡健全的國民都有談政治的天職」。

在這裡，可以看出林語堂是把對現實的批判與傳統文化的反思緊

17　《語絲》1925年11月9日第52期。

密結合起來，因而使他所作的有關評論格外具有說服力，並能引起人們的深思。

4.5　支持「女師大」學生的正義鬥爭

1925年，北京女子師範大學發生反對反動校長楊蔭榆的學潮。

學潮的起因是，楊蔭榆於1924年11月勒令因受軍閥戰爭影響而未能及時返校的三名學生退學。這一無理決定，引起該校學生的強烈反對。但幾經交涉後，楊蔭榆仍蠻橫地維持其決定。於是，學生自治會於1925年1月18日召開全校學生緊急會議，決定驅逐楊蔭榆，並派代表向教育部陳述楊蔭榆掌校以來的胡作非為，請求撤換校長。

接著，楊蔭榆又冒天下之大不韙，公然不准該校學生於3月12日前往中央公園參加公祭孫中山先生的活動。但學生們卻堅決走出校門，毅然前往參加。由此一來，楊蔭榆可謂威信喪盡。她為了重振校長權威，於5月7日借主持「國恥」紀念演講會，大擺威風。結果又激起了學生的憤怒，並把她趕下了台。

次日，惱羞成怒的楊蔭榆便頒佈公告開除蒲振聲、許廣平、張平江、姜伯諦、劉和珍、鄭德音等六人。因此，矛盾進一步激化。學生會立即召開全校學生緊急大會，宣佈學生會早已不承認楊蔭榆是校長，她無權開除學生，並決定堅決驅逐她出校。會後，學生會總幹事許廣平代表全校學生封了校長辦公室、寢室及秘書辦公室的門，並張貼佈告，不准楊蔭榆再入校門。5月8日下午，學生會還散發《女師大

學生懇請本校主持公道諸先生出面維持校務書》，籲請他們出面維持校務。於是，魯迅為她們擬寫了《呈教育部文》，詳述了楊蔭榆溺戕濫罰、貽害學生的劣跡。5月27日，魯迅、周作人、馬裕藻、沈尹默、李泰棻、錢玄同、沈兼士等七人，聯名在《京報》發表由魯迅起草的《對於北京女子師範大學風潮宣言》，向社會各界說明學潮真相。

在這樣的情勢下，楊蔭榆經過密謀籌畫後，在教育部和京師員警廳的支持下，四十多名保安員警和十餘個偵緝隊稽查於8月1日7時前來「女師大」強行解散學校。當學生們堅決加以抵抗時，楊蔭榆便下令關閉伙房，截斷電線，斷絕交通，用鐵鍊鎖住校門，企圖把學生困斃在校內。可是，學生們絕不屈服，並在許廣平的帶領下，衝開校門，與前來慰問的各界人士和親屬會師。

教育部為了置「女師大」學生於絕境，於8月10日頒佈《停辦女師大令》，並於8月17日決定在女師大原址籌辦國立女子大學，教育部專門教育司司長劉百昭親率部員、巡警和三河縣老媽子數十人，前來「女師大」強行接收校舍，把學生趕出校門。但她們仍不屈服，在西城宗冒胡同租賃房屋繼續上課。在11月28日29日爆發「首都革命」中，楊蔭榆終於下臺，章士釗逃往天津，段祺瑞政府被迫下令恢復「女師大」。「女師大」學生獲得了鬥爭的勝利。

這一歷時一年的「女師大」學潮，是北京人民群眾反對封建軍閥統治的重要組成部分。因而，《現代評論》派和《語絲》派都捲入了這一事件中，但所持的態度卻完全不同。《現代評論》派的陳源等人

祖護楊蔭榆和章士釗，誣衊「女師大」學生，攻擊《語絲》派。而《語絲》派的魯迅等人則堅決支持「女師大」學生的正義鬥爭，揭露楊蔭榆和章士釗迫害「女師大」學生的罪責，抨擊陳源之流的卑劣言行。

作為《語絲》派重要成員的林語堂，一直與魯迅站在一起，同情和支持「女師大」學生反對楊蔭榆的鬥爭。他雖然8月至10月間因事回廈門，未能經歷「女師大」學潮的全過程，但還是作出了積極貢獻的。據說在每次《語絲》同人的集會上，他都發表對事態的看法。而且，他先後撰寫了《苦矣！左拉！》[18]、《祝土匪》[19]和《〈「公理」的把戲〉後記》[20]等文，猛烈抨擊《現代評論》派中人誣衊「女師大」學生的無恥讕言，為「女師大」學生伸張正義。

在《苦矣！左拉！》一文中，林語堂揭露《現代評論》派中人歪曲事實，顛倒是非，「為私人做侍衛」，「替壓迫人的鳥總長說話」，「為率領老媽子的劉百昭宣傳」。在《祝土匪》一文中，他斥責他們「倚門賣笑」，所持言論「去真理一萬八千里之遙」，把真理「販賣給大人物」。在《〈「公理」的把戲〉後記》一文中，他更是表示了對他們的蔑視，認為他們不夠資格做自己的「敵人」，「批他嫌手髒，罵他嫌嘴髒，做文章談到他又嫌筆髒」，等等。

僅從這些來看，可以說林語堂在「女師大」學潮中，給了《現代評論》派的「正人君子」狠狠的打擊，有力地支持了「女師大」學生

18　《剪拂集大荒集》，人民文學出版社，1988年版。
19　《剪拂集大荒集》，人民文學出版社，1988年版。
20　《剪拂集大荒集》，人民文學出版社，1988年版。

的正義鬥爭。同時，這也表明了林語堂這時無愧為跟魯迅站在一個戰壕裡的戰友，是勇於抗擊黑暗勢力的鬥士！

4.6 「首都革命」中的勇士

北京人民群眾在南方革命形勢的推動下，愈來愈痛恨段祺瑞執政府的統治，並於1925年11月28到29日，爆發了一場轟轟烈烈的「首都革命」。這兩天，北京人民舉行了聲勢浩大的示威遊行，高呼「打倒賣國段政府！」「驅逐段祺瑞！」「打死朱深、章士釗！」等口號，衝破軍警們的防線，摘掉「京師員警廳」的牌子，搗毀章士釗、劉百昭的住宅，放火燒掉研究系政客的喉舌——《晨報》館。結果，在人民群眾的強大壓力下，段祺瑞被迫改組國務院，並由易培基替換章士釗任教育總長。

在這場「首都革命」中，林語堂勇敢地加入了北京大學師生的示威隊伍。而且，當員警和被雇傭的流氓暴徒，不斷地用磚塊襲擊遊行的學生時，他非常氣憤，拿起竹竿和磚塊予以回擊。由於他曾經是上海聖約翰大學的優秀壘球投擲手，投擲技術好，加上年僅三十歲，體力佳，因而多次把那些軍警和流氓暴徒打得抱頭逃竄。但由此一來，他也成為被襲擊的重要目標，而且，被一磚塊擊中眉頭，流血不止，留下了一道疤痕。

林語堂作為一個年輕的文人和教授，不顧生命危險，敢於用中國文人從未採取過的戰鬥方式，直接與軍警及流氓暴徒搏鬥，成為反抗暴力的大無畏的勇士。這可謂在他的生命史上寫下了「驚心動魄」的

一頁，而且是他反抗強暴的光輝頂點。

與林語堂形成鮮明對照的是《現代評論》派的陳源。他竟然對這場「首都革命」說三道四，指責它為過激行為。他在《「首都革命」與言論自由》一文中，冷嘲熱諷地說：

這次「首都革命」的最大的結果，還要算是燒掉了一個《晨報》館吧。28日群眾高呼的口號有「人民有集會結社言論出版自由」那一條，29日就有許多人手豎旗幟，大書打倒《晨報》及輿論界之蟊賊等語，遂蜂擁至宣武門大街，將該館舉火焚毀。這樣的爭言論出版自由，也很值得紀念的。

……不錯，《晨報》是帶有研究系的色彩的。至少，歷史上與研究系有過關係的，無論如何，它對於國民黨是常常貶斥的。可是這不過是信仰的不同，並不成什麼罪狀。除此以外，《晨報》始終反對軍閥，批評政府。雖然態度穩健，卻是稀有的獨立奮鬥的報紙。

然而，《晨報》卻讓爭言論出版自由的民眾燒毀了！

陳源在這裡可謂對群眾運動大肆挑剔，而林語堂卻是直接投身於威脅著段祺瑞政權的群眾鬥爭中。兩相對比，不是更可以看出林語堂的舉動多麼難能可貴嗎？

4.7　「費厄潑賴」—由贊同到擯棄

周作人於1925年11月23日《語絲》54期上，發表《答伏園論「語

絲的文體」》一文。其中有這樣一段話：

　　我個人在日報上曾發表好些議論……這都依了個人的趣味隨意酌定，沒有什麼一定的規律。除了政黨的政論以外，大都要說什麼都是隨意，唯一的條件是大膽與誠意，或如洋紳士所高唱的所謂「費厄潑賴」──在這一點上我們可以自信比賽得過任何紳士與學者。

　　在這當中，周作人把「費厄潑賴」作為他自己乃至語絲同人的一個特點提了出來。接著，他又在《語絲》56期上發表的《失題》一文中說，本來想寫一篇批判段祺瑞在《甲寅》週刊第1卷第18號發表的對青年學生滿含殺機的《二感篇》的文章，但後來聽說段祺瑞要下野，於是不再準備寫了，即不再打落水狗。他說道：

　　到了現在段君既將復歸於禪，不再為我輩的法王，就沒有再加以批評之必要，況且「打落水狗」（吾鄉方言，即「打死老虎」之意），也是不大好的事，所以我只得毅然把《恭讀〈二感篇〉謹注》這一個題目勾消了。
　　……一日樹倒猢猻散，更從那裡去找這班散了的，況且在平地上追趕猢猻，也有點無聊、卑劣，雖然我不是紳士，卻也有我的傳統與身份。所謂革命政府不知還有幾天的運命，但我已不得不宣告自十二月一日起我這帳簿上《賦得章士釗及其他》的題目也當一筆勾銷了事。

　　顯然，周作人主張對於「落水狗」應該講「費厄潑賴」，不應再

行攻擊。

林語堂讀了周作人的這兩篇文章後，於12月8日寫了《插論語絲的文體—穩健、罵人及費厄潑賴》一文，刊登在《語絲》57期上。在這篇文章裡，他表示贊同周作人提倡的「費厄潑賴」精神。他說：

再有一件就是豈明所謂「費厄潑賴」。此種「費厄潑賴」精神在中國最不易得，我們也只好努力鼓勵，中國「潑賴」的精神就很少，更談不到「費厄」，唯有時所謂不肯「下井投石」即帶有此義。罵人的人卻不可沒有這一樣的條件，能罵人，也須能挨罵。且對於失敗者不應再攻擊其個人。即使儀哥兒，我們一聞他有了癆病，倘有語絲的朋友要寫一封公開的信慰問他，我也是很贊成。最可厭的Kipling，昨天看見他有肺膜發炎之症，我們還是希望他能早日痊癒。大概中國人的「忠厚」就略有費厄潑賴之意，唯費厄潑賴絕不能以「忠厚」二字了結他。此種健全的作戰精神，是「人」應有的與暗放冷箭的魑魅伎倆完全不同，大概是健全民族的一種天然現象，不可不積極提倡。

不難看出，林語堂不僅贊同周作人提倡的「費厄潑賴」精神，而且對它作了進一步的闡述，這表明他對暫時失敗了的敵人有可能捲土重來缺乏認識，錯誤地認為對「落水狗」應採取寬容的態度。

當魯迅看到周作人、林語堂有關「費厄潑賴」和不打「落水狗」的言論後，產生了與他們迥然不同的看法，並撰寫了著名的《論「費厄潑賴」應該緩行》一文，發表在1926年1月10日《莽原》第1期上。在這篇文章中，魯迅認為對於「落水狗」絕不能講「費厄潑賴」，並

提出了痛打「落水狗」的戰鬥主張。他指出，「狗性總是不大會改變的」，倘是「咬人之狗」，都在可打之列，無論它在岸上或在水中。他告誡善良的人們，不能以為「落水狗」必已懺悔，不再咬人，也不要被它一時裝出的可憐相所迷惑，「誤將縱惡當作寬容，一味姑息下去」，否則便會被「咬死」，等於「自家掘墳自家埋」。他還指出，辛亥革命的不少革命黨人就是由於對當時的鬼蜮慈悲，不打「落水狗」，反而被咬死了，而現在的一些「落水狗」正躲在天津租界裡，做好了一切伺機報復的準備。因而，他以為「費厄潑賴」「當然是要的，然而尚早」。

那麼，能不能認為魯迅是用徹底革命的精神批判了林語堂的對敵「妥協」思想呢？不能。事實上，林語堂贊同「費厄潑賴」和不打「落水狗」，是由於缺乏鬥爭經驗，未能認識對敵鬥爭的複雜性，不懂得打「落水狗」的必要性，歸根結底是屬於思想認識水準問題，而不是什麼對敵人「妥協」。而且，魯迅也不是把林語堂的有關看法當作對敵人「妥協」來批判的，只是把它看作為「老實人」的糊塗認識，在客觀上會起到「縱惡」的作用。因而，他著力闡述的始終是必須痛打「落水狗」的道理。

正因為這樣，林語堂讀了魯迅的這篇文章後，絲毫沒有抵觸和反感，並受到了深刻的啟發和教育，自覺地糾正了「費厄潑賴」的片面認識，心悅誠服地接受了魯迅打「落水狗」的主張。由於思想認識的提高和變化，他曾繪製了一幅《魯迅先生打叭兒狗圖》，刊登在1926年1月23日《京報副刊》上。畫中畫著魯迅站在岸上，手持一根長竹竿，猛擊一隻落水的叭兒狗的頭。這不僅生動地體現了魯迅痛打「落

水狗」的戰鬥精神，而且表達了他摒棄「費厄潑賴」，學習魯迅「打狗」精神的決心。

可是，林語堂繪製這幅漫畫，卻產生了他所未曾料及的效果。他在畫中所畫的那只「叭兒狗」本來沒有實指誰的用意，只是泛指幫閒文人而已。但《現代評論》派的陳源卻疑心是針對他的，心裡很不舒服。他之所以這樣認為，大概是因為他在「女師大」學潮中偏袒楊蔭榆，曾受到魯迅和林語堂的抨擊吧。於是，他挖空心思地報復林語堂和為自己開脫。他於1926年1月30日《晨報副刊》上刊出一封致徐志摩的信，認為林語堂由贊成周作人的不打「落水狗」改為擁護魯迅的痛打「落水狗」，才是做了「叭兒狗」。他說：

　　我也是主張「不打落水狗」的。我不像我們的一位朋友，今天某乙說「不打落水狗」，他就說「不打落水狗」，第二天某甲說「要打落水狗」，他連忙的跟著嚷「要打落水狗」。我見狗既然落了水，就不忍打它了。……

　　說起畫像，忽然想起本月二十三日《京報副刊》裡林語堂先生畫的「魯迅先生打叭兒狗圖」。要是你沒有看見過魯迅先生，我勸你弄一份看看。你看他面上八字鬍子，頭上皮帽，身上厚厚的一件大氅，很可以表出一個官僚的神情來。不過林先生的打叭兒狗的想像好像差一點。我以為最好的想像是魯迅先生張著嘴立在泥潭中，後面立著一群悻悻的狗。「一犬吠影，百犬吠聲」，不是俗話嗎？可是千萬不可忘記了那叭兒狗，因為叭兒狗能今日跟了黑狗這樣叫，明天跟了白狗這樣叫，黑夜的時候還能在暗中猛不防的咬人家一口。

陳源的這番話，一方面攻擊了魯迅是「官僚」，另方面又影射林語堂才是「叭兒狗」。而且他自以為這樣一來，既可以刺痛林語堂，而他自己也不再被人看作「叭兒狗」了。

然而，陳源這一自以為高明的手法，並沒有動搖林語堂跟隨魯迅「打狗」的決心。相反，更加激發了他對陳源一類「叭兒狗」的憎惡，堅定了他「打狗」的意志。這在「三一八」慘案發生後的日子裡，便充分表現出來了。

4.8 「三一八」慘案發生後的悲憤

1926年初，廣東的革命軍與共產黨聯合後積極準備北伐戰爭。於是，北洋軍閥在帝國主義的支持下，加緊進攻傾向革命的馮玉祥統帥的國民軍。3月12日下午，兩艘日本軍艦掩護奉系軍閥的四艘軍艦駛向大沽口，企圖進攻天津，大肆炮轟守衛大沽口炮臺的國民軍，打死打傷國民軍官兵十餘人，國民軍被迫開炮還擊。3月16日，日本糾集英、美、德、意、荷、比、西八國，藉口國民軍違反《辛丑合約》，向北京政府發出最後通牒，提出撤除大沽口國防工事等無理要求，並限於四十八小時內答覆。

帝國主義的強盜行徑，激起了中國人民的極大憤慨。3月17日，北京各學校、團體代表四百餘人，在北大三院召開緊急會議，決議：（一）即日駁複最後通牒；（二）不許日艦帶奉艦入口；（三）驅逐帝國主義公使出北京，並敦促國民軍為廢除不平等條約而戰，決定於3月18日在天安門召開國民大會。會後，代表們分成兩隊，前往段祺瑞

執政府和外交部請願。結果段祺瑞執政府拒絕接見三位入內請願的代表，並命令衛兵用刺刀和木棍對付門外等候的請願代表，重傷六人，輕傷數十人。

3月18日上午，北京總工會等團體和各校學生十餘萬人在天安門舉行國民大會。向來在愛國運動中起先鋒作用的「女師大」學生，在該校教務長林語堂的支持下，由劉和珍帶隊參加大會。大會開始後，由徐謙（國民黨北京市特別黨部代表）報告開會的宗旨和意義，師大代表報告了昨天在國務院請願的經過。最後通過了「電促全國國民一致反抗八國」，「請政府嚴駁八國最後通牒」，「若八國不肯收回通牒即驅逐公使」，「督促國民軍為反帝國主義而戰」，「組織北京民眾反帝大同盟」等六項決議。

大會開至12時結束後，由四千多人組成的請願團，前往段祺瑞執政府請願。女師大學生會主席劉和珍負責「女師大」隊伍的指揮，走在請願隊伍的最前列。而她的同學楊德群則沿途散發傳單，進行宣傳。

當請願隊伍來到段祺瑞執政府門前廣場後，推舉五位代表要求會見國務院總理賈德躍。國務院以無負責人為藉口，加以拒絕。正當請願隊伍準備改為前往吉兆胡同會見段祺瑞時，埋伏在執政府北邊大紅門內的數百名大刀手，蜂擁而出，沖向請願隊伍，亂砍亂殺。這時，執政府門前的衛隊，也在警笛的指揮下，向請願群眾開槍射擊。反動軍警這樣屠殺、射擊請願群眾，長達數小時之久，致使執政府門前血肉橫飛，死傷枕藉，慘不忍睹。當場慘死47人，受傷132人，失蹤40

人。

死難者中，有劉和珍、楊德群等「女師大」學生。劉和珍是在執政府門前中彈的。大屠殺開始後，她臨危不懼，沉著地指揮同學們撤退。而衛隊卻從她身後開槍射擊，劉和珍被一顆子彈擊中，「從背部入，斜穿心肺」，立即倒在血泊中。「女師大」學生張靜淑和楊德群本來已經轉移到較安全的地方，但看見劉和珍中彈倒地，又奮不顧身地奔去救護。可是，正當張靜淑伸手要扶起劉和珍時，衛兵又向她射擊，連中四彈（其中一顆是手槍子彈），即時倒在地下。接著，楊德群又前去要將劉和珍救出，結果又被一顆子彈擊中要害，而且由於未能得到及時救治而死去。這時，劉和珍掙紮著坐了起來。但有一個衛兵立即用棍子在她的頭部和胸部猛擊了兩棍，終於犧牲。劉和珍犧牲時只22歲，楊德群殉難時也不過24歲。

劉和珍、楊德群慘遭殺害的噩耗很快傳到了「女師大」。林語堂和許壽裳聞訊後，心情激憤，立即驅車趕赴現場，以校負責人身份查看劉和珍、楊德群的遺體。當他們到達國務院時，執政府已將23位死者草草裝進事前準備好的棺材裡。他們進門開棺查看，頭一個裝著的便是劉和珍的遺體。她臉上呈蒼灰色，亂蓬蓬的黑髮下半開著怒視的雙眼，胸腰裸露，身上凝結著血潮，一堆血衣亂塞在棺內。林語堂看到這樣的慘狀時，淚水禁不住奪眶而出。但他強抑著悲痛，繼續與許壽裳一起把所有的女屍辨認一遍，查找楊德群的遺體。當未能查到時，他又跟許壽裳跑去一間收留有許多受傷者的醫院裡探視。結果，他發現楊德群的屍體放在一張很短的桌子上，下半身懸空掛著。目睹此情此景，他苦痛得說不出話來。

林語堂和許壽裳回到學校後，立即派人前去將劉和珍和楊德群的遺體運回學校來。楊德群的遺體很快運回來了，但劉和珍的遺體卻受到當局的阻擋，不允許搬走。經林語堂幾經交涉後，才於19日晚運回，跟楊德群的遺體一起安放在大禮堂裡。

劉和珍和楊德群的慘遭殺害，給林語堂的刺激太大了。他「每日總是昏頭昏腦」[21]，激憤難平。三天后，他執筆寫了《悼劉和珍楊德群女士》[22]一文。在這篇感人的悼文中，他稱頌劉和珍是「女師大」同學所敬愛的革命領袖，是「昏天黑地，國亡無日，政治社會思想都需根本改造」時期少有而寶貴的人才；指出她和楊德群是「死於與亡國官僚瘟國大夫奮鬥之下」，「是死在我們最痛恨之敵人手下，是代表我們死的」，「為全國女革命之先烈」，「死的光榮」；並表示「我們於傷心淚下之餘，應以此自慰，並繼續她們的工作」。在當時極端恐怖統治的籠罩下，林語堂毅然第一個站出來說這樣愛憎鮮明的話，並把批判的矛頭直接指向段祺瑞之流，就充分表明他具有異常強烈的正義感和不畏懼反動當局的鬥爭精神。

3月25日，「女師大」師生和北京各界人士在「女師大」禮堂為劉和珍、楊德群烈士舉行隆重的追悼會，由許壽裳主祭。林語堂和魯迅等人參加了追悼會，對烈士表達由衷尊敬和痛悼之情。

可是，這時現代評論派的陳源之流卻對「三一八」慘案大肆散佈流言蜚語。這激起了林語堂的極大憤怒，並於3月30日撰寫了《閒話

21　《悼劉和珍楊德群女士》，《語絲》1926年3月29日第72期。
22　《語絲》1926年3月29日第72期。

與謠言》[23]一文，予以痛斥。

他首先駁斥了陳源在《閒話》一文中混淆黑白的說法。陳源煞有介事地說：「3月18日她的學校出了一張佈告，停課一日，叫學生都去開會。楊女士還是不大願意去，半路又轉回。一個教員勉強她去，她不得不去了。衛隊一放槍，楊女士也跟了大眾就跑，忽見友人某女士受傷，不能行動，她回身去救護她，也中彈死。」這不僅歪曲了楊德群自覺參加請願的事實，而且言下之意是要「女師大」校方和某教員負楊德群之死的責任。因而，立即受到知道事情真相的孟菊安和董秋芳的反駁。孟菊安是跟楊德群一道參加請願的「女師大」同學，她於3月30日《京報副刊》發表文章，以自己和楊德群3月18日一起參加天安門前的抗議大會並前往執政府請願的事實，揭穿了陳源所說的「半路又轉回，一個教員勉強她去，她不得不去」是純屬謊言。董秋芳是北大學生，也在《可怕與可殺》一文中指出陳源的有關「閒話」，「有辱沒死者和嫁禍生者的陰謀的用意」，「這種畜牲，生殖在人類裡面，早就可怕，而且早就可殺了」。而林語堂則在他們揭露的基礎上，進一步斥責陳源的「流言」，是「走狗獻給它們大人的狗屁，以求取得主人的歡心。其實用不著鄭重的去辯。叫狗放『人類之屁』本來是沒有這回事」。

同時，他批駁了《晨報》社論和陳源的《閒話》妄圖嫁禍於民眾領袖的「流言」：「這回民眾請願是和平的，被衛隊搶奪的也不過幾枝手槍木棍。」「要是李鳴鐘真有信去保護，事實上卻沒有軍警去保

23　《剪拂集大荒集》，人民文學出版社，1988年版。

護，那麼李氏百口也不能辯其罪；要是李氏並沒有去信，那麼讀的信，出於捏造，那捏造的人，又犯了故意引人去死地的嫌疑。」對於前者，林語堂斥責說：「這是何等公正的態度呵，但是暗中已給人陰險的暗示，當日實在有幾把手槍給衛隊搶奪去，這手槍自然是共產黨帶去的，於是大家可以，並且應該，攻擊共產黨了。」可謂揭穿了它的險惡用意。對於後者，林語堂則指出，陳源是要給一班讀者暗示李鳴鐘（北京員警總監）的信「有捏造的可能」，所以結論是徐謙等「又犯了故意引人去死地的嫌疑」。而且陳源明明是懂得那信絕非捏造的，因為李鳴鐘並沒有出來否認，徐謙也讓自己的女公子加入請願隊伍。可是，他卻偏要說那信是民眾領袖捏造的。因而，林語堂認為，他是「全無心肝」的。

此外，他還痛斥了燕樹棠等人為執政府開脫罪責。「三一八」大屠殺後第二天，北京九院校舉行教職員代表聯席會議，圍繞段祺瑞執政府是否應承擔罪責問題，爭論不休，而北大代表燕樹棠和師大代表馬明海等人則極力為執政府開脫罪責，結果只以五比四通過了政府應負責任的議案。會後發表了一個簡單敷衍的「宣言」。因而，林語堂非常氣憤地指斥燕樹棠等人「連一個屁也不響」，是「喪心病狂的同胞」[24]。

4.9　「打狗運動」的急先鋒

4月1日，「女師大」復課。林語堂以教務長身份主持了復課典

24　《閒話與謠言》，《剪拂集大荒集》，人民文學出版社，1988年版。

禮，並講了話。為了使學生能正常上課，他做了大量的準備工作。復課後第三天，他還親自跑書店，去尋找和購買適合學生自修的英語讀物。結果發現了一本錯誤百出的《英語備考》。他隨手一翻，就看到裡頭的「讀音之普通錯誤」一章，只有四頁的篇幅，而荒謬絕倫之處竟不只兩打。於是，他特地寫了《〈英語備考〉之荒謬》一文，發表在4月12日《語絲》74期上。這不僅表明他對英語是十分精通的，而且也說明他具有一絲不苟的負責精神。

在盡力做好教務工作的同時，林語堂還時常思考「女師大」學潮和「三一八」慘案以來知識界中的種種醜怪現象。尤其是看了周作人發表在《京報副刊》的《恕府衛》一文後，他更是感慨之至。周作人文中有這樣的話：

（一）「也不見得以前的衛隊軍警一定怎樣高明，到了現在才變壞了，然而以前不開槍而此刻忽然開槍了，這是什麼緣故呢？是的，衛隊軍警並不變壞，而北京的知識階級—名人學者和新聞記者變壞了……五四之役，六三之役，學生們轟轟烈烈鬧得更屬害……那時為什麼不開槍的呢？因為這是輿論所不許。大家不要笑我這句話說得太迂，只要把今昔情形一比較就明白了……」

（二）「五四時代北京各校教職員幾乎是一致反抗政府，這回大屠殺之後，不僅不能聯合反抗，反有聯席會議的燕樹棠，《現代評論》的陳源之流，使用了明槍暗箭，替政府出力，順了邏輯令的意旨，歸罪於所謂群眾領袖，轉移大家的目光，減少攻擊政府的力量，這種醜態是五四時代所沒有的。其實這樣情形當然不是此刻才有的，去年大

半年來早已如此，反對章士釗事件可以算是這個無恥運動的最高潮，而這回的殘殺也就是其結果。政府以前還怕輿論制裁，不敢任意胡為，到了去年知道這些輿論代表與知識階級都是可以使得變相的，章士釗只須經手一千塊錢的津貼便可分設一家白話老虎報於最高學府，有人長期替他頌揚辯護或誣衊別人，這是多麼經濟的辦法！有了一部分『知識階級』做段、章的嫖客，段政府自然就膽大了—現在還不開槍等候何時！於是開槍矣！於是群起而擁護政府矣！」

林語堂看了周作人這一番話後，進一步認識到《現代評論》派的陳源之流實在可惡，非狠狠地加以打擊不可。於是，他於4月20日寫了《討狗檄文》[25]，闡述了許多重要見解。他回顧了五四以來特別是「女師大」學潮和「三一八」慘案期間，知識界嚴重分化的狀況，指出陳源之流都是想做官的，是一時蟄居在教育界的「雜種分子」、「叭兒狗」。他們不僅大造「輿論」，保護了章士釗上臺以來所做的「一切罪孽」，而且在「三一八」大屠殺中又與執政府「互助」，實為「一方面做老虎的間諜，一方面擾亂知識界自身之團結」的反動派。革命派絕對不能與他們「妥洽」，而且「只有一條路可走，就是先把知識界內部肅清一下，就是先除文妖後打倒軍閥」。因此，他主張掀起一個「打狗運動」，並宣稱：「我們打狗運動應自今日起，使北京的叭兒狗，老黃狗，螺螄狗，笨狗，及一切的狗，及一切大人所豢養的家禽家畜都能全數殲滅。此後再來講打倒軍閥。」

林語堂這篇文章發表後，立即產生了強烈的反響。侯兆麟於4月

25　《剪拂集大荒集》，人民文學出版社，1988年版。

13日致信林語堂，讚揚他具有「不怕環境的精神」，對於打倒「文妖」的理由說得「有理」，表示贊同打倒「官僚」和「文妖」，並要他進一步談談對狗事問題的意見。

4月17日，林語堂以公開信的形式寫了《打狗釋疑》[26]一文，答覆侯兆麟。他一落筆就說：

狗之該打，世人類皆同意。弟前說勿打落水狗的話，後來又畫魯迅先生打落水狗圖，致使我一位朋友很不願意。現在隔彼時已是兩三個月了，而事實之經過使我益發信仰魯迅先生「凡是狗必先打落水裡而又從而打之」之話。

在這段話裡，林語堂坦誠地表示由於「三一八」慘案的教訓，更加堅信魯迅痛打「落水狗」的主張了。

接著，他闡述了發揚鬥爭精神的重要性。他指出，中國人「酷愛和平」，在公私利害衝突時誰也不肯得罪誰，結果造成「遠不能和平」。而中國人之所以「不好戰」，在於「受文明太久時間的關係」。假若長此「沉默」下去，中國可真要亡國了。他讚賞魯迅的名言：「沉默呵，沉默呵，不在沉默中爆發，就在沉默中滅亡。」因而，他認為「今日的希望，只要大家不怕戰……雙方對擊，才能擊出一個進步來。歷史的進步都是由異力相衝來的，是曲折的，不是直行的」。「生活就是奮鬥，靜默絕不是好現象，和平更應受我們的咒詛。倘是

26　《剪拂集大荒集》，人民文學出版社，1988年版。

大家不能肉搏擊鬥，至少亦得能毀咒惡罵，不能毀咒惡罵，至少亦須能痛心疾首的憎惡仇恨，若並一點恨心都沒有，也可以不做人了。」可見，他是把鬥爭精神看作為關係到國家存亡、歷史進步和為人之道的大事來加以提倡的，對人們頗有激勵的作用。

最後，他對「叭兒狗」作了一番描繪。他寫道：

剛才因為我家裡小姐聽見鄰家耍猴兒，叫我也叫他來院子裡耍一耍。不打算一跨進門不見猴先見叭兒狗，委實覺得好笑。想打他又像無冤無仇的。後來看他走圈兒，往東往西，都聽主人號令，十分聰明，倒也覺得有幾分可愛。狗之危險，就在這一點，而且委實有點像貓，難怪魯迅要惡他甚於蛇蠍。這總算我對叭兒狗見識的長進吧。

這些描述，活靈活現地顯現了叭兒狗的特點，流露了他對叭兒狗的憎惡，使人們感到對於叭兒狗是非打不可的。

從這些言論來看，林語堂可謂已成為高舉打狗棍的「打狗」急先鋒！

4.10　對執政府和「叭兒狗」的總攻擊

「三一八」大屠殺的血跡未乾，段祺瑞執政府又進一步對民眾領袖和進步的教授、文化人實行政治迫害。3月19日，段祺瑞下令通緝五名「暴徒首領」：中俄大學校長徐謙，北京大學教授李大釗、顧兆熊，中法大學代理校長李煜瀛，女師大校長易培基。3月26日，《京

報》披露了執政府第二批通緝名單，共48人，除有上述明令通緝的五人外，還包括林語堂（排名17）、魯迅（排名21）、周作人（排名22）等。這表明段祺瑞妄圖將北京文化教育界堅持進步立場的教授、文化人一網打盡，斬盡殺絕，以達到鞏固其反動統治的目的。

面對這樣險惡的形勢，林語堂並沒有害怕，而是追隨魯迅，堅持鬥爭。當執政府第二批通緝名單被《京報》披露後，魯迅寫了《大衍發微》一文，表示懷疑章士釗和陳源替執政府提供通緝名單，根據是通緝名單中的人大都是為他們所不悅的。在魯迅這一「發微」的啟發下，林語堂於4月23日寫了《「發微」與「告密」》[27]一文，對執政府和「叭兒狗」陳源之流作了最猛烈的攻擊。

首先，林語堂憤怒地直陳段祺瑞執政府製造「三一八」大屠殺的罪行：

三月十八日中華民國「府院合署」式的臨時執政府因為知道有愛國青年外交請願事項，預定計劃，埋伏隊伍，荷槍實彈，在府院合署的國務門前由官長指揮，吹號施令，槍擊國民，加之以刀鞭，繼之以追擊，複終之以搶劫。若此情節，使在吾以精神文明見稱之古國，在昏天黑地的君主時期，苟非昏君暴主，十分桀驁，亦當於事後文過飾非，一聞警耗，裝出一個唐皇驚愕之狀來，表示其事前並未聞知，冀以而掩盡天下之耳目，搪塞自己的罪狀，那知道執政旁邊有未知人間有羞恥事之文妖包圍執政，比之李彥青之包圍曹錕先生更為利害，遂

27　《剪拂集大荒集》，人民文學出版社，1988年版。

於當天發出一個死不通的大狗屁，自畫招供，以堂哉皇哉之民國國務總理及總長公然利用公文，署名蓋章，撒了大誑。……

這是林語堂繼《悼劉和珍楊德群女士》中稱執政府為「最痛恨之敵人」後，對段祺瑞執政府所作的最尖銳最有力的鞭撻。

同時，林語堂對章士釗和陳源的本質作了入木三分的揭露。他寫道：

段章馬陳擊殺國民，通緝異己，並不是一天一日偶然的事，其醞釀已久，由來漸矣，魯迅先生以其神異的照妖鏡一照，照得各種的醜態都照出來了。結果呢，鏡裡所照，不僅有章馬，還有文妖，不僅有野雞在路旁拉人，還有暗娼在後頭兜生意。推源窮委，總可以算是自章士釗登臺及《甲寅》發刊以來，復古反動思潮之總結束及大成功。……野雞與暗娼原來何別？一種是官僚，一種是正人君子罷了。我讀魯迅的「發微」乃不禁喟然歎曰，北京的叭兒狗，何其若是之忠，吾固謂其好玩，足供閨淑拉出來路上走走漂漂亮亮而已，未知其用處若是之大也。……

這些極為辛辣的話語，可謂痛斥了章士釗和陳源之流是段祺瑞執政府的忠實走狗和幫兇。

從林語堂敢於這樣跟段祺瑞執政府和叭兒狗作鬥爭來看，他完全無愧為以魯迅為首的文化新軍中的一個勇敢的戰士，是《語絲》派的一員大將！

4.11 被迫逃亡

1926年4月，馮玉祥的國民軍推翻了段祺瑞執政府。但在帝國主義支持下的直系軍閥聯合奉系軍閥瘋狂進攻國民軍，國民軍被迫退出北京。直、奉聯軍攻入北京後，經過你爭我奪，最後奉系軍閥掌握了北京政權。這時，南方國民革命軍正準備出師北伐，整個封建軍閥統治處於風雨飄搖之中。奉系軍閥為了鞏固其統治也跟段祺瑞反動政府一樣，以屠殺手段來威嚇北京人民的反抗。4月24日，奉系軍閥以「宣傳赤化」的罪名，封閉《京報》館，逮捕總編輯邵飄萍和記者林白水，並不經審判就加以殺害。接著，北京衛戍司令頒佈了所謂「維持市面」的條例，規定「宣傳赤化主張共產者，不分首從一律處死刑」。一時間，社會上盛傳被列入通緝名單的人都要遭到捕殺。於是，整個北京陷入了恐怖統治之中。進步的文化人再也沒有安身立命之地了，紛紛準備逃亡。

在這樣的嚴峻的形勢下，林語堂不得不跑到法國醫院躲避，不久又跑到林可勝大夫家裡躲藏起來。那時，他的大女兒林如斯只有三歲，二女兒林無雙（太乙）才出生三個月。他不能不為妻女的安全而憂心忡忡。正好這時經朋友聯繫，廈門大學決定聘他擔任文科主任。他便欣然同意。

林語堂離京前，於5月10日晚和13日晚，與魯迅、許壽裳互相設宴餞別。5月24日，他向魯迅辭行，並攝影留念。然後，他便偕同妻子和兩個幼女，離開了他先後執教並戰鬥過數年的北京，南下奔赴廈門。

第五章

在廈門大學和武漢革命政府期間的
文化活動

5.1　出任廈門大學文科主任兼國學院總秘書

1926年9月，林語堂出任廈門大學語言學教授、文科主任兼國學院總秘書。

當時廈門大學文科設有國文系、外國語言文學系、哲學系、歷史社會學系。林語堂認為自己作為文科主任，應該盡力把它辦得好一些。因而，他舉薦並聘請了著名文學家魯迅、國學家沈兼士、古史專家顧頡剛、中西交通史專家張星烺，《晨報副刊》編輯孫伏園前來任教。一時間，廈門大學文科擁有不少第一流的教授學者，教學和學術水準處於高峰時代，學生普遍反映「文科今年有生氣了」[1]，「辦得有聲有色的」[2]。

國學研究院是10月10日成立的，以「整頓國學」為宗旨。由校長林文慶兼任院長，林語堂兼任總秘書，沈兼士任研究部主任，林景良和林幽（林語堂的兄弟）任編輯部主任。10月18日下午，國學研究院研究部召開了第一次會議，由沈兼士主持。參加會議的有張星烺、顧頡剛、陳萬裡、魯迅、容肇祖等。會上確定了研究部教員所從事研究的十個選題，並計畫出版十部專著。其中有魯迅的《古小說鉤沉》、《六朝唐代造象彙編》，林語堂的《漢代方音考》和《七種疑年錄統編》（與顧頡剛合作）等。不久，國學研究院季刊創刊號編成準備付印。收有沈兼士的《今後研究文字學之新趨勢》、魯迅的《嵇康集考》、林語堂的《西漢方音區域考》和《論古韻》（譯作）等文。此

1　　魯迅：《兩地書》。
2　　馬星野：《回憶林語堂先生》，臺灣《傳記文學》第31卷第6期。

外，國學研究院還計畫編印《中國圖書志》，內容包括譜錄、春秋、地理、曲、道家、儒家、尚書、醫學、小說、金石、政書、集、法家共十三類書目。魯迅負責小說類。

可見，在林語堂的努力下，廈門大學文科確實有很大的起色，國學研究院也有了良好的開端。

5.2　繼續從事語言學研究

林語堂在廈門大學期間，除了忙於繁重的行政工作外，還繼續從事於語言學的研究。先後撰寫了《前漢方音區域考》[3]和《閩粵方言之來源》[4]等論文。其實，前文「總論」部分曾發表於1925年6月15日《語絲》第31期上。可見，此文早在1925年前後就有通盤的構想，只是由於他當時致力於抨擊段祺瑞執政府和《現代評論》派的「正人君子」而中斷了，到這時才把它續完。

《前漢方音區域考》約1.7萬字，共分5個部分，是一篇有分量有見地的古音研究論文。

在「總論」中，林語堂對我國古音研究狀況作了評介。他認為古音家可分為兩派。一派是承認方音的，如顧炎武、江永、孔廣森、張行孚。一派是不承認方音的，如錢大昕、段玉裁、張成孫等。顧炎武研究古音的方法和態度最科學，其時代地理觀念也最精密。江永審音

3　林語堂：《語言學論叢》，上海：開明書店，1933年版。
4　林語堂：《語言學論叢》，上海：開明書店，1933年版。

最精。張行孚的「雙聲」說很有創見。錢大昕否定方音是因為無地理觀念。段玉裁的「合韻」說更是「無聊」，一味抹殺方音。對於顧炎武、江永有方音的主張，雖然歷來都有相信的人，但一直沒有人去做古方音的研究工作，致使我國音韻學有欠「精細」。因而，他以為今日最重要的工作就是從事於古方音的考證。其重要意義是：

第一，便是使我們得知某地某時實在方言的差別，得了許多方言音變的公例，有了這些公例，將來訓詁的事業就可格外精細，格外有條理，不但能說某字為某部的轉音，並且能說其為何時何地的轉音。我們看了章氏的「成均圖」及對轉旁轉之說所得的印象，便是古音幾乎無一部不可直接或間接轉入它部，絕無地理上與時間上的條件，例之以西洋之語原學通則，可謂不科學之至。

第二，因為研究各部在方音中的轉變，可以使各部的正音愈明。我們要知道古音，最要從它的轉變上面看出來。我們應把古音看做動的不看做靜的，看做活的不看做死的，看做有變化歷史，有連貫統系的，不是永遠靜止，各部分離的。這也猶如科學家的研究物理每每注意其例外的，其不規則的，因為愈例外愈不規則的現象，愈容易啟現新的物理（愛因斯坦相對論的發明與證實也不過在於一些星光上的不規則而已）素來古音家以全副精力研究分部，而於不合分部的韻反置之不理，此古音學成績之所以不甚足觀。

第三，用之於書的考證上面，也可以幫助我們斷定書的出處年代及真偽，我們可因其合於某條方音的例證明其非某地方音，或因其合於某條方音的例用為其出自某方音的佐證，如《周禮》是否齊音（江永說）便可用齊音的例為證。其他如古文中之奇字或體字，如「我」

之作「邋」,「鮮」之作「誓」實皆方言之字,我們都不知道拿來做系統的研究。又如漢字的讀音其初每每實只是方音之讀法而已,後來因為「經音家」之注釋,乃成為普通讀音,若「儺」讀為「娜」(魯衛音),「洧」讀如「鮪」(鄭音),我們因為不細究古方音之差別,故不明其原委。這些精細的工夫都得靠古方音的考證才能慢慢弄個條理來。

這些看法,可說已將古方音考證的意義闡述得頗為全面而透徹。

在第二部分「考證古方音之可能及其方法」中,林語堂認為要知道古代尤其是漢晉方言區分的梗概不是不可能的事。因為在漢晉時代是經音家昌盛時期,如康成的箋詩注禮、慈明、仲翔的注易、何休的注公羊、司農的注周禮,或如劉熙的釋名、子雲的方言、許慎的說文及注淮南,都包含許多關於當時方言種類的材料。可是,他又認為這些只可以做方言種類的佐證,而要做精密的研究,則必須有較豐富的材料,而這些材料,最好是出於一人一時的著述。這種著述也有,那是揚雄的《方言》。它成書前後經廿七八年之久,是「漢代由一人獨任的,最長期,最詳細的方言調查的結果」。如果用科學方法分析研究它,便可知道漢代的方言種類及區域的大概情況。

在第三、四、五部分「整理揚雄方言的方法」、「方言之作者年代版本及稱引地名」、「方言的系統研究」中,林語堂認為利用《方言》材料分出系統來,便可以得到漢代方音分類的情形,因為《方言》至少是西漢末的書,書中材料即為當時的材料,即使書中有些材料為後人所補,也不影響分類的系統。因而,他通過對《方言》材料

的細緻分析，認為前漢方言可分為十四系：

（一）秦晉為一系；

（二）梁及楚之西部為一系；

（三）趙魏自河以北為一系（燕代之南併入此系）；

（四）宋衛及魏之一部為一系（與第10系最近）；

（五）鄭韓周自為一系；

（六）齊魯為一系而魯亦近第4系；

（七）燕代為一系；

（八）燕代北鄙朝鮮洌水為一系；

（九）東齊海岱之間淮泗（亦名青徐）為一系（雜入夷語）；

（十）陳汝潁江淮（楚）為一系（荊楚亦可另分為一系）；

（十一）南楚自為一系（雜入蠻語）；

（十二）吳揚越為一系而揚尤近淮楚；

（十三）西秦為一系（雜入羌語）；

（十四）秦晉北鄙為一系（雜入狄語）。

總之，林語堂所闡述的有關古方言研究的理論，對我國古音家及有關方言典籍的評價，以及對前漢方言分系的看法，自成一家之言。它們對於我國古音研究和古音學的建設，都是頗有價值的。

《閩粵方言之來源》，是一篇方言研究論文。其涉及的問題相當廣泛，主要有：（一）對方言要作歷史的研究，即不但要洞悉現今的語勢，而且要能夠窮其源委，探其變遷，明其系統，得其歷史上之解

釋，知其相互關係。（二）中國方言的分類尚無詳確的專著。最早注意這一問題的是西方傳教士，曾有好幾種著作涉及到中國方言的分類，但偏重於傳教地方，並不完善。而中國學者注意這一問題的，只有章太炎和黎錦熙。章太炎分中國方言為十種，黎錦熙則分為十二種。但他們對南方方言都有所忽視。（三）閩粵方言可分為閩北話、閩南話、廣東話（又可分為幾類）、客話，及土著的話（如黎民、佘民、蛋民、苗瑤等的話）。（四）閩粵方言是歷代種姓遷移留下層次的痕跡，所以多保存古語古音。但不能把所有南方音看作為純粹古音，只是它所保留的古音分子較北方方言多一些而已。（五）方言形成有兩大原因：一是由於民族的遷移；二是由於異族的雜處。因而要想知道閩粵方言的來源，第一步就必須知道閩粵的殖民史，才能弄清楚這方言的歷史背景和複雜現象。基於這樣的認識，文中以大量的篇幅，詳細考釋了閩粵與古越族的關係，越人的種族問題，周秦時中國人的入越，漢初中國人與越人雜處，客族的來源，梅州客的來粵，即對閩粵方言的來源作了探討。

這篇論文，雖然取材於有關古籍的記載，缺乏實際調查的材料，但它較早提出了研究閩粵方言來源問題，探究了閩粵人的來歷和分佈，為研究者提供了途徑和線索。因而，對於促進閩粵方言研究是有意義的。

5.3 反對扼殺國學研究

林語堂一心想把國學研究院辦好，以豐碩的研究成果來為廈門大

學增添光彩。可是,他這一良好願望只是一廂情願,很快便因為受到校方的打擊而難以實現。

國學研究院之所以設立,只是由於校主陳嘉庚重視國學,校長林文慶不得不把它弄起來,並親自兼任院長。但他是一個英籍華人,思想守舊,不懂國學,對國學研究沒有興趣,與魯迅和林語堂等新文化名人更是格格不入。因而,他對國學研究院的態度,先是「裝門面,不要實際」[5],後是設置障礙,讓它名存實亡。11月20日,他藉口陳嘉庚橡膠業受挫,學校經濟困難,將國學研究院的辦公費由5000元削減到400元,並要教授們不出版著作,不出版刊物。其實,並不是真的經費難以為繼,而是把款挪給理科用去了。他企圖通過卡經費的手法來扼殺國學研究。

林語堂對林文慶的這一做法,非常氣憤,一再據理力爭,要他維持國學研究院的原定經費。當力爭無效時,林語堂毅然提出辭去總秘書職務,以表示抗議。這時,林語堂得到魯迅的大力支持。當11月25日林文慶在國學研究院召開談話會時,魯迅對削減國學研究院經費一事,提出了強硬抗議,並表示無意於在廈大久留。於是,林文慶才被迫取消了削減國學研究院經費的決定。林語堂也收回了辭呈。

國學研究院也受到理科主任劉樹杞的諸多刁難。他是學校的秘書,掌管著學校的財權和後勤,經常利用手中的權力,使林語堂要辦的事情難以辦成。連國學研究院的用房,他也逼林語堂退還理科。更有甚者,他竟三次蓄意改動魯迅的住房,最後一次竟要魯迅住在理學

5　魯迅:《兩地書》。

院大廈的地窖裡，「使魯迅氣得目瞪口呆，鬍鬚盡翹起來」[6]。諸如此類的行徑，其用意都在於想把國學研究院搞垮。林語堂自然心裡明白，而且極為不滿，可是鬥不過他，無可奈何。

此外，也由於林語堂在用人方面有所失策，造成了國學研究院內部不協調，難於成事。他親自舉薦或同意他人舉薦前來的人中，有好些是《現代評論》派的人，如顧頡剛、朱山根、田難幹、田千傾、盧梅、黃梅等。他們跟《語絲》派或接近《語絲》派的魯迅、沈兼士、孫伏園、章川島等難以共事，甚至要興風作浪，排斥魯迅等人。正如魯迅於1926年9月30日致許廣平的信[7]中所說的：

……

此地所請的教授，我和兼士之外，還有朱山根。這人是陳源之流，我是早知道的，現在一調查，則他所安排的羽翼，竟有七八人之多，先前所謂不問外事、專一看書的輿論，乃是全部為其所騙。他已在開始排斥我，說我是「名士派」，可笑。好在我並不想在此掙帝王萬世之業，不去管他了。

又如魯迅於1926年10月16日致許廣平的信[8]中所說的：

……朱山根之流已在國學院大占勢力，周覽（鯁生）又要到這裡來做法律系主任了，從此《現代評論》派色彩，將彌滿廈大。在北京

6　林語堂：《憶魯迅》，《無所不談合集》，臺灣開明書店，1985年四版。
7　魯迅：《兩地書》。
8　魯迅：《兩地書》。

是國文系對抗著的，而這裡的國學院卻弄了一大批胡適陳源之流，我覺得毫無希望。……這樣，我們個體，自然被排斥。所以我現在很想至多在本學期之末離開廈大。他們實在有永久在此之意，情形比北大還壞。

於是，《語絲》派的人感到在廈大實在無法做成任何事情，只好準備離開，另尋出路。孫伏園於10月20日請假前往廣州聯繫辦報。沈兼士於10月27日辭去教職，回北京執教。魯迅則接受廣州中山大學的聘請，決意離開廈大。

由於這些原因，便使苦心支撐著國學研究院的林語堂，終於被弄得一籌莫展，連他自己的語言學研究也難以為繼了。不過，他畢竟為廈大文科和國學研究院做了不少工作。這是應該肯定的。

5.4 「沒有盡到地主之誼」

由於林語堂的舉薦，廈門大學聘請魯迅任國文系和國學院教授。而魯迅於9月4日抵達廈大後，林語堂更是一直把魯迅看作為自己主持的國文系和國學研究院的台柱。在工作上，他無限信任魯迅。曾要魯迅開設「小說史」、「中國文學史」等課程，為《國學季刊》撰寫論文，給學生作周會演說，指導學生辦《波艇》刊物。此外，他還於11月27日親自陪同魯迅到集美學校講演。在生活上，他也盡力關照過魯迅。譬如，他在代管圖書館時，讓魯迅住進了圖書館樓上，使魯迅工作、身心一度較為愉快；當他看到魯迅的伙食不好時，曾多次請魯迅

到自己家裡吃飯；中秋節到來時，他曾送一筐月餅給魯迅；等等。因而，魯迅10月10日致許廣平的信中說：「玉堂的兄弟和太太，都很為我們的生活操心。」[9]

可是，林語堂當時受林文慶的掣肘和劉樹杞的排擠，處境並不好。加上行政事務多，幾乎整天忙得團團轉。因而，對於魯迅在住房上受劉樹杞的刁難，在室內用具上受白果的氣，在生活上難以吃到可口的飯菜等問題上，林語堂或無力相助，或不知情，或過問不夠。為此，林語堂曾認為自己對魯迅「失了地主之誼」[10]。這是出於真誠的自責。

魯迅是體諒林語堂的困難處境，並真心實意地支持他的。在工作上，凡是林語堂提出的要求，魯迅都盡力做好。魯迅一直認為，林語堂好意請他來，是應該好好做點事的。而且，在與校方鬥爭上，魯迅更是堅決站在林語堂一邊。更為難得的是，當魯迅看明了廈大的黑暗情形，覺得林語堂難以成事時，曾於10月17日夜真誠地勸林語堂「將此處放棄，明春同赴廣州」[11]。可是，林語堂留戀桑梓之地，希望把廈大辦好，遲遲未能下定決心。而魯迅卻為了「盡同事一場的交情」，一再勸林語堂離開廈大，「到武昌或廣州做事去」[12]。

林語堂對魯迅給予他的支持和誠摯情誼是感受很深的，因而對魯迅決意離開廈大便格外感慨系之。他知道，魯迅之所以由北京到廈

9　　魯迅：《兩地書》。
10　　林語堂：《憶魯迅》，《無所不談合集》，臺灣開明書店，1985年四版。
11　　魯迅：《兩地書》。
12　　魯迅：《兩地書》。

門，又由廈門去廣州，都是由於現實環境太黑暗的緣故。於是，他於12月19日夜裡寫了《塚國絮語解》[13]一文，藉以表達自己的心境：「有人卻要於夜靜星稀的時候，在鬼蜮國裡，荒塚場中，在海的浩歎及草蟲悲鳴中，聽出宇宙的一大篇酸辣文章。」此外，他又於1927年1月1日定了《譯尼采論〈走過去〉──送魯迅先生離廈門大學》[14]一文，借「呆漢」的口無情地詛咒黑暗現實，並以薩拉士斯脫拉的「走過去」來影射魯迅離開廈大。整篇文章，以沉重的筆調表達了林語堂因為魯迅即將離去的痛苦心態和憤憤不平的感情。

魯迅於1927年1月15日動身赴廣州中山大學之前，林語堂曾多次為魯迅餞行，並於1月2日，跟魯迅和泱泱社的崔真吾、朱斐等在佈滿墳墓和龍舌蘭的南普陀小山崗上合影留念。

從這些看來，這時林語堂對魯迅是真心崇仰的！

5.5 終於離開廈門大學

魯迅1926年11月28日致許廣平的信中說，林語堂「再碰幾個釘子，則明年夏天可以離開」。不出魯迅所料，林語堂不久真的離開了廈門大學。

自從魯迅於1926年12月3日向廈門大學校方遞交了正式的辭書後，廈門大學學生自治會感到十分震驚，並於1927年1日20日派代表

13　林語堂：《剪拂集大荒集》，人民文學出版社，1988年。
14　林語堂：《剪拂集大荒集》，人民文學出版社，1988年。

竭誠地挽留魯迅。當他們知道魯迅離意已決時，便認為是學校容不得魯迅，尤其是劉樹杞負有不可推卸的責任，因而非常憤慨。魯迅當時已經預感到，「校內將要有風潮，現在正在醞釀，兩三日內怕要爆發。這已由挽留運動轉為改革學校運動……」[15]果然，廈大學生組織罷課風潮委員會，於1月7日召開全校學生大會，發動停課罷考，張貼打倒劉樹杞和要求「改革」的標語。一時間，形成了來勢迅猛的學潮，並一直蔓延到魯迅離校之後。

在學潮的威懾下，劉樹杞急忙離開了廈大，莫名其妙地跑去武漢就任武漢大學校長。於是，學潮轉向直接反對校長林文慶。學生會向省政府控告他腐敗瀆職，要求取消校長制，改為像中山大學實行的委員制。因而，林文慶慌了手腳，立即跑到南洋去躲避，並向陳嘉庚報告學潮情況。

這時，林語堂的心神也不安穩了。他預感到，林文慶一定會在陳嘉庚面前怪罪於自己。因為這次學潮是由於魯迅要離開廈大引起的，而魯迅是他舉薦來的。即是說，是他「在那奄奄欲睡的廈門大學惹起一場大風潮」[16]。而且在廈大校園裡，也有種種不利於他的「流言」流傳著。因而，他感到再也無法在廈大「安身」，非離開不可了。正在這時，武漢國民政府外交部長陳友仁再三來函邀請他前去那裡任職。既然有了這樣的機遇，他便於1927年3月離開廈門，前往武漢。

15　魯迅：《兩地書》。
16　《林語堂自傳》，《逸經》第19期。

5.6 「投身加入武漢的國民政府服務」

1927年3月，林語堂從廈門乘海輪到上海，然後又轉乘江輪到武漢。

林語堂之所以答應陳友仁的邀請，除受廈大學潮的促使外，還因為他在北京任《國民新報》英文部編輯時就認識和瞭解陳友仁。那時，陳友仁是《國民新報》的記者，英語頗為精通，富於進取和果敢精神，給林語堂留下深刻印象。此外，林語堂也受到了北伐勝利進軍的鼓舞，「滿以為中國的新日子已經曙光現了」[17]。因而，林語堂才不避長途跋涉，毅然前往。

林語堂抵達武漢後，擔任國民政府外交部英文秘書，後來還兼任《中央日報》英文副刊主編。他當時住在鮑羅庭住房的對門，但一直未曾見到過鮑羅庭和汪精衛，對他們沒有什麼印象。但他卻認識了宋慶齡，並進一步產生了敬佩之情。當武漢國民政府決定「分共」之時，宋慶齡於7月14日發表了《為抗議違反孫中山的革命原則和政策的聲明》，表現了堅定的革命立場和非凡的鬥爭精神。這使林語堂感到，「她是我所奉為中國女界第一人，無論從她是革命者，抑或是受現代教育的婦女，抑或是自然而生的女性，也不論從中國的或外國的標準來看」[18]。

在外交部任職期間，林語堂是具有革命熱情的，並對國民革命抱有熱烈的期望。這時，經過外交部長陳友仁的多次交涉，國民政府收

17　《林語堂自傳》，《逸經》第19期。
18　《林語堂自傳》，《逸經》第19期。

回了漢口、九江的英租界。作為秘書的林語堂是盡了力的。而且，當上海《大陸報》5月7日報導胡適在日本東京發表荒謬的談話時（聲稱「蔣介石與張作霖，他們倆都是與同一敵人作戰—即共產黨，並且贊助同一的主義—即最後的中國之自由」），林語堂於5月18日寫了《天才乎—文人乎—互捧歟—自捧歟？》[19]一文，對胡適的所謂「政見」作了抨擊：

　　張作霖的「主義」是「最後的中國之自由」，就是天才，也須做過皇英委員，游過英島，才能替我們發見。即此一點，已可證明「適之先生」並未負此一行也。

　　「炸裂」者系天才自負至不可支援程度的結果。在當未炸裂之先，當然天才有滿腔之自得，肚皮頭皮都要一點弛張光滑起來，外人稱之為Swellad。此種欲炸未炸的情形也頗耐人尋味。

　　在這裡，林語堂以辛辣的諷刺筆調，揭露了胡適吹捧軍閥張作霖的荒唐及其「政客」的滑頭嘴臉。

　　5月27日，林語堂又寫了《談北京》[20]一文。撰寫這篇文章之時，雖然已經發生了「四一二」反革命政變，但林語堂對國民革命仍然抱著希望能夠成功的強烈願望。因而，他寫道：

　　固然北京是「癱瘓魂靈的大公寓，魑魅同胞的大本營」，同時也

19　《中央副刊》58號，1927年5月21日。
20　《中英副刊》65號，1927年5月28日。

是屢次天安門大會的歷史地，是五四運動的起發點，是學生們與員警巷戰的故址，是三一八大慘殺的屠場，是打狗運動的故都！他的所以使我們不能忘懷，就在於此。一言以蔽之，北京就是學生領導群眾干涉政治唯一之名城。曹家樓之火焰，章行嚴宅之喊聲，天安門五花十色的彩旗，執竿拋磚新華門前之決鬥，五卅運動冒雨赤足之遊行，這是何等的雄壯。國務院前血肉的橫飛，哈德門大街沿途的血跡，病院中的呻吟，北大一院的追悼會，北大三院的搜查，學生領袖的遁跡，這是何等的悲慘。所以捨不得北京者以此，所以恨他者也以此。

在武漢及革命軍裡，不知有多少是去年北京學生，但是我們此刻及回去總還是認為學生。雖然各人的任務此刻不同，北京學生的頭銜總是依依不捨的。誠然我們可以血氣方剛，不安本分，不肯讀書救國自負的。誠然我們是梁任公所稱的「傻小子」，是丁在君之罷課自殺者，是烏總長之不孝不悌之「狂狷之徒」。

但是「傻小子」今日回來了，而且頗有捲土重來之意味，而「我執政」及「愚」卻早已遷居塞外了。我們到底不是正人君子，難免有點痛快，高興。……

在這裡，林語堂充滿激情地回顧了當年他曾親自參加過的北京人民的戰鬥生活，並表達了他為不久便能推翻為他所深惡痛絕的封建軍閥政府統治的高興心情。

此外，林語堂在文中還表示了對將來的北京的希望，即「做革命青年的中心」，「成為世界有名的公園之城」，把街道「一部一部慢慢的整頓起來」，「成一個模範城市」，等等。這自然不過是天真的幻想

而已，但也表明了他這時仍對「國民革命」抱著良好的願望。

5.7　抨擊「東方文明」

　　林語堂作為受過五四新文化運動洗禮的文化人，在工作之餘總是喜愛撰文批評舊思想舊文化。他於6月13日《中央副刊》發表的《薩天師語錄》（一），便是「借薩拉士斯脫拉的嘴，來批評東方的已經朽腐了而又不肯遽然捨棄的所謂文化」[21]。

　　在這篇文章中，林語堂通過描寫薩天師來到一個東方大城裡所見到的景象，尖銳地揭露了所謂「東方文明」的醜陋。薩天師先是看見滿街充斥著病態的市民：「乞丐，窮民，醉漢，書生，奶奶，太太，佝僂的老嫗，赤膊的小孩，汗流浹背的清道夫，吁吁喘氣的拉車者，號叫似狂的賣報者，割舌吞劍的打拳者，沿途坐泣的流民，鐵鍊系身的囚犯，荷槍木立的巡警。」接著，薩天師又看見一個病態的「少奶奶」：穿著大紅衣衫，臉色僵白，一嘴的金牙齒，只會發出「嘻嘻！嘿嘿！」的怪聲，板面，無胸，無臀，無趾……於是，薩天師明白了，「這就是他未見面而想見的東方文明。這婦人就是文明之神」。

　　同時，林語堂還通過描寫薩天師心目中的一位「村女」形象，表現了他對新的文明的嚮往：

　　因此薩拉士斯脫拉想起他十日途中所見汲水的村女。

21　《中央副刊》80號，1927年6月13日。

薩天師說：「我愛那婢女的笑聲——她不像有癆病菌的。

她的聲音是響亮的——不像剛吃鴿蛋及燕窩粥的。

她的眼睛是粗大，頭髮是散亂的——我愛它的散亂。

她的兩腳似小鹿一般的飛跑；她的足趾還是獨立強健的。

她可與涼風為友，而不致於傷寒；她愛那和暖的日光，而不致於中暑。

她在狂雨中飛奔，而不當天病死於肺膜炎。

而且她還可以說自然人的話；不竟天『嘻嘿』的叫。

我愛那婢女的容顏：

她有黛黑靈動的眼珠；赭赤的臉蛋。

她有挺直的高凸的胸膛，無愧的與野外山水花木的曲線相輝映。

她有哈哈震耳的笑聲，與遠地潺潺的河水及林間的鳥語相和應。

而且她家中的『老闆』也不是那些見風便傷寒，見日便中暑，戴瓜皮小帽，抽蔔淨公煙的動物——這也是使她不必竟天『嘻嘻嘿嘿』的緣故。

「我恭賀那婢女——」

薩拉士斯脫拉如是說。

這「村女」所具有的天然的健康的美，便是林語堂所酷愛的新文明的象徵。

此外，林語堂後來還寫有《東方文明》、《新時代女性》、《丘八》、《薩天師與東方朔》等文。這些文章跟《薩天師語錄》（一）是

同一系列的，都具有批判舊文明的特色。

5.8 「對那些革命家也感到膩煩」

林語堂在武漢國民政府外交部任職，歷時六個月。在此期間，他不僅逐漸從報紙上看到了蔣介石怎樣製造「四一二」大屠殺，而且親眼看見汪精衛之流怎樣「分共」、「清共」，致使成千上萬的革命者和工農群眾遭受殺害。這使他深深感到那些「食肉」者的可怕。同時，他也目睹了某些「革命者」，「已學會閉嘴，對任何人都彬彬有禮，文雅而態度自然。他在辦公室，把時間都花在喝茶及看報紙上」[22]。因而，他對「國民革命」逐漸感到失望，「對那些革命家也感到膩煩」[23]，而且認為自己生性並非「吃肉」的，而是「吃草」的，對從政視為畏途，從此之後再也不願意過政界生活了。

1927年7月寧漢合流後，林語堂便辭去了外交部秘書和《中央日報》英文副刊主編職務，離開武漢，到上海專事於寫作。

22　《薩天師語錄》（一）記者注，《中央副刊》80號，1927年6月13日。
23　林語堂：《八十自敘》，臺灣風雲時代出版公司，1989年版。

第六章

到上海後的國學研究和

對東西文明的態度

6.1　重逢魯迅與在中央研究院任職

　　林語堂於1927年9月到達上海後不久，魯迅和許廣平也於10月3日從廣州來到了上海，住在愛多亞路長耕裡的共和旅館裡。林語堂聞訊後，當晚便前往拜訪。他們在這年年初，各自懷著想為社會做點事的願望，或往廣州，或往武漢。結果，那激烈動盪和急劇變化的時代風雨「轟毀」了他們的「思路」，使他們不約而同地來到上海。此時此刻，林語堂為能與魯迅重逢，感到十分高興和激動，當晚與魯迅交談到深夜才告別。

　　次日上午，林語堂又前來拜訪魯迅。中午，由孫伏園兄弟在言茂源請魯迅、許廣平和周建人吃飯，林語堂作陪。下午，林語堂與魯迅、許廣平、周建人、孫伏園等人一起合影。這是林語堂自廈門送別魯迅往廣州合照後，又一次留下極其珍貴的留念。7日上午，魯迅在言茂源請李小峰、孫伏園、周建人和林語堂喝酒吃飯，飯後又一道往百新（星）戲院看電影。

　　此後，林語堂跟魯迅保持著密切的聯繫。他曾請魯迅、許廣平吃飯，並與魯迅不斷有書信往來。可見，他與魯迅確實有過較深厚的交誼。他曾說「始終敬魯迅」[1]。當年他對魯迅的態度的確如此。

　　林語堂通過與魯迅的接觸，思想上顯然與魯迅不無相通之處。魯迅到上海後兩個月內，深感「時事紛雲，局外人莫名其妙（恐局中人亦莫名其妙）」，因而「凡關涉政治者一概不做」[2]，「大抵譯書，間

1　林語堂：《魯迅之死》，《林語堂散文》（一），河北人民出版社，1991年版。
2　魯迅致邵文熔信，《魯迅全集》（11），人民文學出版社，1988年版。

或作文」[3]，不時用曲筆表達對現實的不滿。而林語堂對複雜的社會現實，亦持靜觀默察、時有所諷的態度。

林語堂到上海後，還有一件幸運的事，就是受到了蔡元培的器重。

1927年10月1日，南京政府成立「中華民國大學院」，並附設「中央研究院」，均由蔡元培擔任院長。中央研究院成立後，蔡元培即聘林語堂擔任外國語編輯主任（實際上是蔡元培的英文秘書），聘魯迅、江紹原等人為特約撰述員。1928年10月，蔡元培又聘林語堂為國際出版品交換處處長，直到林語堂1931年創辦《論語》時為止。月俸為300元，這對於沒有固定職業的林語堂來說，無異於提供了生活保障。

林語堂在北京大學任教時，就對蔡元培懷有尊敬之心。他認為蔡元培曾留學法國、德國，在國民黨元老中是一個「西方通」，思想很開明。他擔任北大校長時，採取「思想自由」和「相容並包」的方針。一方面引進陳獨秀、胡適、李大釗、魯迅、沈兼士等《新青年》一派人物，另一方面又聘請劉師培、黃侃、辜鴻銘等舊派國學家。致使當時的北大充滿民主精神和學術自由空氣。同時，林語堂也感受到蔡元培平易近人，態度謙和，但對重要問題卻嚴格認真，絕不馬虎。蔡元培給林語堂印象最深的一件事是，1919年北京諸大學教職員在清華開會反對《凡爾賽和約》將我國山東半島割讓給日本，與會者激昂慷慨，並擬發通電抗議。那時，蔡元培站了起來，以低微的聲音說：

3　魯迅致邵文熔信，《魯迅全集》（11），人民文學出版社，1988年版。

「我們這樣抗議，有什麼用處？應該全體總辭職。」[4]第二天，他果然搭上京滬快車離開了北京。

林語堂現在又幸運地在蔡元培領導下工作，心情自然頗為愉快。他每天早晨和蔡元培同乘一輛汽車到研究院上班時（因他住在跟蔡元培住址愚園路不遠地方），常常喜歡發議論，而蔡元培總是很客氣地說：「是是，你的說法不錯。」[5]因而，他更加感到蔡元培「果然是一位溫文爾雅的長輩」，但又有「臨大節凜然不可犯之處」。

林語堂的辦公室安置在研究院二樓一間小房間，裡面存放著許多元明善本書。他要處理的事並不多，因而經常有時間翻看那些書籍，充實了不少國學知識。而且，他只須上午去研究院上班，下午便可以自己寫作或做其他事情。

6.2　不滿黑暗現實

林語堂這時對於南京政府統治下的黑暗現實，是頗為不滿的。他寫的《薩天師語錄》，雖然表面上未涉及時政，但實際上都是譏時諷世之作，「是他對現實社會之黑暗的痛心疾首的呼喊」[6]。譬如他借薩拉士斯脫拉的口說道：

宇宙本來無謎，事實與甚簡單，我聽他家怪人說。治國也易如反

4　林語堂：《記蔡子民先生》，《無所不談合集》，臺灣開明書店，1985年四版。
5　林語堂：《八十自敘》，臺灣風雲時代出版公司，1989年版。
6　秦賢次：《談林語堂》，《諷頌集》，臺灣志文出版社。

掌，據說。

君，君。臣，臣。父，父。子，子。妻孥，妻孥。後生，後生。蚯蚓，蚯蚓。貓頭鷹，貓頭鷹。──於是國治天下平。

於是而正言，言順；分定，位安。於是而「民有粟」，不愁吃不到他。善哉，言乎！──這也是正名就是真理的鐵證。

即使位有所不安，分有所不定，名有所不正，也已屬非禮，盡可以閉目勿視。況且只須輕輕加以「犯上」，「作亂」的罪名──頭顱墜地時，宇宙之謎也同樣解決。事實勝於雄辯，果然不差。

他們思想律中唯一的利器就是正名──其次便是劊子手的大刀。宇宙之謎不在腦筋中解決，也必求解決之於腦袋。二者之中必有一犯上的亂徒，一名教的罪人。⋯⋯

這些話，顯然是對剛剛上臺不久的南京政府實行封建法西斯統治，所作的有力影射和抨擊。

1928年《語絲》4卷第38期，林語堂又發表了《給孔祥熙部長的一封公開信》。在這一公開信中，他更是不加任何掩飾地批評南京政府借尊孔來維護禮教和誣害青年。8月8日，南京政府的國府會議上，正式通過了工商部長孔祥熙提議保護山東孔林及各省孔廟的議案。該議案極力美化孔子的人格及其學說，並聲稱「一般青年知識薄弱，難保不為共產黨徒打倒禮教之邪說所惑」，這顯然是包含禍心的。這一議案刊登在8月30日《時事新報》上。當他看到後，異常氣憤，當即就寫了致孔祥熙的公開信，質問他道：

（一）案中言「一般青年知識薄弱，難保不為共產黨徒打倒禮教之邪說所惑」。是否打倒禮教即共產黨徒之言論？打倒禮教者是否即共產黨徒？此是否孔門世傳「古已有之」而似很面熟的思想律？民國七年新文化運動似乎確系共產黨徒陳獨秀所提倡，新文化運動是否亦即共產黨的玩意，應否明令禁止取締？

（二）原案「大學之言平治，既合於平民政治之真詮。」請以現代邏輯予以解釋。理論上？實際上？

（三）原文以西人遊孔廟「拾其片石寸木，攜歸陳列，以誇珍貴者，足見孔子之偉大人格」——此外尚有孔子人格偉大之證據否？

（四）孔子除盛容飾，儒冠儒服，周遊七十二國遊說乞貸碰官運外（如為高昭子家臣欲以通乎齊景公一類事）先生能於其生平事蹟上品性上舉一小事證明其私德之有可欽佩處否？（儒者之空洞恭維語除外。）

（五）專論孔子之人格（不論其學術）在孔子後二百年中譽之者多，還是毀之者多？孔子及儒者給當日社會一般人的印象如何，先生能言其一二乎？

（六）儒者尊君因而賢君護儒一般幕僚清客權貴相公思想至今尚未死盡，此中勾結情形先生能一闡揚之否？

從這些嚴正的責問中可以看出，林語堂反對將反對孔教跟共產黨相提並論，反對過分吹捧孔子的人格，並認為歷來的統治者都是跟儒者相「勾結」的。那時，南京政府正想通過尊孔崇儒來維護其統治，而林語堂卻敢於發表這些看法，是要有莫大的勇氣才能做到的。這也說明，他這時多少還保留了《語絲》時期「浮躁凌厲」的氣度。

此外，同年《語絲》4卷第41期，林語堂還發表了《剪拂集·序》。在這《序》中，他則用委婉曲折的手法表達了憤激的心情。他表示，整理出版《剪拂集》，很使他感慨於「既往的熱烈及少不更事的勇氣，顯然與眼前的沉寂與由兩年來所長進見識得來的沖淡的心境相反襯，益發看見我自己目前的麻木與頑硬」。為什麼呢？他說，這是「環境使然，在這北伐已完成，訓政將要開始，天下確已太平之時，難免要使人感到太平人的寂寞與悲哀」。這就表明，當南京政府興高采烈地歡慶他們的勝利之時，他不僅不為之所動，反而心境「沖淡」，「麻木與頑硬」，「寂寞與悲哀」。此中蘊含著耐人尋味的內涵。

接著，他以歷史的反襯手法寫道：「其實拿三一八屠殺而論，通共不過殺了四十八個青年，這在長了兩年見識的我們，還值得大驚小怪嗎？」這話既沉痛又有力，簡直可說是一道射向南京政府實行血腥統治的憤火。然而，他又感到當時的黑暗現實一時難以反抗得了的。因而，他坦誠地指出：「頭顱只有一個，犯上作亂心態薄弱目無法紀等等罪名雖然無大關係，死無葬身之地的禍是大可不必招的。……如果學生寄宿舍沒有電燈，派代表長去請校長裝設，這些代表們必要遭校長的指為共產黨徒，甚至開除，致於無書可讀，則寄宿舍代表愚見亦大可以不必做，還是做年輕的順民為是。校事尚如此，國事更可知了。這一點的見解於『莘莘學子』實在有益的。」這一番話，可以說揭示了當時南京政府大肆施行法西斯統治的可怕情形。而所謂做「順民」者，則不過是用曲筆表達了激憤難平之情而已。

6.3 《子見南子》事件

1928年11月30日《奔流》1卷第6期，林語堂發表了獨幕悲喜劇《子見南子》。這一劇作問世後，曾激起一場軒然大波。

林語堂之所以創作這一劇作，顯然跟前面說到的對孔祥熙過分吹捧孔子及禮教不滿有關。在他看來，孔祥熙和歷來的統治者對孔子的看法都有極大的偏頗，而對禮教的頌揚則更屬荒謬。因而，他力圖通過這一劇作來還孔子的真面目，並抨擊禮教的腐朽。

對於孔子，林語堂有自己的獨到看法。他早在1925年4月7日寫的《給玄同的信》中就認為：「即如孔子，也非十分呆板無聊，觀其替當時青年選必讀詩三百篇，《陳風》、《鄭風》選得最多，便可為證。（說到這個，恐話太長，姑置之。唯我覺得孔子，由活活潑潑的世故先生老練官僚變為考古家，由考古家變為聖人，都是漢朝經師之過。今日吾輩之職務，乃還孔子之真面目，讓孔子做人而已。使孔子重生於今日，當由大理院起訴，叫毛鄭賠償名譽之損失。）」可見，在他的心目中的孔子，不過是一個「活活潑潑的世故先生和老練官僚」，並非是什麼「聖人」。

林語堂在《子見南子》一劇中所刻畫的孔子，正是一個「活活潑潑的世故先生和老練官僚」形象。他著力所要表現的是，孔子雖然被自己所信奉和推行的周禮弄成為一個「世故先生和老練官僚」，但是仍然具有作為「人」的七情六欲。因而當孔子跟衛靈公夫人南子見面談話時，竟情不自禁地被她的美麗所吸引，更是被她反對「男女有

別」等新的思想、新的禮和新的樂舞所感動和折服，並由衷地表示「想不到女子也有這樣精到的議論與高超的見解」，「到今日才明白藝術與認識人生」，甚至說「如果我不是相信周公，我就要相信南子」，「我先要救出我自己」。這樣的描寫，可謂別開生面，寓意新穎，既「還了孔子之真面目」，又否定了千百年來禁錮人們思想和扼殺人性的封建禮教。對於人們重新認識孔子和擺脫封建禮教的束縛，是不無裨益的。

這一劇作發表後，各地學校立即競相排演，並受到觀眾的歡迎。可是，1929年6月8日山東省立第二師範學校師生在遊藝會上演出這一劇作後，卻引起了一場莫大的風波。孔傳堉等曲阜孔氏六十戶族人以該劇「侮辱孔子」的罪名，聯名控告該校校長宋還吾，呈請教育部嚴加查辦。工商部長孔祥熙聞訊後，立即支持他們的控告，力主嚴辦。而二師師生也不示弱，宋還吾寫了答辯書，學生會發了通電，均否定孔傳堉等人的指控，並揭露他們搬弄這一鬧劇是受曲阜著名大青皮孔祥藻和人品惡劣的孔教會會長孔繁樸兩人操縱的，跟日本的犬養毅來曲阜參觀也不無關係。

於是，教育部派參事朱葆勤會同山東省教育廳督學張鬱光，赴曲阜調查。調查的結論是，孔傳堉等人的呈文與事實不符。而且教育部長蔣夢麟、監察院長蔡元培路過濟南去青島時，也都表示二師師生排演的新劇，並無侮辱孔子的情節，孔氏族人不應小題大做。可是，這一風波最後還是以宋還吾「調廳另有任用」而結束。

魯迅當時很關注《子見南子》一劇所引起的這場風波。曾將有關

材料加以彙編，冠於《關於〈子見南子〉》的題目，刊載於《語絲》第5卷第24期。他還在《結語》中指出：「『另有任用』，其實就是『撤差』也矣。這即所謂『息事寧人』之舉，也還是『強宗大姓』的完全勝利也。」魯迅這樣的看法，無疑是正確的，並體現了對二師師生和林語堂的支持。林語堂也曾寫了《關於〈子見南子〉的話》[7]，對於《子見南子》引起這樣一場風波，表示實在「滑稽」得很，並駁斥了趙譽船對《子見南子》的指責，認為該劇對孔子的描寫是無可厚非的。

6.4　語言學研究取得新的成果

1928年，林語堂提出的《國語羅馬字拼音法》（有所修改），正式頒佈實行。這對我國語言學建設作出了積極貢獻。

不過，林語堂抵上海後至創辦《論語》前，用力最多的卻是對我國古音的研究。這是他在這期間從事於國學研究的主要方面。他先後撰寫了《左傳真偽與上古方音》、《古音中已遺失的聲母》、《支脂之三部古讀考》、《燕齊魯衛陽聲轉變考》、《陳宋淮楚歌寒對轉考》、《周禮方音考》等論文[8]。這些論文，對許多古音問題作了深入細緻的研究，有不少獨到的見解，對我國古音學的建設作出了有益的貢獻。譬如：

《左傳真偽與上古方音》一文，從語音角度，研究了春秋三傳的

7　《剪拂集大荒集》，人民文學出版社，1988年版。
8　《語言學論叢》，上海：開明書店，1933年版。

異同，從而得出「左氏不是魯語」的結論，即《春秋》不是左丘明所作。這是跟傳統的看法迥然不同的，不愧為一家之言。

《古音中已遺失的聲母》一文，不贊同章太炎、黃侃等人的有關觀點，表示相信「古音中有今日已遺失的濁母」，如「喻」音含有遺失的聲母，「我們可以推定『喻』是 j 音，因為由 j 入 y 是語言史上最自然最常見的事」。

《支脂之三部古讀說》一文，認為「之部古讀ü音」，「脂部主要音必是e音」，而「支韻字依《詩經》用韻分別，古或合歌戈麻，或合佳，或合脂微齊皆灰，所以有三種的古讀，後來轉變併合為一，同讀ie，於切韻自成一韻，正如支脂之三韻後來也歸併同用」。

《周禮方音考》一文，則認為「唯據周禮文字之假借，可知其音極古，且可謂在齊魯方音陽聲轉變之前，周禮多用入聲字⋯⋯從這種入聲字，我們可以推知周禮文字多是入聲尚未轉變之時所用，又可知周禮實代表一種很古的音讀。」

諸如此類的成果表明，林語堂是用了一番功夫研究我國古音的，並有建樹的。因而，他無疑可稱為我國著名的古音學家。

6.5　在東吳大學任教和編寫英語教材

1928年9月，林語堂應上海東吳大學法律學院院長吳經熊的邀請，在該院擔任英文教授一學年。他之所以同意前去任教，主要是為了增加一些經濟收入。不過，在教學中，他認真負責，有一套「特別

的教授法」，加上精通英語，因而深受學生歡迎，教學效果很好。曾受教於他的薛光前回憶說：

　　語堂先生教英文，有他一套特別的教授法，與眾不同。但功效之宏，難以設想。

　　第一，他上課從不點名，悉聽學生自由。但很奇怪的，老師雖不點名，但同學缺課的，絕無僅有。非但如此，在別班上課的同學，也往往會來參加旁聽，把一個教室擠得滿滿，座無虛席。可見當時先生教學的高明，自然吸引了同學的熱情愛戴。

　　第二，他的英文課，不舉行任何具有形式的考試（包括學期內或學期終的考試）。可是他一樣計分，結果比正式考試更覺公平允當，同學心中，無不個個服帖：他雖不舉行機械式命題的筆試，事實上每次上課，舉行一次非正式的考試。我們同班的同學共約一百二十餘人。語堂先生上了三五堂課以後，幾乎能認識一半的同學，見面時能直呼其名。他所以能認識這許多同學，有一個秘訣，就是在課上，隨時指名起立回答問題或互相對話，這是他對同學的測驗、訓練，也是考試。他更鼓勵同學自由發問。每當學期結束之前，要評定成績分數時，在他腦筋中，對每位同學的程度和學力，都有一個相當正確的輪廓。……

　　第三，語堂先生的教英文，從不用呆板或填鴨式的方式，叫學生死讀死背。上課時，終是笑顏常開，笑話連篇。從不正襟危坐，有時坐在講桌上，有時坐在椅子上，雙腳放在桌上，邊講邊談，幽默百出。使同學情緒輕鬆，大家樂之不倦。因為是英文課，為增進同學的理解和會話能力，他總以英語講解。……既生動，又有趣，更可實

用。講解時，從不一句或一段的注射式灌輸。往往選擇幾個意義似同而實不相同的英文字彙，來詳細比較演釋。譬如：中文中的「笑」字，在英文中有許多字彙。例如大笑、微笑、假笑、癡笑、苦笑等等。「哭」字也有種種不同的字彙，有大哭、假哭、飲泣、哀泣等等。諸如此類，他會一一指出異同，並由同學當場造句，或課外作習題。像這樣活潑生動的教法，能使同學充分自由思索，舉一反三。觸類旁通，受益無窮。[9]

從薛光前所說的來看，林語堂的英語教學法的確是「特別的」。其主要特點，就是生動活潑，啟發思維，深入淺出，突破難點，達到舉一反三的效果。歸根結底，它是符合注重啟發的教學規律的。因此，對於我們今天的教學工作仍然具有借鑑意義。

在東吳大學任教期間，林語堂還通過孫伏園的介紹，跟開明書店老闆章錫深簽訂了編寫《開明英文讀本》的合同。經過一年多的努力，他編成了由讀本、文法和英文文學作品選集三部分組成的一套《開明英文讀本》。經教育部審定後，於1929年出版，供初中教學使用。由於他的英文造詣高，又具有豐富的語言學知識，因而這套教材的品質很高，受到社會的歡迎，成為最暢銷的英語教材。

接著，林語堂又為開明書店編寫了《開明英文文法》、《英文文學讀本》（上下冊）和《開明英文講義》（三冊，林語堂與他的弟弟林幽合編）。這套書，也頗具特色，對於英語教師很有參考價值。有

9　薛光前：《我的英文老師》，《傳記文學》第28卷第5期。

人曾稱讚這些英語教材是「第一等的作品」,「劃時代的英文教科書」[10]。

可以認為,林語堂為我國基礎英語教育作過重要貢獻。自然,他也因為編英語教材得到了豐厚的版稅,使他從此以後過上了頗為寬裕的生活。

6.6　論東西文明

東西文明,一直是我國現代思想文化界談論很多的「熱點」問題,也是林語堂經常涉及的重要問題。他曾表示:「兩腳踏東西文化,一心評宇宙文章。」這就足以說明他對東西文化的重視程度了。可是,他這時至1936年旅美之前對東西文化的態度是,著重批判落後的中國文化,提倡學習先進的西方文化。早在1925年,他就曾針對當時流行的「反對文化侵略」現象,撰寫了《談文化侵略》[11]一文,指出「無論耶教與孔教,流布東西,同是民族衰靡民志薄弱之表現,本無尊此抑彼之必要」,「思想上的排外,無論如何是不足為訓的」,「而思想上及一切美術文學上,要固陋自封,走進牛角裡的將來結果也只是沉淪下去」。這表明他反對籠統排外,主張向西方學習。

1930年前後,隨著尊孔崇儒,維護舊禮教的風氣日盛之時,林語堂更是進一步認識到怎樣看待東西文明,是關係著中國能否進步和發展的一個重要問題。因而,他1929年12月30日在光華大學中國語文學

10　陳石孚:《林語堂先生與我》,《傳記文學》第31卷第6期。
11　《無所不談合集》,臺灣開明書店,1985年四版。

會發表了以《機器與精神》[12]為題的講演，1930年1月3日在環球中國學生會發表了以《論現代批評的職務》[13]為題的講演，1932年春又在英國牛津大學發表了以《中國文化之精神》[14]為題的講演（正式發表時又加寫了重要按語）。在這些講演中，林語堂頗為系統地闡述了他的東西文化觀，不乏新穎的見地，能給人們思想啟迪，並有利於掃除時弊。

在《機械與精神》的講演中，他著重講了這樣五個基本看法：

一、那些「暗中要拿東方文明與西方文明相抵抗」的「忠臣義子」，並非真的「愛國」，而是「對於自己與他人的文明，沒有徹底的認識，反以保守為愛國，改進為媚外」，因而這絕不是我國將來之「幸」。

二、所謂西方文明並不只是「物質文明」，東方文明也不只是「精神文明」，而是東西方文明都有物質與精神兩個方面。而且東西文明中「物質」與「精神」各有「美醜」和「長短」。但從總的來看，西方的「機器文明」比東方的「手藝文明」進步，西方的政治體制、科學哲學、文學和道德也比中國所固有的一套舊東西進步得多。

三、西方的「機器文明」，是西方人「精益求精」的精神產物。他們具有勇於改進的精神，物質上便能不斷發達。我們如果還要一味保存東方「精神文明」，便是把《大學》、《中庸》念得熟爛了，「汽

12　《剪拂集大荒集》，人民文學出版社，1988年版。
13　《剪拂集大荒集》，人民文學出版社，1988年版。
14　《剪拂集大荒集》，人民文學出版社，1988年版。

車還是自己製造不出來，除了買西洋汽車沒有辦法」，而且，「若再不閉門思過，痛改前非，發憤自強，去學一點能演化出物質文明來的西洋人精神，將來的世界恐怕還是掌握在機器文明的洋鬼子手中」。

四、「今日中國，必有物質文明，然後才能講到精神文明」，「大家衣食財產尚不能保存，精神文明是無從顧到的」。日本因為物質發達了，因而有錢來保存古籍，翻印古書，建立大規模的圖書館博物院，大學教授也才能專心去研究專門學術。可是，中國的大學教授，連買米的錢都常常發生問題，哪裡能去買書和潛心研究學問呢？

五、中國必須向西方學習，向日本人學習，只有洗心革面，徹底歡迎西方的物質文明，才不會繼續老態龍鍾下去。

在《論現代批評的職務》中，他主要講了這樣三個見解：

一、中國思想界正處於新陳代謝、中西交匯時期，呈現出一種極淩雜、荒蕪的現象。「中國思想的發明，自然以周秦為最盛，自從武帝尊儒罷黜百家，造成思想統一的局面，中國人的思想家受了傳統的權威與政治勢力的壓迫，遂失了生氣，枯燥沉悶不堪，無論如何，跳不出孔孟荀董的圈套」，可是「時至今日，儒家的道統，已經為世界潮流所打破」，我們應有思想的復興，應有偉大的思想家出現，應創造出一種新的健全的充實的文化。

二、要使舊的文化消滅，新的文化產生，就必須有批評的智力不可。在我們現代人的生活中，時時都感到有人生各種問題的壓迫。孔子等「古代聖賢」，再也不能做我們的指導。而應通過我們自己去批

評去決定去取捨抉擇。現代文化應是批評的文化，只有通過批評才能不斷進步發展。西方社會，政治，宗教，經濟制度、婚姻制度，以及文學思想，儘管可能有許多不好的方面，但是都能經過社會和群眾的批評，逐漸改革，逐漸進化，與抱殘守缺的東方固有的文明，使思想與批評不能自由運用發揮其作用，是完全不同的。

三、既然批評是促進現代文明發展的動力，就必須認識批評的實質，即認清物件的真相。而要做到這樣，就應擺脫俗見和輿論的影響，要有真正的思想家的眼光，科學家的公平鎮靜，探險家的魄力勇氣。不許批評，是無法認清事物的真相的。中國二千年來思想之所以沉寂，就是因為沒有真正自由的批評思想。

他在《中國文化之精神》按語中，則表達了這樣三個觀點：

一、主張非根本改革國民懦弱萎頓之根性，優柔寡斷之風度，敷衍逶拖之哲學，而易以西方厲進奮圖之精神不可。

二、東方文明，東方藝術，東方哲學，本有極優異之點，但目睹中國的現實，則使人感到百孔千瘡。

三、中國今日政治經濟工業學術，無一不落人後，而一般民眾與官僚，卻缺乏徹底改過和革命的決心，開口浮屠，閉口孔孟，不能換和平為抵抗，易忍耐為奮鬥，結果終必昏聵不省，壽終正寢。因而，必須多看到中國文化的弱點，「中國始可有為」。

以上所綜述的，便是林語堂這時對於東西文明的基本看法。從中可以看出，他認為中國傳統文化存在著許多弱點，致使中國愈來愈衰

弱，混亂，離世界進步潮流越來越遠。而要使中國強盛起來，使中國人過上現代人的生活，就必須拋棄中國固有文化的落後性，學習西方文化的進步性，尤其要學習西方人勇於革新和努力奮進的精神。這不僅在當時具有發人深省的作用，就是在今天仍然對人們不無啟迪意義。

6.7　論白璧德的古典主義與克羅齊的表現主義

1929年，新月派理論家梁實秋編輯出版了《白璧德與人文主義》一書。該書收入了由吳宓翻譯的白璧德的五篇論文。他印行這本書的目的，是要在中國推行白璧德的古典主義，並使之成為支配文學創作和文學批評的重要理論。

林語堂對於梁實秋這樣宣揚白璧德的古典主義，十分反感。當年他在哈佛大學就讀時，就對白璧德講授的古典主義文學理論，即鼓吹反過激、反浪漫，提倡守法則合規律與中和平正，感到接受不了。相反，他對於斯賓加恩宣傳的克羅齊的表現主義美學理論卻有很大的興趣，認為它從十個方面革新了傳統的文藝理論體系。因而，當古典派的白璧德與浪漫派的斯賓加恩展開論爭時，他毫不猶豫地站在後者一邊。而現在梁實秋又要將白璧德的古典主義搬到中國來，並想以它來左右中國文壇，林語堂認為是不能同意的，因而針鋒相對地跟他唱起對臺戲來。他於1929年10月翻譯了斯賓加恩的《新的批評》一文和克羅齊的《美學：表現的科學》中的二十四節，並撰寫了《〈新的文評〉序言》，集為《新的文評》一書，由北新書局1930年出版。他介紹他

們的著作的目的，在於讓人們瞭解他們的表現主義理論及其意義，並加以運用。他認為「現在中國文學界用得著的，只是解放的文評，是表現主義的文評，是Croce、Spingarn、Brooks所認識的推翻評律的批評」[15]。

在《〈新的文評〉序言》中，林語堂闡述了對白璧德古典主義和克羅齊表現主義的看法。他指出，白璧德的古典主義歸根結底是「古典派的人生觀」，它強調「藝術標準與人生正鵠的重要」，即用許多人為的「標準紀律」來束縛作者的創作；後來又轉而入於Humanism，「是一方與宗教相對，一方與自然主義相對，頗似宋朝的性理哲學」。這些論斷，切中了白璧德古典主義文學理論的根本弱點，即它是保守的和落後的。

對於克羅齊的表現主義美學理論，他卻作了熱情的肯定。克羅齊是一位近代頗有影響的義大利美學家。他的美學觀點是：任何藝術只是藝術家某種「抒情的表現」。藝術家所以進行藝術活動，並不存在社會目的和社會功用。而且它也不受藝術家的社會實踐所制約和社會現實所檢驗。林語堂認為，克羅齊的表現主義美學理論最能代表「革新的哲學思潮」，「『表現』二字之所以能超過一切主觀見解，而成為純粹美學的理論，就是因為表現派攫住文學創作的神秘，認為一種純屬美學上的程式，且就文論文，就作文論作文，以作者的境地命意及表現的成功為唯一美惡的標準，除表現本性之成功，無所謂美，除表現之失敗，無所謂惡」；並指出克羅齊主張「任何作品，為單獨的藝

15　《〈批評家與少年美國〉譯者贅言》，《新的文評》，北新書局，1930年版。

術的創造動作，不但與道德功用無關，且與前後古今同體裁的作品無涉」。這些看法，可謂確切地把握到了克羅齊表現主義美學理論的特點，即反對功利主義，提倡表現作者的個性。此外，他還讚揚表現派「能打破一切桎梏，推翻一切典型」。在他看來，表現派認為「文章（及一切美術作品）不能脫離個性，只是個性自然不可抑制的表現」，「個性既然不能強同，千古不易的抽象典型，也就無從成立」。

在肯定克羅齊表現主義美學理論的同時，林語堂實際上也表達了自己的文藝觀。他認為：「我們須明白一切的作品，是由個性表現出來的，少了個性千變萬化的衝動，是不會有美術的，這千變萬化的個性的衝動，是無從納入什麼正宗軌範，及無從在美學上（非實際上）分門別類的。」「若論藝術作品本性，有幾篇文章，就有幾樣體裁，多少藝術作家，就有多少作風。體裁格律之論，不但實際上毫無用處，理論上也不能成立。我們唯一的理由，就是因為每樣藝術創作，就是特別作家特別時境的產物，前無古人，後無來者，雖使本人輪回復生，也絕不能做同一個性的文章。」「古文筆法是最無用的勾當，文理無度，只能產生場屋舉業的文章。起承轉合之法，是循文思自然的波瀾湧現而成，其千變萬化，猶如危崖幽谷，深潭淺澗，毫無匠心的經營，而因緣際會，自成其曲折巉岩之美，不是明堂太廟營造法尺所可以繩範的東西。」這些說法的內涵，說到底，就是主張創作要自由地表現作者的個性和主觀感情，而非功名活動或道德說教，同時不應有一成不變的規則章法，而應打破一切成法，一切束縛，一切桎梏。

怎樣看待林語堂介紹克羅齊的表現主義美學理論呢？應該認為，

這在當時還是具有一定的進步意義的。因為他介紹克羅齊表現主義美學理論的目的，是為了抵制白璧德的古典主義的，而前者確實比後者要好一些。前者雖然本質上屬於唯心主義的理論，但它卻具有符合創作規律的因素，如強調表現個性。而古典主義則恰恰起到束縛個性的消極作用。因而，不宜簡單地把它看作為宣揚唯心主義的美學思想而加以否定。同時，克羅齊的表現主義美學理論對他的文藝觀也產生了很大影響，使他後來形成了一種中西合璧的「表現性靈」論的文藝觀。這容後再作具體分析。

總之，對於白璧德的古典主義和克羅齊的表現主義，林語堂否定和抵制前者，肯定和提倡後者，在當時來說確實還有一定的積極意義的。

第七章

《論語》前期的社會活動和
文化活動

7.1 創辦《論語》

1932年盛夏的好幾個晚上，林語堂和章克標、邵洵美、李青崖、金增嘏、沈有乾、林徽因、張光宇、潘光旦、葉公超等十多人，在邵洵美的客廳裡醞釀創辦《論語》半月刊。「大家講起要出一本刊物來消消閒，發發牢騷，解解悶氣，好在邵洵美開著時代書店可以發行出來，推銷沒有困難。關於刊物內容，談得不多；刊物的名字，談得最久。都想要有一個雅俗共賞，有吸引力、號召力，要喊得響、站得起，而且驚人又迷人，又是大家都熟悉的，用來一炮打響，出奇制勝。」[1]可是，刊物的名字遲遲定不下來。最後，章克標從林語堂的「林語」兩字悟到孔子的《論語》兩字，便提議「就用《論語》的刊名！」博得了大家的贊同。此外，一致推舉林語堂為主編。

林語堂接受同人的委託後，經過一番籌畫，《論語》半月刊創刊號於9月16日出版。而且果然是「一炮打響」，創刊號竟重印了幾次。《論語》成為影響頗大並有所爭議的刊物。而林語堂的名字則一直與《論語》聯繫在一起了。

其實，林語堂只主編了《論語》創刊號至26期。當他編了26期後，由於忙於中國民權保障同盟的活動，以及跟時代書店總經理章克標有矛盾，便辭去了主編職務，改請陶亢德接替他擔任主編。此後，他不再參與編務活動，只是該刊的主筆之一。對陶亢德接編《論語》，他認為「編論語甚好」[2]，「更形活潑可愛」[3]。陶亢德編完82

1　章克標：《閒話〈論語〉半月刊》。
2　林語堂：《與海戈書》，《語堂文集》（下），臺灣開明書店，1988年12月初版。
3　林語堂：《再與陶亢德書》，《論語》第38期。

期後，林語堂登出脫離《論語》社的《啟事》：「自八十三期起，即脫離論語社及論語半月刊一切關係。」⁴他與陶亢德一道離開了《論語》社。《論語》改由邵洵美、郁達夫合編，實際上由邵洵美負責，1937年8月出至117期後停刊。他對邵洵美執編時的《論語》，極為不滿。認為自從他和陶亢德離開後，「這份雜誌不久就降格而成為滑稽笑話的性質，後來也就無疾而終」⁵。因而，我們今天評價他與《論語》的關係，應從他及陶亢德執編的《論語》來加以考察。

林語堂辦《論語》的宗旨是怎樣的呢？他在《論語》創刊號《緣起》中說：「《論語》社同人，鑒於世道日微，人心日危，發了悲天憫人之念，辦一刊物，聊抒愚見，以貢獻於社會國家。」在《論語》第3期《我們的態度》中，他更明確地指出「《論語》半月刊以提倡幽默文字為主要目標」，但不是「專載遊戲文字，啟青年輕浮叫囂之風，專做挖苦冷笑損人而不利己的文字」，不是「預備出新《笑林廣記》供人家茶餘酒後談笑的資料」。並說：

我們不想在文字國說空言，高談闊論，只睜開眼睛，敘述現實。若說我們一定有何使命，是使青年讀者，注重觀察現實罷了。人生是這樣的舞臺，中國社會，政治，教育，時俗，尤其是一場的把戲，不過扮演的人，正正經經，不覺其滑稽而已。只須旁觀者對自己肯忠實，就會見出其矛盾，說來肯坦白，自會成其幽默。所以幽默文字必是寫實主義的。我們抱這寫實主義看這偌大國家扮春香鬧學的把戲，

4　《宇宙風》第12期。
5　林語堂：《八十自敘》，臺灣風雲時代出版公司，1989年8月初版。

難免好笑。我們不是攻擊任何對象，只希望大家頭腦清醒一點罷了。

此外，《論語》創刊不久，又每期連續刊載《論語同人戒條》十條。這十條的主要意思，就是既不革命也不反革命，既不板起臉孔教訓別人，也不發表色情下流的文字。

從這些材料來看，林語堂執編《論語》時，在政治上力求保持中立的姿態，在文學上準備抱寫實主義的態度，對現實問題發表一些意見，對社會國家起一點積極作用，並且力求用幽默文字來反映現實生活，用「笑」來促使人們「頭腦清醒一點」。這樣的辦刊態度，應該說是較為嚴肅認真的。

事實上，《論語》創辦之初，發表了不少用幽默筆法來譏刺時弊的文字。有的讀者認為，三期《論語》「均以關於政治或政府或政府要人者為多。雖然這些都是很好的材料。究竟未免偏重政治的時下惡俗。而且縱然沒有『反革命』的心，或者免不了『反革命』的嫌疑。編輯先生總應該留心取締才好」[6]。於是，林語堂在《論語》第6期《編輯後記》中，給《論語》的「格調」確定為三個方面：

（一）對於思想文化的荒謬，我們是毫不寬貸的；對於政治，可以少談一點，因為我們不想殺身以成仁；而對於個人，即絕對以論事不論人的原則為繩墨；同一個人，我們這期也許褒譽，下期也許譏貶，如果個人之行徑前後矛盾，難怪我們的批評也要前後反覆。

6　《論語》第6期。

（二）應該減少諷刺文字，增加無所為的幽默小品文，如遊記、人物素描之類。固然，在國勢阽危思想過渡之際，我們不敢專學西洋人享清福，如《笨拙》、《生活》、《判官》一類的尋開心，但是到底本刊之主旨是幽默，不是諷刺，至少也不要以諷刺為主。……幽默之種類繁多，有文有野，有雅有俗，有雋有露，有苦有淡，《論語》若能使國人多嘗幾種口味，辨其鹹酸苦辣，也就為功不淺了。

（三）諷刺固然太多，記事實感太少，作者儘管說得天花亂墜，讀者除去增加一些歪見以外，毫無所得。我們極想用幽默筆調，做半月大事記，凡事敘述的原原本本，又能詳其底蘊，真切而有意味。但是這件恐非有人專門看報訪采材料不可，目前不易辦到。唯各地幽默通信，如有人願負義務，我們是極歡迎的。無論大事記，或是各地通信，不必刻意尋奇，平凡的事，只消用幽默輕快的筆調敘述得來，水到渠成，自然成趣。如各地有此種通信，以書信式攀談式寫來，上自政治，中至社會，旁及教育交際民風民謠，不妨假定《論語》讀者為知交，易長篇偉論為密室閒談，忘其條理，斷其起伏，信筆寫來，意倦便擱筆便有模範小品文出現。

這三條有關《論語》格調的意見，自然是不算要求很高的，但也不是庸俗無聊的。而且，其中雖然說「對於政治，可以少談一點，因為我們不想殺身以成仁」，但此後《論語》仍然刊登了不少在幽默中寓有諷意的文字。直至1933年6月18日中國民權保障同盟總幹事楊杏佛慘遭國民黨特務暗殺後，林語堂曾發表《談女人》說：

近來更覺得誠已走入鑽入牛角尖之政治，不如談社會與人生。學

漢朝太學生的清議，不如學魏晉人的清談，只不要有人又來將亡國責任掛在清談者之身上。由是決心從此脫離清議派，走入清談派，並書「只求許我掃門前雪，不管他媽瓦上霜」之句，於案上玻璃片以下自戒。書完奮身而起曰：「好！我們要談女人了！」請以《女論語》始。如果我們清談的力量，能造成如晉代謝道韞「詠絮才高」一班的風雅女子，也可以替未亡國粉飾太平做一種點綴吧。

林語堂真的完全放棄「談政治」，改為「談女人」了嗎？不是。他這番話不過是憤激之詞，表現了對南京政府統治下沒有言論自由的不滿。因為在刊登《談女人》的21期《論語》上，他就編發了《頑石點頭》一文，揭露南京政府熱衷於打內戰而不抗日，諷刺它北平失了等於沒失，殺共產黨就是殺敵人，打同胞就是打日本，中國將亡就是中國得救。同時編發了《時行語集聯》，對南京政府不戰而逃、節節敗退作了諷刺。此外還刊登了《民國萬稅》漫畫，絕妙地嘲諷南京政府用名目繁多的苛捐雜稅來魚肉百姓。這表明他還是熱衷於「談政治」的。

當陶亢德接編《論語》時，林語堂曾致信他說：

……大概有性靈、有骨氣、有見解、有閒適氣味者必錄之；萎靡、疲弱、寒酸、血虧者必棄之。其景況適如風雨之夕，好友幾人，密室閒談，全無道學氣味，而所談未嘗不涉及天地間至理，全無油腔滑調，然亦未嘗嬉笑怒罵，而斤斤以陶情笑謔為戒也。兩腳踏東西文

化，一心評宇宙文章，是吾輩縱談之範圍與態度也。[7]

這實際上是勉勵陶亢德繼續堅持他執編《論語》時的編刊方針。而陶亢德也是盡力這樣做的。正如他所表示的：「……我之編論語，不僅我的手段應為孕育論語者的目的而施，且因目的正相同，更願努力一成為如『一切的一切』之努力之努力。」[8]

由此可見，林語堂和陶亢德執編《論語》的態度確實是較為認真的。正因為這樣，就決定了他們執編的《論語》具有好些值得肯定之處。

首先，發表了宋慶齡、魯迅和茅盾等人的好些文章。如宋慶齡的具有歷史文獻意義的《廣州脫險記》，魯迅的雜文《學生與玉佛》、《誰的矛盾》、《由中國女人的腳，推定中國人之非中庸，又由此推定孔夫子有胃病》、《王化》、《兩封通信》（覆魏孟克）、《「論語」一年》、《玄武湖怪人》、《幫忙文學與幫閒文學》（柯桑記錄的魯迅在北大的演講稿）、《航空救國之願》、《從諷刺到幽默》、《從幽默到正經》、《踢》和《現代史》（後五篇是轉載的），茅盾的《也算是「現代史」罷！》、《老鄉紳》和《漢奸》。此外，還刊登了老舍、郁達夫等人的不少小說和散文。

同時，運用各種表現形式對南京政府作了諷刺。如「自古未聞糞有稅，而今只許屁無捐」對聯，和「民國萬稅」漫畫，生動地嘲諷南

7　　《與陶亢德書》，《論語》第28期。
8　　陶亢德：《新年致詞》，《論語》第32期。

京政府用多如牛毛的苛捐雜稅來魚肉百姓。《某督辦》[9]描述魯督辦一天外出視察時，數百名鄉民高呼口號感激督辦「救命」之恩，說他們原被打入十八層地獄，多年未見天日，幸蒙督辦大刮地皮，已刮了地皮十八層，使他們得以見天日。《封面禍》[10]描寫一位青年因為有一本封面上印有一個大鬍子人相片的書（即巴枯寧），就被當作共產黨嫌疑分子而被逮捕審訊。《活埋論》[11]對南京政府慣用的殘酷手段「活埋」，考證了它的起源，並列舉了它的「好處」，即「省錢」，「省事」，還「便於秘密執行」。《不抵抗主義之起源考》[12]從托爾斯泰到老子，從葉銘深到孟子等中外不抵抗主義者作了考證，藉以抨擊南京政府的「不抵抗主義」。《寡母的悲聲》[13]更是斥責他們「放著日本不去打，關上大門自己打起來！這些大帥哪裡還有人心肝，千刀萬剮該不該？」漫畫《危險的親善》[14]畫著一個佩有國民黨黨徽的女郎很親熱地依偎著一隻老虎。漫畫《我所認識之怪人》[15]則畫了兩個人：一人拱手攘外，一人持槍安內。顯然，它們都具有很強的諷刺意味。

此外，《論語》的「半月要聞」、「雨花」、「群言堂」、「古香齋」和「補白」等欄目中，登有大量具有諷刺性的現實材料。如38期的「半月要聞」中，報導復旦大學學生張文烈因手上凍瘡顯露出紅色，竟被密探當作共產黨抓進巡捕房；39期「半月要聞」中披露了廈門的《福建泰晤士報》討好日本海軍司令。而「古香齋」欄更是經常刊登

9　　《論語》第18期。
10　《論語》第40期。
11　《論語》第26期。
12　《論語》第13期。
13　《論語》第15期。
14　《論語》第25期。
15　《論語》第25期。

具有暴露意義的反面材料，曾得到魯迅的稱讚。他在《准風月談‧「滑稽」例解》中表示：「《論語》一年我最愛看『古香齋』一欄，如四川營山縣長愛穿長衫令，又如北平社會局禁女人養雄犬文……這那裡是滑稽作家所能憑空寫得出來的？」這「古香齋」欄之所以好，就在於讓人們知道當時社會中存在著荒謬可笑的事情，從而引起思考和不滿。

除了這些之外，《論語》也刊登過一些思想不合於當世和「為笑笑而笑笑」的文字。這就使它具有明顯的複雜性，為當時的左翼和右翼都有所不滿。正如陶亢德所說的：「世人對於《論語》均曾揮其如椽之筆，大肆誅罰，好像《論語》不死大禍不止似的。左派說《論語》以笑麻醉大眾的覺醒意識，右派說《論語》以笑消沉民族意識。」[16]而且，1934年7月在國民黨上海市黨部主持下成立的微風文藝社，曾討論「聲討魯迅、林語堂應如何辦理案」，議決函請出版界、報界「在魯迅、林語堂作風未改變前」拒絕其作品之出版、發表，「呈請黨政機關嚴厲制裁魯迅、林語堂兩文妖」，「警告魯迅、林語堂迅即改變其作風，否則誓與周旋」[17]。

可是，縱觀林語堂和陶亢德執編的《論語》，其發表諷刺南京政府統治的文章是大量的，遠比思想不合當世的文字多。而且，他在提倡幽默等方面也作出了獨特的貢獻。因而，我們不應簡單地把它作全盤否定，而應該肯定它值得肯定的方面。

16　陶亢德：《答徐敬籽信》，《論語》第49期。
17　《申報》1934年7月16日。

7.2 中國民權保障同盟的「宣傳主任」

林語堂創辦《論語》後不久，即1932年12月17日，又與宋慶齡、蔡元培、楊銓等人發起成立中國民權保障同盟。其主要任務是：

一、爭取釋放國內政治犯，反對目前到處盛行的監禁、酷刑和處決的制度。本同盟首要的工作對象是大量的無名囚犯。

二、予政治犯以法律的辯護及其他援助，調查監獄的狀況和公佈國內剝奪民權的事實，以喚起輿論的注意。

三、協助關於爭取公民權利，如出版、言論、集會和結社自由的鬥爭。

12月29日下午，「同盟」假上海南京路華安大廈招待中外記者，由於宋慶齡（時任國民黨中央執委）因病未能出席，由蔡元培（時任國民黨中央監委，中央研究院院長）主持招待會，並代為宣讀宋慶齡的書面談話，指出：

我們的組織的宗旨在於支援為爭取結社、言論、出版、集會自由等民主權利而進行的鬥爭……本同盟首先關切的是援助那些擁塞在監獄中的大量無名無告的政治犯。你們新聞界當然知道有無數同胞被非法逮捕與監禁，知道那中世紀的殘餘—秘密軍事法庭的存在。

然後，由楊銓（時任中央研究院總幹事）報告會務，宣佈了「同盟」全國執行委員會名單：主席宋慶齡，副主席蔡元培，總幹事楊

銓，宣傳主任林語堂。

林語堂參加中國民權保障同盟，並非偶然。他向來崇敬宋慶齡和蔡元培，而且具有正義感，不滿南京政府種種違反民權行為，因而十分高興跟他們一起從事於民權保障工作。

自「同盟」成立後，林語堂一直置身於複雜的鬥爭中，盡力協助宋慶齡、蔡元培做了大量的工作。

1933年1月21日江蘇省政府主席顧祝同下令槍決鎮江《江聲日報》經理兼編輯劉煜生後，林語堂於1月28日致函胡適、楊銓、傅斯年，建議他們「可否聯絡在平學者，擁護監察院主張，徹底查辦，平滬兩方同時進行」[18]。

1933年2月21日胡適在《獨立評論》第38號上發表《民權的保障》一文，公開反對「同盟」會章中的「釋放政治犯」的條款，2月21日上海英文《字林西報》又登出他的談話，公開他與總會的分歧，並表示「民權保障同盟不應當提出不加區別地釋放一切政治犯，免予法律制裁的要求」。經宋慶齡、蔡元培先後電告胡適應表明真實態度而遭拒絕後，執委會於3月3日開會決議開除胡適的會籍。17日，由蔡元培、林語堂兩人具名通告全體會員於18日下午4時在上海八仙橋青年會九樓召開臨時會員大會，討論會務，其中一項為追認執委會開除胡適會籍的決議。會議如期舉行，「無異議通過追認執委會決議，以胡適嚴重違反會章，予以開除會籍處分」[19]。林語堂與胡適曾有一段私

18　關國煊：《胡適與中國民權保障同盟》，臺灣《傳記文學》第52卷第6期。
19　關國煊：《胡適與中國民權保障同盟》，臺灣《傳記文學》第52卷第6期。

誼，但涉及「同盟」的根本宗旨時，他卻堅定地站在「同盟一邊」，表現了高度的原則性。

5月13日，林語堂與宋慶齡、蔡元培、楊銓、魯迅等前往上海外灘黃浦路40號的德國領事館，遞交《為德國法西斯壓迫民權摧殘文化的抗議書》，表明了對希特勒的憎惡。

6月2日下午，林語堂出席為他被19路軍李全波無理殺害的侄子林惠元舉行的記者招待會，以「同盟」成員和死者親屬的雙重身份講了話，強烈要求有關當局為林惠元昭雪。宋慶齡、蔡元培和柳亞子、楊銓、魯迅、郁達夫、傅斯年等曾先後通電或發表宣言，聲援林語堂的正義要求。

此外，凡是「同盟」舉行有外國記者參加的會議時，林語堂都將宋慶齡、蔡元培起草的宣言或抗議，用英語向外國記者宣傳。史沫特萊、伊羅生及其他外國記者，則用電報將有關宣言、抗議傳到國外去。因而，國際文化名人蕭伯納、愛因斯坦、羅曼・羅蘭等人曾根據這些材料，或發電報或發宣言抗議南京政府的法西斯暴行。

林語堂參與的中國民權保障同盟的活動，引起了南京政府的惱恨和制裁。1933年6月18日8時15分，楊銓率其長子小佛乘車外出，汽車剛離開法租界亞爾培路331號中央研究院時，便遭到四名特務槍擊，身中三彈而亡。接著，特務又揚言要殺害包括「同盟」所有領導成員在內的五十六人。而且接近兩個星期內，每天都有兩三個神態可疑的人站在憶定盤路43號Ａ的林宅門口，使林語堂為了安全起見而未能出門。可是，7月2日舉行楊銓出殯下葬儀式時，林語堂還是毅然前往參

加了。

楊銓被暗殺後，「同盟即停止活動」[20]。但林語堂仍堅持到中央研究院上班。這時，他在思想上處於極為苦悶和矛盾的狀態中。既感到「談政治」的危險，又不甘心從此緘口不言。因而，他於7月16日《論語》第21期上發表了貌似消沉而實含憤激之情的《談女人》後，又於10月16日《論語》第27期上刊出「《論政治病》，揭露南京政府要人醉心於荒淫無恥的生活」，不會「熱心辦公救國救民」。

7.3　歡迎蕭伯納

1933年2月17日，蕭伯納（諾貝爾文學獎獲得者、英國著名的幽默作家、世界反帝大同盟名譽主席）在環遊世界途中來到上海停留一日。他之所以要在上海停留一日，目的只是想會見宋慶齡等人。可是，由於中國文化界人士頗為仰慕他，因而受到了熱烈而隆重的歡迎。而林語堂便是最熱心的一個歡迎者。

那天清晨5時，宋慶齡便偕同兩人乘小火輪前往吳淞口迎接蕭伯納。林語堂也很早就來到新關碼頭等候蕭伯納的到來。他在碼頭上足足站了兩小時。後來聽說蕭伯納在宋慶齡的陪同下，於10時30分登岸後，先去中央研究院拜訪蔡元培，然後與蔡元培一起赴利哀路29號孫宅。於是，他立即趕往孫宅。

宋慶齡在自己家中，設午宴用中國肴饌招待蕭伯納。蔡元培、魯

20　宋慶齡：《追憶魯迅先生》，《宋慶齡文集》。

迅、楊銓、林語堂、伊羅生等作陪。林語堂英語會話能力強，一直跟蕭伯納作無拘無束的交談。他們從赫理斯和亨德生分別為蕭伯納寫的傳記談起，談到素食、中國家庭制度、大戰、英國大學的教授教莎士比亞戲劇、中國茶等問題。通過交談後，林語堂深深地感受到，蕭伯納「是神經銳敏的人」，「有一種特別超逸的神氣」，「又是質樸無華的文人本色，也是很近人情守禮法的先生」，「隨便扯談，的當自在，詼諧徘謔，然而在我們聽來，真如看天女散花，目不暇顧」[21]。

餐後，大家到花園裡照相留念。那時，上海天氣經過連日微雨後放晴，花園裡充滿陽光。這使身軀高偉和白髮蒼髯的蕭伯納，格外具有一種莊嚴的美麗。於是，有人說：

「蕭先生，你福氣真大，可以在上海看見太陽。」

「不，這是太陽的福氣，可以在上海看見蕭伯納。」機智的蕭伯納回答。

林語堂聽見蕭伯納的這一答語後，立即想起穆罕默德的名言：「穆罕默德不去就山，讓山來就穆罕默德。」這說明博學的林語堂，對蕭伯納的幽默感產生了強烈的感應。

下午，林語堂還在世界學社聽了蕭伯納的演說。當蕭伯納講到「作家實亦勞工，不過其工資較之勞工更少耳」時，他插話說：「先生未必盡然。」[22]這可看出他們之間已像老朋友那樣默契了。

---

21   林語堂：《水乎水乎洋洋盈耳》，《論語》第12期。
22   林語堂：《水乎水乎洋洋盈耳》，《論語》第12期。

蕭伯納雖然在上海只停留了一日，但轟動了上海文化界和新聞界，也使林語堂感到莫大愉快。為了紀念這一在中國現代文化史上具有重要意義的盛事，林語堂特地於1933年3月1日《論語》第12期出了迎蕭專號。其中有蔡元培、魯迅、林語堂和邵洵美等人的迎蕭文章，而林語堂一個人就有五篇：《蕭伯納與上海扶輪會》、《蕭伯納與美國》、《水乎水乎洋洋盈耳》、《歡迎蕭伯納文考證》、《再談蕭伯納》。此外，還刊有《蕭伯納過滬談話記》（鏡涵）、《蕭伯納敬告中國人民》（宋春舫譯）、《泰晤士報記者與蕭伯納談話記》（開洋）等。這一迎蕭專號，可說內容豐富，並有不易看到的思想見解。因而，魯迅曾稱讚它是好的，「發表了別處不肯發表的文章，揭穿了別處故意顛倒的談話」[23]。這大概是指《蕭伯納過滬談話記》和《泰晤士報記者與蕭伯納談話記》。因為前文是經過宋慶齡審閱和手訂的，披露了他對南京政府的態度和看法，以及中央蘇維埃政府曾發表宣言表示願與南京政府共同抗日的資訊，等等。而後文則報導了蕭伯納讚揚共產主義和蘇聯建設成就的言論。

由此可見，林語堂為歡迎蕭伯納訪問上海並擴大他的影響，是作出了積極的貢獻的。

7.4　譏評時政

《論語》是林語堂這時從事文化活動的主要陣地。而他所致力的活動之一，則是發表了大量譏評時政的文章。

23　魯迅：《"論語"一年》，《魯迅全集》（四），人民文學出版社，1982年版。

由於南京政府實行法西斯統治，使林語堂不可能像在北京時發表那樣浮躁凌厲的言論。可是，他在民主思想、人道主義和愛國精神的驅使下，設法變換一種方式來表達自己的看法。正如他說的：

那嚴格的取締，逼令我另闢蹊徑以發表思想。我勢不能不發展文筆技巧和權衡事情的輕重，此即為讀者們所稱為「諷刺文學」。我寫此項文章的藝術乃在發揮關於時局的理論，剛剛足夠暗示我的思想和別人的意見，但同時卻饒有含蓄，使不致於身受牢獄之災。這樣寫文章無異是馬戲場中所見的在繩子上跳舞，需眼明手快，身心平衡合度。在這奇妙的空氣當中，我已經成為一個所謂幽默或諷刺的作者了。也許如某人曾說，人生太悲慘了，因此不能不故事滑稽，否則將要悶死。這不過是人類心理學中一種很尋常的現象罷：即是在十分危險當中，我們樹立自衛的機械作用，也就是滑口善辯。這一路的滑口善辯，其中含有眼淚兼微笑的。[24]

這一段話，頗為真實地表述了林語堂為了避免身受牢獄之災，達到「自衛」的目的，而不得不改用幽默甚至諷刺的手法來寫作批評時政文字的原委。事實也確實如此，統觀他發表在《論語》上的「雜感」和「成篇的文字」，大都不是正面的猛烈抨擊，而是旁敲側擊，在幽默中寓諷刺之意。

其一，諷刺南京政府要人的可鄙言行。《論語》第1期上的《吾家主席》、《汪精衛出國》和《寄懷漢卿》等文，針對有關軍政要人

24　《林語堂自傳》，河北人民出版社，1991年9月第1版。

的某些言行，作了一定的譏諷。第27期上的《論政治病》一文，揭露權貴們下臺時都以「養病」為遁詞，「貪食無厭」，實為「政治病」。第31期上的《文字國》一文，揭露當權人物用冠冕堂皇的文字，掩蓋其禍國殃民的行為：「棄甲曳兵謂之『通盤計畫』」，「無意抗外謂之『保全元氣』」，「『裕國福民』是包捐劣紳之幌子」，「『涓滴歸公』是貪官汙吏的招牌」，「刮民脂膏謂之『義捐』」，「『摧殘民權』是失意政客之口號」，「『忠誠黨國』是登天雞犬之呼聲」等等。

其二，諷刺南京政府奉行「不抵抗主義」。《論語》第3期上的《奉旨不哭不笑》一文，揭露有關當局1932年禁止人民紀念國恥和停止國慶，是叫人民「『哭不得，笑不得』的兩大政策，其目的在於維持目前表面上之治安」。同期上的《如何救國示威》一文，列舉了不少要人提出的種種「救國」方法，並作了譏諷。如何應欽的「實行公娼卻病強種辦法」，戴季陶的「築金光明道場經咒救國法」，何健的「讀經救國法」，某將軍的「跳舞救國法」等等。第11期上的《等因抵抗歌》一文，揭露南京政府的所謂「長期抵抗」其實就是不抵抗：

照得長期抵抗，
業經要人提倡。
前准努力殺賊，
內開我心憂傷；
等因枕戈待旦，
奉此臥薪膽嘗；
相應禮義廉恥，

理合慷慨激昂。

是否打得日本，

伏維計議從長。

第12期上的《吊熱河失陷並志孫殿英部退敗原因》寫道：

旬間失六十萬方裡熱湯滾得快打破古今記錄

三日分個半斤餅乾冷口齒已寒滑盡天下大稽

這可謂絕妙地諷刺了國民黨部隊給養不良的情形和不戰而退、放棄大片國土的行徑。第15期上的《春日游杭記》一文，則揭露了有關當局不准許百姓開抗日會，「開必變成共產黨」，並把「誤國責任」推給民眾和共產黨。

其三，諷刺南京政府禁止言論自由。《論語》第5期上的《文章五味》一文，揭露在南京政府的統治下，人民已經完全失去了言論自由：「誠從革命以來，言論權失，凡有譏諷時政者，動輒以反革命罪論。」第8期上的《吃糍粑有感》一文，指出政府當局禁止言論自由是「封他人之口」，「言論自由常有被剝奪之危險」，好說話者「都要遭人忌惡」，因而「『莫談國事』成為中國茶樓之國粹」。第13期上的《談言論自由》一文，則更加尖銳地指出在「德漠克拉西未實現的國，誰的巴掌大，誰便有言論自由，可把別人封嘴」，在中國「說話自由的，只有官，因為中國的官巴掌大」。為什麼不能給民眾一點「自由」呢？那是因為「百姓自由，官便不自由，官自由，百姓便不

能自由。百姓言論可以自由，官僚便不能自由逮捕扣留人民。所以民的自由與官的自由成正面衝突」。這可謂相當深刻地揭示了南京政府當局鉗制民眾言論自由的原因。

其四，諷刺南京政府的腐敗統治。《論語》第5期上的《黏指民族》一文，說政府官吏的手上有一種黏液，「因此民錢到手，必有一部分膠泥手上」。第6期上的《捐助義勇軍》一文，認為群眾團體為支持東北義勇軍抗日而捐獻的款，「政府還是少管些好」。第7期上的《臉與法治》一文，認為權勢者肆意踐踏法律，講面子，徇私情，根本談不上有什麼法治。第8期上的《又來憲法》一文，指出政府當局炮製「憲法」是虛偽的，因為官僚有特權，民權無法保障。第17期上的《梳，篦，剃，剝及其他》一文，借四川童謠「匪是梳子梳，兵是篦子篦，軍閥如剃刀剃，官府抽筋又剝皮」，道出了官府和軍閥榨取民脂民膏的可怕。而且文中援引了1933年4月24日《大公報》刊載的國民黨部隊以剿「赤匪」為名大派捐稅的消息，然後加以議論道：「今日無一事不可作為詐取民財的題目。此種虐政，唯有深種儒毒之百姓，始能忍受，亦唯有儒教根深之國，始能發生。世界好談仁義者，莫如我國，而官僚貪汙殘暴，亦莫如我國。」這可以說對南京政府的「虐政」作了深刻的揭露。

其五，抒發憂國傷時的感情。《論語》第43期上的《夢影》一文，通過描述一個噩夢表達了對祖國危亡的憂慮和對日本侵略者的憎恨。第78期上的《國事亟矣》一文，表現了對南京當局壓制民眾的憤激之情，並指出「今日亡國之捷徑莫如緘民之口」，「今日國勢尤非臨民以威所可以振作」，「北京學校屢用學生作奸細密告同學以逮

捕」,「今日國難,絕非一般奴顏婢膝無脊樑者所可應付,無脊樑不必屍位,不必勸國民鎮靜而奴顏卑膝自豪⋯⋯」。第80期的《外交糾紛》一文,指出「各地當局以怕引起『外交糾紛』為辭」,不許學生反對他們變相割地的行為,「是誠可謂笑話之至」,並認為「今日根本問題不是外交糾紛不糾紛,而是華北可以不可以分割。可以分割,則雙手贈送他人亦可;不可分割,則外交之糾紛終不能免也」。這充分表達了他反對投降賣國的鮮明態度。

僅從以上所說的來看,在林語堂和陶亢德執編《論語》時,林語堂確實發表了不少對南京政府有所諷刺和抨擊的文字,表現了他這時所具有的政治上的進步性和思想上的亮點。而且,這在當時文壇的作者中也是顯得相當突出的。因而依附於南京當局的「微風文藝社」才把他與魯迅視為應予以「嚴厲制裁」的作者。可是,向來評論界無視他的這些文字,未能肯定他這時起到過的進步作用,甚至把他完全看作為反動文人。這是缺乏歷史唯物主義精神和實事求是態度的反映,是「左」的表現。

自然,林語堂這時在《論語》上也發表了一些思想不合於當世文字。如《論語》第2期上的《馬克思風》一文,雖然批評了馬克思主義傳播中的「左」的傾向,但也蘊含有對蘇維埃和馬克思主義的不滿。同期上的《蔣介石亦論語派中人》一文,吹捧蔣介石「聰明穎慧,見識超人」,鼓吹「打破主義的迷信」。49期上的《四十自敘》詩,表示「生來原喜老百姓,偏憎人家說普羅。人亦要做名亦愛,躑躅街頭說隱居。立志出身揚耶道,識得中奧廢半途。尼奚尚難樊籠我,何況西洋馬克思。」54期上的《今譯美國獨立宣言》把共產黨稱

為「殺人放火」者（他注明：「所謂包羅希微（Boishevki）在美國口語含有鄙惡之意，故譯文加『殺人放火』以達真意。」）等等。這些說明了林語堂這時思想中，已存在著明顯的極端。

可是，這些文字，從數量上來看是不多的，而諷刺南京政府的文字卻是大量的。這就表明，他這時的主要傾向是不滿南京政府的統治的，但同時也已產生了不滿馬克思主義和共產黨的思想意識。

7.5　進一步提倡幽默

林語堂這時最具特色的一個文化活動，是進一步提倡幽默。這成了我國30年代文壇的一個重要現象，並產生了深遠的影響。

本來，林語堂早在1924年就曾提倡幽默，並產生了一定的影響。那麼，他為什麼要在這時繼續大力提倡幽默呢？其目的有兩個：一是為了在中國切實地發展幽默文化。他曾明確表示：

幽默是西方文化之一部，西洋現代散文之技巧，亦系西方文學之一部。文學之外，尚有哲學、經濟、社會，我沒有辦法，你們去提倡吧。現代文化生活是極豐富的。倘使我們提倡幽默、提倡小品，而竟出意外提倡有效，又竟出意外，在中國哼哼唧唧及杭喲杭喲派之文學外，又加一幽默派、小品派，而間接增加中國文學內容體裁或格調上之豐富，甚至增加中國人心靈生活上之豐富，使接近西方文化，雖然自身不免詫異，如洋博士被人認為西洋文學專家一樣，也可聽天由命

吧。[25]

　　從這一段話可以看出，他提倡幽默是為了有利於增加中國文學的品種和格調，有益於豐富中國人的心靈生活。二是為了運用幽默藝術來反映或批評人生。他認為，幽默不是遊戲文字，更不是一味荒唐的東西，「到底是一種人生觀，一種對人生的批評」，是寫實主義的，「與諷刺極近」，用寓莊於諧的手法來表現社會人生的滑稽現象，並「希望大家頭腦清醒一點罷了」[26]。自然，他竭力提倡幽默，而不是宣導諷刺，是跟時代環境有關的。當時文禁森嚴，白色恐怖愈益嚴重，他「不想殺身以成仁」。可是，從他寫的大量幽默文字來看，又是多少帶有諷刺色彩的，即他的幽默是傾向於諷刺的。可見他是運用較為委婉溫和的幽默手法來達到「譏貶」社會人生的目的。這就表明，他當時竭力提倡幽默是有積極意義的。

　　當他重新提倡幽默時，不少人未能理解和接受。有的人認為將英語Humour譯為「幽默」不如譯為「語妙」，有的人認為譯為「幽妙」好；有的人則誤以為「幽默即是滑稽，沒有主張的寄託，無關弘旨，難登大雅之堂」。[27]鑒於存在著類似這樣一些不同的看法，他用答讀者來信、編輯後記等方式來對幽默展開探討，並曾先後在《論語》上刊登了周穀城的《論幽默》[28]，錢仁康的《論幽默的效果》[29]，徐碧

25　林語堂：《方巾氣研究》，《申報・自由談》1934年4月28日。
26　林語堂：《論幽默》，《論語》第33期。
27　《我們的態度》，《論語》第3期。
28　《論語》第25期。
29　《論語》第45、46期。

暉的《魯迅小說與幽默藝術》[30]，林語堂的《答青崖論幽默的譯名》和《論幽默》[31]，炳文的《史大林的幽默》[32]，汪倜然譯的《論幽默》[33]，徐懋庸譯的《笑之社會性質與幽默藝術》等論文。這些文章對幽默藝術作了認真的研討，有助於提高人們對幽默的認識水準。

為了促進人們理解幽默，他在《論語》上開闢了《幽默文選》和《西洋幽默》專欄，刊載了不少中國古代文化和西方文化中具有幽默感的作品。中國古代的幽默作品有《晏子詼諧》、《蘇秦吃鹹蛋的故事》、《說京師翠微山》、《論私》、《病梅館記》、《生員論》、《論死》、《醉叟傳》、《釋愁文》等；西方的幽默作品有《節婦多情記》、《學究與賊》、《照相館中》、《醫生與病人》、《理髮師》等。人們通過閱讀這些中外幽默作品，無疑能夠感受到幽默的特性。

為了促進幽默文化的發展，他把《論語》辦成以發表幽默作品為主的刊物。「古香齋」及「半月要聞」欄所刊載的現實生活材料，「皆無需文人筆下之點綴，自然為幽默上乘之材料」[34]。而魯迅、林語堂、老舍、姚穎、陶亢德、徐、何容、大華烈士等人的作品則都具有不同程度的幽默感。自然，從《論語》登載的作品來看，未必都是成熟的幽默之作。可是有不少人在實踐中努力探索幽默藝術卻是無可否認的事實，而且已表明幽默確實是有益於文學和人生需要的。因此，正如林語堂指出的：「《論語》即使沒有幽默的成功作品，卻至少改

30　《論語》第46期。
31　《論語》第33期。
32　《論語》第73期。
33　《論語》第32期。
34　《二十二年之幽默》，《我的話》（下編），上海：時代書局，1948年版。

過國人對於幽默的態度。」[35]

尤為值得重視的是，他對幽默藝術作了多方面的探討，形成了較為系統的幽默理論，為我國幽默理論的建設作出了重要貢獻。

其一，首創幽默概念。幽默文學在中國雖然古已有之，但幽默作為一種文論概念卻未曾有過。而林語堂卻於1924年和1933年兩次將英語Humour譯成「幽默」，並作了科學的闡釋。儘管有人對它有所異議甚至反對，但他認為「幽默」二字本是純譯音，所取於其義者，用幽默含有假癡假呆之意，作語隱謔，令人靜中尋味，不贊成把它改為「語妙」或「幽妙」等，更是反對那種以為沒有必要在中國提倡幽默的意見，認為「中國若早有幽默，何必辦《論語》來提倡？在旁邊喊『中國無幽默』並不會使幽默的根芽逐漸發揚光大」[36]。正是在他的努力宣導下，才終於使「幽默」成為人們所承認和接受的一個科學概念。

其二，對西方的幽默理論和幽默小品具有精當的認識。林語堂曾認真研究過亞里斯多德、柏拉圖、康得、哈勃斯（Hobbes）、柏克森、弗勞特和麥烈蒂斯（今譯梅瑞狄斯）、蕭伯納等人有關幽默的論說和幽默小品，並有自己的看法。他認為柏克森所說的「不得要領」，弗勞特所說的「太專門」，而亞里斯多德、柏拉圖、康得所說的則大體相同，即幽默「就是心情緊張之際，來一出人意外的下文，易其緊張為和緩，於是腦系得一快感，而發為笑」[37]。然而，他最讚

35　林語堂：《方巾氣研究》，《申報‧自由談》1934年4月28日。
36　林語堂：《方巾氣研究》，《申報‧自由談》1934年4月28日。
37　《論幽默》，《論語》第33、35期。

賞英國小說家麥烈蒂斯在其《喜劇論》中對幽默所作的論述，稱他將幽默的本質說得「很透闢」，並援引了幾段原文來加以分析說明。對於西方的幽默小品，他則認為有的文字極清淡，如閒談一樣，求其深入人心；有的與普通論文無別，或者專素描，或者長議論，談人生；有的專宣傳主義，如蕭伯納，其筆調大都極輕快，以清新自然為主。他的這些認識直接影響了他的幽默觀的形成，並對人們理解幽默也不無助益。

其三，探討中國幽默文化的傳統。中國傳統文化有沒有幽默？這是從未有人涉足的問題。而且當時有人認為中國沒有幽默，中國民族不擅長幽默。而林語堂卻認為，幽默本是人生的一部分，一個國家的文化發展到相當程度時一定會出現幽默的文學。因而，他不相信只會西方文化有幽默，中國文化沒有幽默。而且他經過一番探討後，不但發現了中國文化有幽默，而且理出了一條較清晰的發展線索。他指出，《詩經》中的某些詩篇就「含有幽默的氣味」，失意之時的孔子也有幽默感，莊子可稱為中國的幽默始祖（屬議論縱橫的幽默），道家是幽默派，超脫派，道家文學是幽默文學，陶潛是幽默的大詩人，具有淡然自然的幽默感。正統文學沒有幽默，有些文人偶爾戲作的滑稽文章不過是遊戲文字。性靈派的著作中有幽默感很強的議論文，如龔定庵的《論私》、袁中郎的《論癡》、袁子才的《論色》等。非正統派的文學，如宋之平話、元之戲曲、明之傳奇、清之小說，大都有幽默成分。《水滸》描寫李逵，魯智深，使人「或哭或笑，亦哭亦笑，時而哭不得笑不得，遠超乎諷諫褒貶之外，而達乎幽默同情境地」。《西遊記》描寫孫行者，豬八戒，使人「於嬉笑之外，感覺一

種熱烈之同情，亦是幽默本色」。《儒林外史》則「幾乎篇篇是摹繪世故人情，幽默之外，雜以諷刺」。他所作的這些論斷，足以表明中國文化確實具有幽默的傳統，並且可以說已理出了它的發展脈絡。這充分說明了他獨具慧眼，有真知灼見，開了我國幽默文化研究的先河，無愧為國學研究有獨特貢獻的國學大師。

其四，建立了幽默理論體系。林語堂經過潛心研究西方幽默文化和中國文化的幽默傳統後，認識到中西幽默在本質上都是一樣的，找到了中西幽默融合的交匯點，闡發了他自己有關幽默的許多看法，從而形成了較為系統的幽默理論。

幽默的界說。什麼是幽默？林語堂在《會心的微笑》[38]一文中說：「『幽默』二字，太幽默了，每每使人不懂，我覺得這『會心的微笑』的解釋，是很確當，而且易解。」在《論幽默》[39]一文中又說：「最上乘的幽默，自然是表示『心靈的光輝與智慧的豐富』，如麥烈蒂斯氏所說，是屬於『會心的微笑』一類的。」可見，他是把能使人產生「會心的微笑」作為幽默的根本特徵來看的。可是，他也指出，「這笑的性質及幽默之技術是值得討論的」，幽默的笑跟鬱剷滑稽的笑不同，「幽默並非一味荒唐，既沒有道學氣味，也沒有小丑氣味，是莊諧並出，自自然然暢談社會與人生，讀之不覺其矯揉造作，故亦不厭。」[40]這樣的看法，應該說是符合幽默的特性的。

為了說明幽默的本質特徵，林語堂還將它與諷刺、滑稽和遊戲文

38　《論語》第7期。
39　《論語》第33期。
40　《論幽默》，《論語》第33、35期。

字作了比較。他說：「其實幽默與諷刺極近，卻不定以諷刺為目的。諷刺每趨於酸腐，去其酸辣而達到沖淡心境，便成幽默。欲求幽默，必先有深遠之心境，而帶一點我佛慈悲之念頭，然後文章火氣不太盛，讀者得淡然之味。幽默只是一位冷靜超遠的旁觀者，常於笑中帶淚，淚中帶笑。其文清淡自然，不似滑稽之炫奇鬥勝，亦不似鬱剔之出於機警巧辯。幽默的文章在婉約豪放之間得其自然，不加矯飾，使你於一段之中，指不出那一句使你發笑，只是讀下去心靈啟悟，胸懷舒適而已。」「本刊提倡幽默與昔人遊戲文字所不同者，在於遊戲文字必裝出丑角之面孔，來說謊話，幽默卻來說真話，要寓莊於諧，打破莊諧之界線。」[41] 通過這些比較，對於什麼是幽默便更容易明白了。

幽默與人生的關係。林語堂曾反覆強調，「幽默本是人生之一部分」，「幽默到底是一種人生觀，一種對人生的批評」，「人生是永遠充滿幽默的，猶如人生是永遠充滿悲慘、性欲，與想像的」[42]。可見，他認為社會人生中充滿著幽默，而且它是人類生活的一種重要組成部分。因而，他主張「凡寫此種幽默小品的人，於清淡之筆調之外，必先有獨特之見解及人生之觀察」[43]。這就表明，他提倡幽默，絕不是為幽默而幽默，更不是為笑笑而已。

幽默的功能。林語堂曾在《〈笨拙〉記者受封》[44] 一文中認為，「如果中國人明白幽默之意義及其在吾人生活上之重要，國中的景象就不會如目前這樣了－言論不會這樣的空疏，滑稽不會這樣的荒唐，

41　《答平凡書》，《我的話》（下編），上海：時代書局，1948年。
42　《論幽默》，《論語》第33、35期。
43　《論幽默》，《論語》第33、35期。
44　《我的話》（下編），上海：時代書局，1948年版。

詩詞不會這樣的悲鬱，文章不會這樣的呻吟，士氣不會這樣的懦弱，道德不會這樣的虛偽，風俗不會這樣的澆漓，生活不會這樣的乾燥」。在《論幽默》一文中，他更是指出「無論哪一國的文化，生活，文學，思想，是用得著近情的幽默的滋潤的。沒有幽默滋潤的國民，其文化必日趨虛偽，生活必日趨迂腐，文學必日趨乾枯，而人的心靈必日趨頑固」。這些看法表明，他對幽默於社會人生的重要作用具有充分的認識。在不少人尚不理會幽默的真諦及其價值時，他對幽默的功用竟用這樣深刻的見解，可見他是具有「幽默大師」的眼光的。

幽默的創造。林語堂對於怎樣才能創造幽默，也提出了頗有見地的主張。他認為：「幽默家視世察物，必先另具隻眼，不肯因循，落入窠臼，而後發言立論，自然新穎。」「中國文人之具有幽默者，如蘇東坡，如袁子才，如鄭板橋，如吳稚暉，有獨特見解，既洞察人間宇宙人情學理，又能從容不迫出以諧謔，是雖無幽默之名，已有幽默之實。」[45]這顯然是強調作者必須深入體察社會人生，並有獨特的發現和感受，才能具有創造幽默的生活和思想基礎。同時，他認為「蓋幽默之為物，在實質不在皮毛，在見解不在文字，必首先對社會人生有相當的見解，見解而達於『看穿』時，幽默便自然出來」[46]，「大概世間看得排脫的人，觀覽萬象，總覺得人是太滑稽，不覺失聲而笑」[47]。這些說法的意思，是指作者在對事物有深刻認識的基礎上，不要受什麼掣肘牽制，從容自然地敘說，便能產生出幽默來。此外，

45　《論語》第1期。
46　林語堂：《論文》（下），《論語》第28期。
47　《論幽默》，《論語》第33、35期。

他還認為「幽默只是一位冷靜超遠的旁觀者，常於笑中帶淚，淚中帶笑」。「幽默含有假癡假呆之意，作語隱謔，令人靜中尋味」。這是要求作者把事物不協調的矛盾客觀地表現出來，不宜把真意和盤托出，應做到含蓄隱蔽，讓讀者自己去回味。這些看法，應該說都是不無道理的。

　　總之，林語堂是我國最早提倡幽默的重要作家，是我國幽默理論的奠基人和幽默文學的辛勤耕耘者。在他的影響下，有不少作家曾撰寫文章探討幽默藝術，使我國的幽默理論很快達到了較高的水準。邵洵美編印的《論幽默》一書（共收論文19篇）便集中地體現了當時幽默理論的成就。同時，他執編《論語》時力求發表「幽默而婉約含蓄」的作品（「吃橄欖一類的，初嘗帶點苦澀而回味甚甘」），力避「油滑」、「胡鬧」和「以肉麻當有趣」[48]。這對當時的文壇產生了很大影響，使1933年成為「幽默年」，出現了一批以登載幽默文學為主的雜誌，如《談風》、《中庸》、《聊齋》等，造成了「天下無不幽默」的景象。從此之後，幽默文學在我國成為具有獨立品格和特殊魅力的文學品種得到了不斷發展，並愈來愈受到讀者的歡迎。可是，由於種種原因，林語堂提倡幽默一直未能得到評論界的公允評價。我們認為，即使他提倡幽默時有這樣那樣的不足之處，但他的提倡之功及其積極貢獻卻是主要的，應給予充分的肯定。否則，便是對歷史真實的不尊重，亦無法說清我國現代幽默是怎樣興起和發展的。

48　林語堂：《姚穎女士說大暑養生》，《無所不談合集》，臺灣開明書店，1985年5月四版。

7.6　提倡性靈

　　林語堂這時還有一個有影響的文化活動，那便是提倡性靈。他自1932年12月16日《論語》第7期上發表《新舊文學》一文起，先後撰寫了《文章無法》[49]、《論文》[50]和《記性靈》[51]等文。在這些文章中，他一再強調性靈對於作文的重要性。

　　林語堂為什麼提倡性靈呢？當他執編《論語》等刊物時，常常收到好些無感而發的稿件，「每讀幾行，即知此人腹中無物，特以遊戲筆墨作荒唐文字而已」[52]。因而，他認為「凡人不在思想性靈上下功夫，要來學起、承、轉、伏，做文人，必是徒勞無補」[53]。「弟因世人失性靈之旨，凡有寫作，皆不從心，遂致天下文章雖多，由衷之言甚少，此文學界之所以空疏也。試取今日洋洋灑灑之社論，究有幾句話，非說不可，究有幾個文人，有話要向我們說，便知此中之空乏。」[54]在他看來，之所以出現類似這樣一些文風不正的原因，一是由於時代環境造成思想不自由，難以說真話，二是受「文章作法」之類的影響，「削足就履，得一臭裹布」[55]，三是受到白璧德「人文主義」的「餘毒」影響所致，因為他的「紀律主義」就是反對「自我主義」。而要「矯目前文人空疏泛浮雷同木陋之弊」[56]，則提倡發揮作

49　《論語》第8期。
50　《論語》第14、28期。
51　《宇宙風》第11期。
52　《論文》，《論語》第15、28期。
53　《文章無法》，《論語》第8期。
54　《論文》，《論語》第15、28期。
55　《論文》，《論語》第15、28期。
56　《論文》，《論語》第15、28期。

者「性靈」是一個對症的方法。

什麼是性靈呢？林語堂指出，「文章者，個人性靈之表現」，「性靈就是自我」，「一人有一人之個性，以此個性（personality）無拘無礙自由自在之文學，便叫性靈」[57]。其實，所謂性靈，本是我國古代文論中的一個概念。其美學淵源可追溯到強調人格獨立和精神自由的莊子學派。到了明代，公安「三袁」則使性靈論得到了進一步的發展，形成了「獨抒性靈，不拘格套」的理論形態。但究竟什麼是性靈，卻顯得頗為玄奧，不易理解。而林語堂卻把它闡釋為個性，便徹底撥開了其神秘的面紗，顯示出它的實際內涵，從而具有科學的理論意義和價值取向。

怎樣才能充分表現性靈（個性）呢？林語堂提出了四點看法：

其一，必須表現真情實感。他指出：「凡出於個人之真知灼見，情感至誠，皆可傳不朽。因為人類情感，有所同然，誠於己者，自能引動他人。」[58]「凡人作文，只怕表情不誠，敘事不忠，能忠能誠，自可使千古讀者墜同情之淚。」[59]「性靈派文學，主『真』字。發抒性靈，斯得其真，得其真，斯如源泉滾滾，不舍晝夜，莫能遏之，國事之大，喜怒之微，皆可著之紙墨，句句真切，句句可誦。」[60]從這些說法來看，他是認為只要表達了真知真情的作品，則無論寫「國事之大」，或抒「喜怒之微」，便都能真切感人。

57　林語堂：《記性靈》，《宇宙風》第12期。
58　林語堂：《記性靈》，《宇宙風》第12期。
59　林語堂：《記性靈》，《宇宙風》第12期。
60　《論文》，《論語》第15、28期。

其二，必須理解事理。他認為：「文章有卓大堅實者，有萎靡纖弱者，非關文字修詞筆法也。卓大堅實，非一朝一夕可致，必經長期孕育。世事既通，運理既徹，見解愈深，則愈卓大堅實。性靈未加培養，事理不求甚解，人云亦云，及既舒紙濡墨，然後苦索饑腸以應付之，斯流為萎靡纖弱。」[61]在這裡，他把「卓大堅實」看作為作者為文應有的藝術追求，並將實現這一追求的關鍵規定於瞭解社會現實，對事物有透徹的理解和精深的見解。

其三，必須寫「會心」的題材。林語堂指出：「一人思想已成熟，斯可為文。然一人一日思想萬千，其中有可作文者，有不可作文者，何以別之？曰，在會心二字。凡可引起會心之趣者，則可作為材料，反是則絕不可。凡人觸景生情，每欲寄言，書之紙上，以達吾此刻心中之一感觸，而覺湛然有味是為會心之頃。他人讀之，有此同感，亦覺湛然之味，亦系會心之頃。此種文章最為上乘。」[62]此中，他主張作者應寫自己「會心」的東西。而所謂「會心」，即是自己最熟悉、最感興趣、理解最深的事物。反之，即便勉強為之，亦必然索然無味。

其四，必須「排古」和反對「格套」。林語堂認為：「言性靈之文人必排古，因為學古不但可不必，實亦不可能。言性靈之文人，亦必排斥格套，因已尋到文學之命脈，意之所之，自成佳境，絕不會為格套定律所拘束。所以文字解放論者，必與文章紀律論者衝突，中外皆然。後者在中文稱之為筆法、句法、段法，在西洋稱為文章紀律。

61　《論文》，《論語》第15、28期。
62　《論文》，《論語》第15、28期。

這就是現代美國哈佛大學白璧德教授的『人文主義』與其反對者爭論之焦點。白璧德教授的遺毒已由哈佛生徒而輸入中國。紀律主義，就是反對自我主義，兩者冰炭不相容。」[63]顯然，他以為中外所有鼓吹形式主義的文學理論，都是束縛作者個性的，必須加以打破。

從這些主張來看，林語堂其實是強調寫作應「以自我為中心」，不受各種筆法、章法、規則之類的束縛，要隨意發揮，充分寫出自己的主觀感受。也就是說，他十分重視發揮創作主體的作用，追求本色之美。這無疑是有益於寫作具有真情實感和自然活潑的作品的。因而，過去有些論者對林語堂提倡性靈作全盤否定是缺乏具體分析的，是簡單化的。

那麼，林語堂的表現性靈論是怎樣形成的呢？在他提倡性靈前後，曾閱讀沈啟無編的《近代散文抄》（上、下兩卷），認真研究過公安竟陵派的散文。對於這一派的散文，他認為「不能說有很偉大的成就」，存在著「如放足婦人」的短處，而金聖歎的「字有字法，句有句法，章有章法，部有部法」的所謂「精嚴」說更是不可取的。可是，他卻認定他們有「最豐富最精彩的文學理論，最能見到文學創作的中心問題」，即性靈問題。而且，他驚喜地發現他們的性靈說與西方表現派文評，「真如異曲同工」，「大凡此派主性靈，就是西方歌德以下近代文學普遍立場，性靈派之排斥學古，正也如西方浪漫文學之反對新古典主義，性靈派以個人性靈為立場，也如一切近代文學之個人主義」。[64]因而，他便將性靈派的「獨抒性靈，不拘格套」與表現

63　《論文》，《論語》第15、28期。
64　《論文》，《論語》第15、28期。

派的崇向個性主義、反對束縛融合為一，形成了「表現性靈」論，並竭力加以提倡。這不僅表明他對公安竟陵派有分析眼光，繼承並弘揚了他們的性靈說，而且也說明他善於溝通中西文化，為中西文化的融合開闢了一條新蹊徑。

自然，林語堂對公安竟陵派的性靈說也存在評價過高的偏頗。他認為，袁宗道有關性靈的某些說法，「比陳獨秀的革命文學論更能抓文學的中心問題而做新文學的南針」[65]。這樣的評價，顯然是不倫不類的，未免是過甚之辭。又如，他贊同周作人在《近代文學之源流》中將我國現代散文溯源於明末公安竟陵派，把鄭板橋、李笠翁、金聖歎、金農和袁枚等人視為現代散文祖宗的說法，認為「以現代散文為繼性靈派之遺緒，是恰當不過的話」[66]。這無疑也是不符合實際情形的。事實上，我國五四以來的現代散文，主要是受西方進步文學思潮影響的。

7.7　提倡語錄體

林語堂提倡幽默、性靈的同時，還竭力提倡語錄體。他自1933年10月1日《論語》第26期起，先後發表了與此有關的《論語錄體之用》、《可憎的白話四六》、《答周劭論語錄體寫法》和《語錄體舉例》等文。

林語堂為什麼要提倡語錄體呢？因為他認為當時不少白話文寫得

65　《論文》，《論語》第15、28期。
66　《論文》，《論語》第15、28期。

不好，「嚕哩嚕蘇」，「文章不經濟」，並且「淺易平凡，少精到語，少警惕語，令人讀了索然無味」，「今日白話文，或者做得比文言還周章還浮泛，還不切實」。為了矯正這些弊病，他便主張多作語錄體文。

這「語錄體」是怎樣的一種文體呢？他認為，文言與白話各有優缺點。文言簡煉，但難懂，亦不宜寫小說；白話明白有生氣，但嚕嗦。因而，他主張作文可以「在白話中放入文言」，也可「在文言中放進俚語」，或者說是「文言中不避俚語，白話中多放之乎」，做到「簡煉可如文言，質樸可如白話，有白話之爽利，無白話之嚕嗦」。他明確表示，這便是他提倡語錄體的「本旨」。由此可見，所謂語錄體，便是在認真提煉白話的基礎上吸收文言的某些優點（如簡煉）寫成的雜文、隨筆。而其用途也較為廣泛，「在說理，論辯，作書信、開字條，語錄體皆勝於白話」。

語錄體是不是只是語言形式的問題呢？不是。他說，「白話中放入文言」，「可得幽深之氣」，「文言中放進俚語，複能進而提倡性靈文學」，「此種文體，極近語氣，寫來甚為輕便，卻又能得清新之旨，不入前人板套」。「句句實話，字字真聲」，「闡理議論，腳踏實地，無空疏浮泛之弊，讀來易啟人性靈」，比如袁中郎的文章，「三百年後讀其文，猶覺其個性赫然活躍於紙上」。這些說法表明，他認為語錄體有助於表現作者的個性。

對於提倡語錄體，林語堂認為不是復古和「開倒車」，更不是「欲行文學反革命者」。因為他提倡語錄體，並不是反對白話文，而

是認為「白話作文是天經地義，今人做得不好耳」。同時，他也不是要復活文言文，只是主張在白話中可以放入一些文言而已。相反，從多元化的觀點來看，這種文白夾雜的語錄體作為一種文體形式，在某種場合中並不是不可以存在的。

7.8 提倡俗字（簡體字）

林語堂這時還有一個值得重視和肯定的文化活動，即提倡製作和使用俗字。他於1933年11月16日《論語》第29期上發表了《提倡俗字》一文，強調指出「今日漢字打不倒，亦不必打倒，由是漢字之改革，乃成一切要問題。如何使筆墨減少，書寫省便，乃一刻不容緩問題」。他還認為，要小學生去寫「鞦韆」等筆劃繁難的字，簡直是一種罪過。

林語堂為什麼提倡俗字呢？其直接原因有兩個。一是因為看到陳光堯先後出版的《簡字論集》（1930年出版）和《簡字論集續編》（1930年10月出版），使他感到漢字簡化是勢在必行的事情。二是受到《自由談》關於可否寫別字問題爭論的影響。劉半農在《論語》第26期上發表的《自注自批桐花芝豆堂詩集》（一續）中的兩首雜詩，譏笑北京大學考生在考卷中寫別字：「民不遼生」，「歐洲大戰」，「倡明文化」，「苦腦」，「流學生」等。豐之餘（魯迅）看了後，立即撰文批評劉半農不應譏笑青年學生寫別字。曹聚仁也發表了文章，認為可以寫別字。這引起陶徒然的反感，發表文章表示對學生寫別字持「寬恕態度」可以，但為之「張目」則不必。而高植更是撰文表示反對寫別

字，贊成寫俗字。他們的爭論，使林語堂認識到，別字和俗字是不同的，別字是錯字，俗字「省體」，因而「別字應當反對，否則漫無標準」；而「俗字簡字是應該提倡的」，因為「這些字是已經在社會上流行著，人家已經看慣了；其演化又是自然的，是為求省便的；其省便中亦已有通行標準」。這可謂從理論上闡明了別字與俗字的不同，以及使用俗字的合理性。

其實，林語堂之所以提倡俗字，更重要的原因在於他是一個造詣很深並具有發展眼光的語言學家和作家。他深深感到人們學習和使用筆劃繁難的漢字，既費神又費時，不利於普及文化教育和提高書寫速度，有必要加以改革。而且，他精通漢字發展變化的規律，明白漢字是一直沿著由繁而簡的路向演變的。他指出：「文字向來由繁而簡，人類若不能進化，我們今日仍應寫蝌蚪籀文之類。……事實上，李斯作小篆，已比籀文進一步。程邈作隸書，更進一大步。」[67]正是由於具有這樣的認識，他便能自覺地提倡俗字。

怎樣製作和採用俗字呢？林語堂提出了正確的原則和方法。其原則是：「社會已經通用的」，「其演化又是自然的」，「是為求省便的」。其方法則是：一、現行俗體省體之簡便者，皆可採錄。如灯（燈），迁（遷），万（萬），变弯恋（變彎戀），宝（寶），窃（竊），医（醫），当（當），趋（趨），听（聽），炉（爐），灶（竈）等。二、古字之簡省者亦可採用。如：礼（禮），众（眾）等。三、行草書之省便者，應改為楷書筆劃。如欢（歡），观（觀），还（還），过

67　林語堂：《提倡俗字》，《論語》第29期。

（過），会（會），战（戰），罗（羅）等。四，白話中特別常見之字，尤為應該顧到。如边（邊），这（這），么（麼），里（裡），应（應），什（甚），吧（罷）等。五，「胡同」不必寫作「衚衕」，「（彷彿）應寫作「仿佛」，龜應寫作「龟」，「齋」應寫作「斋」，「麗」應寫作「丽」等。

林語堂本來還想草擬一個三百字的俗字方案，籲請社會人士修正。但因為太忙和不願草率行事而未能提出來，只在談及製作和採用俗字方法時提出了56個簡體字作為例舉。可是，他懇切地希望海內外有同樣興趣的人，細心擬一個三百字俗體方案，在《申報‧自由談》或《論語》上發表，然後呈報有關方面頒佈使用，並要出版部門另制鋁字銅模。

林語堂公開提倡俗字後，立即產生了不同的反響。一方面，受到錢克順的反對。他在《論語》第31期上發表《讀了廿九期〈提倡俗字〉後的一封信》，認為俗字「不能和簡字同日而語」，而簡字更是「勉強附會，不成體統」，因而都不宜提倡。另方面，更是受到了許多人的回應。徐則敏表示：「從林語堂先生提倡俗字的口號喊出之後，我願意來搖旗吶喊一下，使得俗字運動能早日成功。」[68]而且曲元、高植、陳光堯和徐則敏等人，先後擬就了《俗字方案》、《俗體方案》、《簡字九百個》和《550俗字表》，分別發表在《論語》第31、32、34、43、44和45期上。此外，海戈也寫了《論俗字》一文刊在《論語》第36、37期上。於是，在他們的支持下，林語堂更加堅定不移地

68　《論語》第45期。

提倡俗字。他在《答高植書》一文中表示：「更須邀集同志，揭竿作亂，成則後輩小兒寫秋千，敗則讓後輩小兒仍舊鞦韆去寫，誠如政客所云，成敗在所不計矣。」

在林語堂的努力下，當時實際上形成了一場自發的漢字簡化運動，並取得了可喜的成績。在此之前，雖然錢玄同、劉半農、胡適、高夢旦、蔡元培、吳稚暉、于佑任等人表示過贊成漢字簡化，也有人在默默地致力於漢字簡化的研究工作，但因缺乏有力的提倡和未展開廣泛的討論，因而漢字簡化問題沒有引起社會人士的足夠重視。而林語堂這次大力提倡俗字，則為使用俗字簡字大造了輿論，致使社會文化界人士更加重視漢字簡化問題，並提出了一大批可供使用的俗字簡字。僅在陳光堯的《簡字九百個》一文中，就提出了約374個跟我們今天使用的簡化字完全相同的字。如：

貝（貝），见（見），门（門），长（長），于（於），东（東），来（來），协（協），帅（帥），页（頁），飞（飛），韦（韋），则（則），刍（芻），师（師），气（氣），杀（殺），个（個），岂（豈），这（這），时（時），财（財），异（異），执（執），处（處），务（務），众（眾），条（條），问（問），泪（淚），扫（掃），挂（掛），从（從），阴（陰），陈（陳），坚（堅），妇（婦），启（啓），庄（莊），匆（匆），扎（紮），间（間），报（報），无（無），为（為），渊（淵），复（復），犹（猶），阳（陽），壶（壺），违（違），过（過），万（萬），恶（惡），云（雲），须（須），项（項），顺（順），当（當），爷（爺），乱（亂），龟（龜），号（號），金（僉），义

（義），远（遠），会（會），圣（聖），叶（葉），经（經），夺（奪），
寿（壽），赵（趙），对（對），尔（爾），伙（夥），齐（齊），与
（與），尽（盡），制（製），闻（聞），侨（僑），伪（偽），沪（滬），
涤（滌），际（際），台（臺），垫（墊），实（實），宾（賓），尘
（塵），迁（遷），枪（槍），荣（榮），尝（嘗），梦（夢），盖（蓋），
祸（禍），称（稱），网（網），紧（緊），凤（鳳），厉（厲），挚
（摯），瓯（甌），皱（皺），罢（罷），骂（罵），闾（閭），阅（閱），
闹（鬧），侩（儈），俭（儉），仪（儀），刽（劊），剑（劍），悯
（憫），怜（憐），润（潤），涧（澗），溃（潰），扑（撲），抚（撫），
郑（鄭），咀（嘴），坟（墳），堕（墮），穷（窮），广（廣），庙
（廟），乐（樂），码（碼），疮（瘡），纬（緯），虾（蝦），节（節），
调（調），质（質），养（養），驻（駐），驼（駝），驶（駛），驾
（駕），兴（興），奋（奮），猫（貓），战（戰），舱（艙），焰（燄），
勋（勳），亲（親），佟（儘），侪（儕），剂（劑），浊（濁），担
（擔），挡（擋），狯（獪），独（獨），险（險），坛（壇），还（還），
桔（橘），桥（橋），朴（樸），机（機），灯（燈），烧（燒），晓
（曉），昙（曇），芜（蕪），萦（縈），蚂（螞），萤（螢），筛（篩），
笃（篤），讳（諱），谜（謎），头（頭），颈（頸），骆（駱），骈
（駢），帮（幫），举（舉），营（營），趋（趨），麹（麴），归（歸），
毡（氈），虽（雖），亏（虧），弥（彌），矫（矯），励（勵），殡
（殯），戏（戲），联（聯），声（聲），点（點），阑（闌），济（濟），
涛（濤），滨（濱），抬（擡），挤（擠），捣（搗），拟（擬），隐
（隱），号（嚎），压（壓），屿（嶼），应（應），迩（邇），桧（檜），
樯（檣），检（檢），烛（燭），脍（膾），胆（膽），脸（臉），环

（環），敛（斂），荟（薈），蔷（薔），荐（薦），恳（懇），盯（瞪），
痨（癆），纵（縱），总（總），绷（繃），蛰（蟄），篓（簍），诌
（謅），谢（謝），谎（謊），颗（顆），骋（騁），骏（駿），咚（鼕），
丰（豐），双（雙），厘（釐），欤（歟），聂（聶），职（職），离
（離），闯（闖），秋（鞦），渎（瀆），泻（瀉），浏（瀏），扩（擴），
摆（擺），掷（擲），猎（獵），圹（壙），窜（竄），烬（燼），脐
（臍），胆（膽），礼（禮），裆（襠），袄（襖），稽（稽），虫（蟲），
简（簡），赘（贅），医（醫），喂（餵），罗（羅），难（難），韵
（韻），辞（辭），胡（鬍），丽（麗），牍（牘），犊（犢），怀（懷），
坏（壞），庐（廬），烁（爍），旷（曠），腊（臘），茧（繭），药
（藥），祷（禱），稳（穩），砺（礪），碍（礙），绘（繪），绣（繡），
蚁（蟻），签（簽），证（證），讥（譏），雾（霧），类（類），愿
（願），黉（黌），触（觸），劝（勸），澜（瀾），宝（寶），炉（爐），
苏（蘇），袜（襪），砾（礫），矿（礦），痒（癢），蛎（蠣），筹
（籌），议（議），变（變），俪（儷），惧（懼），灶（竈），兰（蘭），
蜡（蠟），誉（譽），赃（贓），顾（顧），须（鬚），欢（歡），听
（聽），滩（灘），啰（囉），岩（巖），窃（竊），逻（邏），权（權），
响（響），骄（驕），体（體），萝（蘿），恋（戀），蛊（蠱），验
（驗），惊（驚），艳（艷），蚕（蠶），瘫（癱），才（纔），篱（籬），
灵（靈），衅（釁），观（觀），湾（灣），蛮（蠻），銮（鑾），办
（辦），刘（劉），迈（邁），艰（艱），雏（雛），柜（櫃），痴（癡），
苹（蘋），籴（糴），粜（糶）。

此外，林語堂從《論語》第54期（1934年12月）起開始試用俗字

26個，以後又逐漸增加簡體字的使用，在當時頗為引人注目。實際上，解放後簡化漢字中的很多字，都是在《論語》上試用過的。

可以認為，林語堂是較早提倡並帶頭大膽試用簡體字的語言學家，為漢字簡化作了可貴的嘗試並取得了積極的成果。他所提倡的俗字運動，起到了漢字簡化的先導作用，為新中國成立後實行漢字簡化奠定了重要基礎。他這一歷史性的貢獻是不可埋沒的。

第八章

創辦《人間世》、《宇宙風》和寫作《吾國與吾民》

8.1 創辦《人間世》

繼創辦《論語》之後，林語堂又於1934年4月初創辦並主編《人間世》半月刊，由良友圖書印刷有限公司出版兼發行，至次年年底停刊，共出了42期。

《人間世》跟《論語》的辦刊宗旨有所不同。《論語》提倡幽默，主要刊登幽默文章，而《人間世》則提倡小品文，側重登載小品作品。林語堂在《人間世》發刊詞中說：「人間世之創刊，專門登載小品文而設，蓋欲就其已有之成功，扶波助瀾，使其愈臻暢盛。」從《人間世》第2期開始，林語堂在《投稿規約》中加上了三句話：「本刊地盤公開。文字華而不實者不登。涉及黨派政治者不登。」在這期《編輯室語》中表示：「我們覺得清峻的議論文太少。凡一種刊物，都應反映一時代人的思感。小品文意雖閒適，卻時時含有對時代與人生的批評。我們敬以此供獻於學思並進之人，儘量發揮其議論。」從這一期至第14期增闢了《隨感錄》一欄，供人們發表「文化社會及人生批評」文字，但「不願涉及要人所謂政治」。在第5期上的《投稿注意》中，他又提出：「本刊向以議論文與記敘文並重，乃因初創期間，來稿未能悉依原意調劑分配，外間略有誤會，投來稿件，悉多吟花弄草之文，以致外稿所用者極少，有乖本刊原旨。望此後投稿諸君，注意此點，多賜發揮己見之文。」直至第22期上的《我們的希望》（編者的話）中，他仍然強調：「本刊以小品文為號召，已經屢見聲明，專重在閒散自在的筆調，取捨多半即以此筆調為標準。凡投稿諸君，務請注意此點，至於內容，除不談政治外，並無限制。」從

這些說法來看，林語堂是力求把《人間世》辦成既「不談政治」，也不「吟花弄草」，但與社會人生有關的小品文刊物。

　　林語堂之所以要把《人間世》辦成遠離政治而接近人生的小品文刊物，是跟他對當時國共兩黨尖銳對立的社會現實感到不滿、失望和恐懼分不開的。在他看來，南京政府固然太不像話，而共產黨也未必合其意。因而，經過一番思慮和權衡後，便選擇了「中間立場」，採取「超脫」態度。同時，這也跟他酷愛這種小品文有關。他說：「吾最喜此種筆調，因讀來如至友對談，易見衷曲；當其坐談，亦無過瞎扯而已，及至談得精彩，鋒芒煥發，亦多入神入意之作。」[1]因此，他認定那樣辦《人間世》，便不但不會有什麼危險，而且有益於小品文的生長和發展。

8.2　暢談小品文的特性

　　為了提倡小品文，林語堂先後撰寫了《人間世》發刊詞、《說小品文半月刊》[2]、《論小品文筆調》[3]、《說個人筆調》[4]、《論玩物不能喪志》、《說自我》[5]、《關於本刊》[6]、《小品文之遺緒》[7]和《再談小品文之遺緒》[8]等多篇文章，暢論了小品文的有關特性，不乏獨

1　　林語堂：《小品文之遺緒》，《人間世》第22期。
2　　《人間世》第4期。
3　　《人間世》第6期。
4　　《新語林》創刊號。
5　　《人間世》第7期。
6　　《人間世》第14期。
7　　《人間世》第22期。
8　　《人間世》第24期。

到的見地。

其一，「宇宙之大，蒼蠅之微，皆可取材」。這是說，小品文的題材非常廣泛，大至蒼穹或小至微蠅般的事物都可以作為題材。這是完全符合小品文在選擇題材方面的特點的。可謂內行人說的內行話。可是，當時有的人卻指責在《人間世》上始終只見「蒼蠅」，不見「宇宙」[9]。這顯然曲解了林語堂的原意。後來，郁達夫在《中國新文學大系散文二集·導言》中曾為林語堂的說法作了辯護。他說：

當《人間世》發刊的時候，發刊詞裡曾有過「宇宙之大，蒼蠅之微，無不可談」的一句話，後來許多攻擊《人間世》的人，每每引這一句話來挖苦《人間世》編者林語堂先生，說：「只見蒼蠅，不見宇宙。」其實林先生的這一句話，並不曾說錯，不過文中若只見蒼蠅的時候，那只是那一篇文字的作者之故，與散文的範圍之可以擴到無窮盡的一點，卻是無關無礙的。

這看法無疑是公允的。事實上，不僅林語堂的說法是無可厚非的，而且郁達夫提及的「那一篇文字」《蒼蠅的滅亡》（作者徐懋庸，刊於《人間世》第4期）也是不能否定的。該文描敘當時某地農村蒼蠅很多，並指出這是「一個社會問題」，「人類的生活一日不改善，則蒼蠅一日不會消滅」。可見，它並不是毫無意義的。而借它來非難林語堂的說法，則更是沒有道理的。

9　埜容：《人間何世》，《申報·自由談》1943年4月14日。

其二，「以自我為中心，以閒話為格調」。這是指小品文應著重表現作者的主觀感受，並要有舒緩自如的筆調。林語堂指出：「一人行文肯用一『我』字，個人筆調即隨之俱來，而大喜大怒，私見衷情，愛憎好惡，皆可呈筆墨矣。至『以自我為中心』，乃個人筆調及性靈文學之命脈亦整個現代文學與狹義的古典文學之大區別。」[10]這樣的看法，也是符合小品文的特性的。可是，當時也有人認為，「以自我為中心」便是背離社會環境，「以閒適為格調」便是在內容上一味追求閒適。顯然，這是由於不瞭解小品文的特性和林語堂的本意而產生的誤解。

其三，「以期開券有益，掩卷有味」。這是要求小品文應具有積極的思想內容和健康的情趣，以使讀者受到一定的思想啟迪和感情陶冶，而不應單純去吟風弄月，玩花弄草，使人「玩物喪志」。當時有人將林語堂提倡小品文完全看作為消極的，顯然並不符合實際情形。

其四，「提倡小品文筆調」。這是要求小品文應有一種獨特的筆調。用林語堂的話來說，就是要有「娓語式筆調」，「閒適筆調」。即隨意而談，自然親切。而具體風格則可以隨人而異，「或平淡，或奇峭，或清新，或放傲，各依性靈天賦，不必勉強。唯看各篇能談出味道來，便是佳作。味愈醇，文愈熟，愈可貴。但倘有酸辣如裡老罵座者，亦在不棄之列」[11]。同時，他還強調應形成「個人筆調」，因為它「在文學上尤有重要意義」。而要有個人筆調，則應「遣辭清新」，「不用陳言」，「求個人之言」，不避「俚俗」，「筆鋒常帶情感」，「真

10　《說自我》，《人間世》第7期。
11　《論小品文筆調》，《人間世》第6期。

情自然流露」,「或狂熱,或豪放,或清靜,不可勉強」,「尤貴將此時心中一點意境表露出來」[12]。他認為,只要能做到這樣,小品文便有自然之美,本色之美。

類似這樣一些看法,都是從美學意義上論述小品文的內在特點的,而且是頗為中肯的。因而,林語堂對我國現代小品文的理論建設作出了積極貢獻。自然,在當時的時代環境中,他未能像魯迅那樣強調小品文應起到「匕首」和「投槍」的戰鬥作用,無疑是一個嚴重侷限。但是,我們卻不能因此而對林語堂提倡小品文作全盤否定。

8.3　西方小品文藝術和中國小品文傳統

對於寫作小品文,林語堂主張必須借鑑西方小品文藝術和繼承我國古代小品文的傳統。在他看來,只有做到「融會古今,貫通中西」[13],才能寫好小品文。

林語堂認為,當時雜誌上發表的文章有兩種不好的傾向:一是有益無味,可讀性差;二是有味無益,讀後毫無所得。而要改變這樣的狀況,就「非走西洋的雜誌之路不可」,學習和借鑑西方的小品文藝術。因為西洋雜誌發表的小品文,「是反映社會,批評社會,推進人生,改良人生的,讀了必然增加知識,增加生趣」,「叫人開券有益,掩卷有味」。

12　《論小品文筆調》,《人間世》第6期。
13　林語堂:《今文八弊》,《人間世》第27、28、29期。

為了便於人們接觸西方的小品文，《人間世》從第15期起闢《西洋雜誌文》欄目，陸續登載了好些西方的小品文。這些作品，確實「因用了個人筆調，篇篇是有獨見、得自經驗、出自胸襟的話」[14]。

同時，林語堂更是認為必須努力繼承我國古代小品文的優良傳統。他表示：「但吾不大與時人同意，唯有西洋祖宗才算祖宗……在提倡小品文筆調時，不應專談西洋散文，也須尋出中國祖宗來，此文體才會生根，雖然挨罵亦不足戒意。」這表明林語堂當時已自覺認識到，固然要向西方小品文學習，但更為重要的是要紮「根」於我國古代小品文的優良傳統基礎上。他指出，雖然由於文言不便閒談，和受到「堆砌辭藻」和「章法格套」的束縛，造成我國古代閒談文體不很發達，但畢竟也有不少堪稱為具有個人筆調的小品文。它們「如在風雨圍爐談天，善拉扯，帶情感，亦莊亦諧，深入淺出，如與高僧談禪，如與名士談心，似連貫而未嘗有痕跡，似散漫而未嘗無伏線，欲罷不能，欲刪不得，讀其文如聞其聲，聽其語如見其人」[15]，很值得學習。

為了尋找我國古代小品文的「個人筆調」，林語堂審視了中國古代散文發展的歷史。他認為：「晉人清談，宋人語錄，常在此番光景，啟人智慧，發人深思，一句道破，登時妙悟，以此行文，何文不妙，以此攻道，何道不通？且其來得輕鬆，發自天籟，宛如天地間本有此一句話，只是被你說出而已。此法行文，較之濡墨擒翰，苦索枯

14　《關於本刊》，《人間世》第14期。
15　林語堂：《小品文之遺緒》，《人間世》第22期。

腸，刻意求工，翻佩文韻府作賦者，其相去何只千里？」[16]而且，他更是讚賞蘇東坡、袁中郎、金聖歎、李笠翁等人的小品文。他說：

　　蘇東坡文從胸間流露出來，固不待言，若其《陶然亭》、《赤壁賦》、《喜雨亭》諸篇，亦皆妙在畫出胸中一點心境，文主心境，正是小品文之本來面目。袁中郎之曠達自喜，蕭散自在，也正是小品文之本色。在公安派舉出「信口信腕，皆成法度」八字，及主「文貴見真」，「文貴己出」，「反對模仿」諸說，已在文學理論上建起現代散文之基礎。此派散文，全如黃庭堅所謂「如蟲蛀木，偶爾成文」。

　　自此以後，李笠翁有「文貴機趣」之說，袁子才有「文章無法」之論。金聖歎在講筆法上似迂腐，而其文學眼光，又能打破一般俗儒鄙視稗官小說理論，遠繼中郎重視民歌、文長批評《西廂》之遺緒。這些各種傾向，對於古文迂腐見解，都含有解放的作用，打破桎梏，排斥格套，善出機杼，不守成法，雖然被「以時文論古文」之輩所深惡痛絕，也是極自然之事。然而自我們現代眼光看來。無論作品，或是文學見解，都還是這幾位可以說有點價值，與現代人性靈有點接觸。

　　除子才時亦好弄玄虛排比古典外，諸位之文都近於平易淺淡，笠翁文體甚得語言自然之勢，前已說到，若金聖歎那種行文，更是與說話一般無二。笠翁善用個人筆調，敘述日常瑣碎，寄發感慨，尤長於體會人情，觀察毫細，正是現代散文之特徵。如果文言散文有所謂現代的，笠翁可當之無愧了。[17]

16　　林語堂：《小品文之遺緒》，《人間世》第22期。
17　　林語堂：《小品文之遺緒》，《人間世》第24期。

在這些論述中，林語堂不僅肯定了蘇東坡、袁中郎、李笠翁等人的文學見解和小品文曾經起到過進步的歷史作用，而且認為它們是接近現代散文的。顯然，他是希望人們將它們繼承下來，以便有益於現代小品文的發展。

還須提及的是，應怎樣看待林語堂1934年創議重刊《袁中郎全集》（共四冊）。該書由劉大傑編訂，林語堂校閱。胡適、郁達夫、阿英和劉大傑等人分別作序。此書出版後，頗受社會文化界人士歡迎。僅在一年多時間內，便有了五種翻印版本，出版數量達五萬部以上。可是，林語堂卻招惹了非議。其實，這是林語堂為整理中國古代文學遺產做了一件有意義的事。袁中郎作為明末公安派的領袖人物，他的文學理論和作品，曾在文學發展過程中起過一定的進步作用。而且在他影響下，形成了「反抗當時復古贗古的文學潮流」。然而，他的著作卻被清朝統治者列為禁書，有關文學史著作也一直未能給予他應有的評價。因而，林語堂重新收集並出版他的著作，是完全有必要的。正如劉大傑指出的：

不用說，把中郎的作品與文學理論，搬到現在的中國來，自然是舊貨了。貨色雖然舊，但是他那種文學革命的精神，還是新的。他這種精神，埋沒了兩百多年，多多少少作中國文學史的人，都忽略了這個運動。我們覺得在這個把中國古代文學重新估價的今日，應該使他的精神復活，應該使他在文學史上，得一個他應得的地位。因此我們決然地重印這部袁中郎的全集了。[18]

18　劉大傑：《中郎全集序》，《人間世》第13期。

又如郁達夫指出的：

由來詩文到了末路，每次革命的人，總以抒發性靈，歸返自然為標語；唐之李杜元白，宋之歐蘇黃陸，明之公安竟陵兩派，清之袁蔣趙冀各人，都系沿這一派下來的。世風盡可以改易，好尚也可以移變，然而人的性靈，卻始終是不能泯滅的；袁中郎的詩文，雖在現代，還有翻印的價值者，理由就在這裡。[19]

從劉大傑和郁達夫對袁中郎所作的評價來看，對於林語堂想方設法重印《袁中郎全集》就不僅不應指責，而且應予以充分的肯定。

8.4　「到底是前進的」

《人間世》先後闢有《隨感錄》、《讀書隨筆》、《譯叢》、《今人志》、《小品文選》、《特寫》、《西洋雜誌文》、《思想》、《山水》和《人物》等欄目，發表了大量的小品文。還出過《辜鴻銘特輯》、《紀念劉半農先生特輯》等。發表作品的作者，有左翼作家徐懋庸、唐弢（鳳子）、阿英、楊騷等，有在文壇上負有盛名的或新起的作家周作人、郁達夫、林語堂、老舍、豐子愷、李金髮、廢名、曹聚仁、施蟄存、朱光潛、俞平伯、許欽文、孫伏園、陳子展、徐、陶亢德、梁宗岱等。而所刊登的作品中，不少雜文、小品和遊記多少反映了對現實人生的不滿和感慨，不少談讀書論文的文章具有知識性，有關人物的

19　郁達夫：《重印〈袁中郎全集〉序》，《人間世》第7期。

傳記和印象記具有真實性和史料價值，文風則樸實，清新，可讀性較強。如郁達夫的《臨平山登山記》、《出昱嶺關記》，朱自清的《說揚州》，俞平伯的《秋荔亭記》，徐懋庸的《摩登文章》，唐弢的《無言無病隨筆》，許欽文的《郁達夫豐子愷合論》，老向的《孫伏園先生》，林語堂的《中國人之聰明》、《中國的國民性》等，都是較好的作品，博得了讀者的喜愛。而且，在它的影響下，當時出現了好些小品文刊物。以致1934年成了「小品文年」。

可以認為，《人間世》推動了個人筆調的散文創作的發展，豐富了散文創作的園地。正如朱自清所說的：「小品對大品而言，只是短小之義；但現在卻兼包『身邊瑣事』或『家常體』等意味，所以有『小擺設』之目。近年來這種文體，一時風行，我們普通說散文，其實只指的這個。這種散文的趨向，據我看，一是幽默，一是遊記、自傳、讀書記。若只走向幽默去，散文的路確乎更狹更小，未免單調；幸而有第二條路，就比只寫身邊瑣事的時期已經展開了一兩步。大體上說，到底是前進的。」[20]這樣的看法，應該說是較為客觀而公允的。

自然，《人間世》也存在著明顯的侷限性。這除了表現在缺乏時代氣息外，還刊登過一些思想傾向不好的文章。如《今文八弊》一文流露了林語堂對左派文人的不滿。又如宋美齡的《記遊匪區》一文更是政治傾向完全要不得的。此外，它還發表了好些一味追求所謂「閒適」、格調不高的小品文，如林語堂的《論談話》、《買墨小記》、《關於分娩》、《說自我》、《關於宮刑》，周作人的《古董小記》、《入廁

20　何其芳：《什麼是散文》，《文學百題》（博東華主編），生活書店，1935年版。

《讀書》等文，可以說是文學上的「小擺設」。

8.5　創辦《宇宙風》

1935年9月16日，林語堂又與陶亢德創辦並編輯《宇宙風》半月刊（後改為旬刊）。編至第22期（1936年8月1日），林語堂離國赴美，以後此刊改由陶亢德和林憾廬負責編輯。

《宇宙風》的辦刊宗旨，跟《論語》、《人間世》有密切的關係。《論語》提倡幽默，《人間世》提倡小品文，《宇宙風》則兩者兼而有之。第1期上的《且說本刊》指出：「《宇宙風》之刊行，以暢談人生為宗旨，以言必近情為戒約；幽默也好，小品也好，不拘定裁；議論則主通俗清新，記述則取夾敘夾議，希望辦成一合於現代文化貼切人生的刊物。」這表明林語堂力圖繼承和發揚《論語》和《人間世》的某些優點，把《宇宙風》辦成一個為人生的刊物。

從林語堂執編的22期《宇宙風》來看，是體現了這一辦刊宗旨的。而且林語堂改變了編《人間世》時不談政治的傾向，恢復了編《論語》時談政治的做法，刊登了大量具有現實意義的文章和有價值的文學作品。這就使《宇宙風》比《人間世》有了較明顯的變化，具有更加積極的思想色彩。

8.6　反對文學成為「政治的附庸」

在《宇宙風》上，林語堂先後發表了《且說本刊》、《寫中西文

之別》、《說意識・按語》和《貓與文學》等文，闡述了他的文學觀：文學是為人生的，不應成為「政治的附庸」。

林語堂認為：「人生總是複雜的，應該引起我們的『知欲』的方面太多了；文學著作之成功，也是複雜的，應該修養觀察之處也太多了，文學著作要深要精，總不是隨波逐流喊喊口號便可辦到。把人生縮小到政治運動，又把政治運動縮小到某黨某派，然後把某黨某派之片面的，也許甚為重要的活動包括一切人生，以某黨某派之宣傳口號包括一切文學，同調於我者捧場，不與我同調者打倒—這是今日談文學者所常犯的幼稚病。動機也許是出於至誠，所謂犯幼稚病不是說某人動機不純，是說其人眼光太淺。把文學整個黜為政治之附庸，我是無條件反對的，這也是基於文學的見解，無可奈何的一樁事。」[21]這是他的文學觀的真實表露。在這當中，自然是不無偏見的，與當時的左翼文學觀很不合拍。可是，當時左翼文壇受「左」的思想影響，有些文學主張並不怎麼正確，確實存在「幼稚病」。因而，他的上述說法不無反「左」的色彩。而且，他所說的文學必須反映「複雜」的人生，而不應當簡單地表現「政治運動」，成為「政治之附庸」，從文學的特性和規律來看也不是沒有一點道理的。

林語堂之所以有這樣的看法，是跟他多次受到某些左翼作家的批判分不開的。他辦《論語》、《人間世》本來無意於跟左翼文壇對立，提倡幽默、性靈和小品文等也並非想成為文壇「正宗」，但接連受到某些左翼作家的猛烈批判，他所提倡的一切幾乎都被否定。正如他所

21　林語堂：《貓與文學》，《宇宙風》第22期。

說的：

在中國自以為「並非」小市民但也不見得是真「普羅」的批評家，便覺得消閒落伍，風月無邊，雖然老老實實，我一則不曾談風月，二則不曾談女臀。事實上義務檢查員既多，我被發覺的毛病也不少，個人筆調也錯，小品文也錯，幽默也錯，談古書也錯，甚至談人生也錯，雖然個人筆調，小品文，幽默，古書，大家都跟我錯裡錯。論語諷刺社會之黑暗，則曰，將軍閥罪惡化為一笑了之；不諷刺，則又是消閒之幽默。並非不是小市民的假普羅說，不應喜袁中郎，上海灘浪新文人說，你不應寫小品文，我除了戰戰兢兢拜受明教以外，唯有點頭稱善……[22]

正因為這樣，他感到非常委屈，難以接受，並逐漸產生了與左翼文壇對立的思想情緒，並寫了一些與左翼作家論辯的文字，其中不乏對左翼文學的攻擊。而且，跟魯迅的關係，也由於思想見解的不同而日漸疏離，直到不再有任何聯繫。

其實，林語堂雖然存在著某些思想弱點，其文學活動也不無侷限性，但畢竟還是屬於左翼文壇應團結和爭取的中間作家。可是，左翼作家卻一味對他大加批判，而較少注意怎樣去團結他。而且對他的批判也存在要求過高和責之過嚴的情況。結果導致彼此的關係愈來愈緊張，並使他對左翼文壇愈來愈反感。這除了林語堂自身思想侷限是主要原因外，左翼文壇也是有教訓可取的。蕭三曾在1935年8月11日

22　林語堂：《寫中西文字之別》，《宇宙風》第6期。

《給左聯的信》中指出：

　　統治者的虐政，尤其是賣國政策大遭一般知識者的非難，林語堂的「自古未聞糞有稅，而今只有屁無捐」，可謂謔而之至。⋯⋯當民族危機日益加緊，民眾失業，饑荒，痛苦日益加深，所謂士大夫、文人在民眾革命潮流推蕩之中有不少左傾者，他們鑒於統治者之對內反動、復古，對外失地、降敵、賣國，亦深致不滿；中國文壇在此本有組織廣大反帝聯合戰線的可能⋯⋯

　　⋯⋯當民族危機日益加緊⋯⋯中國文壇在此時本有組織廣大反帝聯合戰線的可能，但是由於左聯向來所有的關門主義—宗派主義，未能廣大地應用反帝反封建的聯合戰線，把這種不滿組織起來，以致在各種論戰當中，及以後的有利的情勢之下，未能有計劃地把進步的中間作家組織到我們陣營裡來⋯⋯

　　這樣把林語堂看作為不滿黑暗現實的「有影響的作家」，並批評左聯在論戰中沒有把他團結到「聯合戰線」中來，顯然是正確的。事實上，林語堂與左翼的見解儘管不盡相同，但也並非沒有聯合的基礎，而且他也是願意與左翼聯合的。他於1935年與文學社、太白社共同簽署了《我們對於文化運動的意見》，反對所謂讀經救國的復古運動，就是一個證明。

8.7　重視古代文化遺產

　　自從五四新文化運動以來，怎樣對待我國古代文化遺產問題一直

未能得到正確解決。新文化運動的先驅者和激進的文化人反對封建文化，批判復古派，無疑是正確的。可是，由此卻導致了全盤否定古代文化遺產的傾向，並認為古書有毒，青少年應少讀甚至不讀古書。林語堂早年也曾持此種看法。

　　到了這時，林語堂對古代文化遺產的態度發生了明顯的變化。他在《煙屑》[23]一文中表示最愛看佛老孔孟莊等「極上流書」，並在《古書有毒辯》[24]一文中對古書問題談了頗為精當的看法。他不否認古書中有不好的東西，如「義俠小說之毒一，在提倡忠孝節義」，「言情小說之毒二，在讀者學寶玉的好吃女人胭脂」，「詩文小品之毒三，在吟風弄月」。但他並不認為凡古書都有毒，更不是只有毒，否則：「胡適之早已中毒，梁任公早已瘋癲，周作人、周樹人早已七孔流血，鄭振鐸、傅東華雖未能撰著《中國小說史略》，抄抄唐宋傳奇，毒雖未深，亦當呻吟床褥矣！」他還進一步指出：「古書誠不能無病，現代人也不能單看古書，這何消說，但一見古書，便視為毒品，未免有點曬不得太陽吹不得野風的嫌疑罷。現代人貴能古今，難道專看什麼斯基譯作，讀洋書，說洋話，打洋嚏，撒洋汗，史記漢書不曾寓目，詩經左傳一概不識，不也是中洋毒嗎？中國用得著這種讀書人麼？這樣讀書，不是洋書也有毒麼？所以毒不毒，在人善利用他是非鑑別的聰明，不是把古書束之高閣，便可自謂清白身體。」他甚至表示：「古書有毒，也讓他們嘗嘗；西書有毒，也讓他們嘗嘗。」顯然，他認為問題不在於可以不可以看古書，重要的是要具有鑑別和分

23　《宇宙風》第6期。
24　《宇宙風》第18期。

析的眼光。這樣的看法，無疑是對的。

基於這樣的認識，林語堂對當時翻印古籍予以充分的肯定。他曾搜集新印的大批古籍，並撰寫了《翻印古籍珍本書》一文。該文先是指出「翻印古書，成本甚輕而利潤不薄，書賈與讀者雙方便宜，且因此使古書普及流通，確實是一件好事。……其間接影響於我國文化也非同小可」。然後，分「大書局之翻印古書」、「一折書」、「印行中國文學珍本叢書及國學珍本叢書」和「國學名著，浮生六記全集」等四部分，分別對新印的各種古籍作了評論。

在「大書局之翻印古書」中，他稱讚「前商務書館出四部叢刊，中華書局出四部備要，其功未嘗不偉」，開明出版的《廿五史補編》「確為學界一大貢獻」，商務出版的《叢書集成》「嘉惠士林，厥功不小」。在「一折書」中，他認為「翻印一折書者功德無量」，「誠便宜之至」，有利於讀者大量購讀。他做了統計，買上《曼殊小說集》、《飲冰室全集》、《孟子集注》、《隨園詩話》、《陶庵夢憶》、《浮生六記》、《曾文正公集》、《絕妙好詞》、《白香詞譜》、《鄭板橋集》、《龔定庵集》、《篤素堂集》、《今古奇觀》、《儒林外史》、《徐霞客遊記》、《虞初新志》、《明清十大名人尺牘》、《李笠翁曲話》、《桃花扇》、《紅樓夢》、《粉妝樓》、《孟麗君》、《經史百家什抄》、《十八家詩抄》等廿八部書，只需3.11元。而這麼多的書，已夠人們「自修國文兩年了」。在「印行中國文學珍本叢書及國學珍本叢書」中，他認為上海雜誌公司印行的「中國文學珍本叢書」和中央書店印行的「國學珍本叢書」，都是明末清初珍本，「於中國文獻上，有特別貢獻」，「明末清初之文學，從這兩部叢書可略窺一斑了」。在「國學名著，浮生六

記全集」中，他則對世界書局印行的《諸子集成》及國學名著各集，給予好評，並指出《浮生六記全集》是「偽託」。

可見，林語堂不僅十分重視重新印行古代文化書籍，而且對許多國學著作也是頗熟悉的。

8.8　「盡了它們的使命」

林語堂執編的22期《宇宙風》，無疑具有較好的思想傾向。首先，發表了不少具有愛國精神和不滿南京政府統治的文章。當「一二九」愛國學生運動爆發後，在《宇宙風》第8期上發表了《關於北平學生一二九運動》（林語堂）和《請視學生如亂民》（兀德）兩文。前文揭露日本侵略者對「一二九」學生運動提出「抗議」，是「要求中國制止民眾運動，是要求國民黨取消總理遺囑中『喚醒民眾』四字」，妄圖使中國「無民眾運動」，「無示威遊行」。後文則披露北平當局不准愛國學生舉行反對華北自治的示威請願運動，而對亂民遊行要求華北自治卻不加干涉。作者表示，對於這樣兩種態度，「真想不出此中奧妙」。文末附記中還揭露北平當局派了大刀隊和手槍隊駐守在北京各大學門前，以嚴防學生「騷擾」。

當南京政府推行以禮義廉恥為內容的所謂「新生活運動」時，《宇宙風》第3、4、5、6期連續刊登了《談螺絲釘》、《再談螺絲釘》、《三談螺絲釘》和《四談螺絲釘》（均系林語堂作）等文，以幽默筆法諷刺南京政府在禮義廉恥掩蓋下的腐敗統治。如《談螺絲釘》一文這樣寫道：

你要到外國去找一部《官場現形記》材料，雖然也有，恐怕沒有中國出色，叫你隨拾即是吧！其實也不是外國清官特別多，只是人家有王法，咱們無王法，外國貪官儘管營私舞弊，不過一旦找出來，是要受法律制裁的，要受社會制裁的。咱們老大中華的百姓，看見一個貪官，還要給他磕頭，說聲：「老爺，我給你做馬房馬弁吧！」若有貪官受彈劾，其中必有蹊蹺，不是油水不勻，便是藉端抱怨，誰是為公來？……外國貪官腰包雖然裝，卻替國家做點事，咱們的狗官不要說腰包裝滿了，臨走時，衙門前的石獅子不給你搬回家去點綴他的別墅，你就僥倖！我不敢望中國的官不貪，所求於中國官吏者，私也營，弊也舞，只要國家事也做出來，如此已不可多得。中國只要多出幾個貪汙而也替國家做事的老爺，老百姓就要感恩戴德。

類似這樣的諷刺，可謂辛辣而有力的。

當南京政府大肆舉行祀孔活動時，在《宇宙風》第15、16、17期上刊登了《逸語與論語並說到孔子的益友》（知堂）、《春丁祀孔記》（老向）和《春丁隆重把孔辦》（宛人）等文，給了祀孔者當頭棒喝：「假若孔子生到現在，使他親眼看見神州支離，禹甸變色，生民塗炭，華裔左衽的敗世相，他一定會激於民族主義的熱情，義憤填膺地去『料虎頭，編虎須』地再度向當事者捨生取命吧！」

當日本侵略者在華北地區異常猖獗地進行走私活動時，在《宇宙風》第18期上發表了《字林西報評走私》（林語堂）一文，揭露日本侵略者「先是禁止海關行使其合法職權制止走私，繼則無恥的濫用治外法權，在日本槍刀押護之下，大批私貨絡繹而來」，而南京政府控

制下的各種大報對此卻「緘口不言」。

　　同時，《宇宙風》發表了許多新文學家的作品。如：郭沫若的《海外十年》、《北閥途中》，老舍的《老牛破車》（從《宇宙風》第24期還連載《駱駝祥子》），郁達夫的《梅雨日記》、《秋霧日記》、《懷四十歲的徐志摩》、《雪夜》、《北平的四季》，豐子愷的《人生漫畫》、《談梅蘭芳》、《梧桐樹》、《新年懷舊》、《緣緣堂隨筆》，謝冰瑩的《一個女兵的日記》，許欽文的《無妻之累》，劉大傑的《船邊》、《巴東山峽》、《夔府夜遊記》、《劉鐵雲軼事》、《成都的春天》，朱自清的《歡喜老墓碑》，俞平伯的《秋荔亭墨要》，馮沅君的《談詩雜記》，冰心的《一日的春光》等。可以認為，《宇宙風》成了進步作家發表作品的一個重要園地。

　　此外，在《宇宙風》第11、22期上還刊載了《參觀蘇聯版畫展覽》（盛成）和《高爾基的哀榮》（於炳然）兩文。前文熱情稱讚了當時蘇聯經濟建設和版畫藝術所取得的巨大成就。後文則報導了史達林等蘇聯領導人高度重視高爾基患病及其逝世後的喪儀。文中說，在高爾基病重期間，史達林曾兩次「臨床探病」，並對高爾基說：「你是死不得的，對於整個人類還有許多重要的工作等你作，你必須戰勝病魔，你必須好好休養，以期恢復你的健康。」而高爾基於1936年6月18日逝世後，蘇聯更是舉國哀悼，一天內便有五十萬人瞻仰他的遺容，史達林等人也參加守靈。6月20日出殯時，史達林、莫洛托夫等人還親自抬高爾基的靈柩。文章最後寫道：「我曾聽說：共產黨是仇視知識份子的，由高爾基的喪事看來，我卻得到恰好相反的結論。」具有這樣的思想內容的文章能在《宇宙風》上發表出來，實在是難能

可貴的，也為它增色不少。

　　朱光潛曾表示說：「《人間世》和《宇宙風》裡面有許多我愛讀的文章，但是我覺得它們已算是盡了它們的使命了。」[25]這說法，是符合實際情形的。

8.9　《語言學論叢》和《大荒集》、《我的話》出版

　　多年來，林語堂致力於語言學研究和從事於雜文寫作，並取得了顯著的成績。他曾於1928年出版《剪拂集》，這時又結集出版了《語言學論叢》和《大荒集》、《我的話》。

　　《語言學論叢》，於1933年由上海開明書店出版。共收入論文33篇，可分為三類：一是關於古音的研究，二是關於現代語言學問題的研究，三是關於字書辭典編纂的研究。在這三方面的研究上，均頗為精深，有不少重要的創獲。如在古音方面，發現有複輔音，考證了古代方音區域，由公羊與左傳稱引地名的不同考訂了左傳方言及其真偽，使公羊齊音的清濁轉變、遞變之跡，非常顯明易見。在現代語言學問題方面，對國語羅馬字建設提出了看法，對方言研究貢獻了不少建設性意見。在編纂字書辭典方面，發明了新的檢字法，尤其是：「義典」的計畫是「中文必須有而至今尚未有人編過的字書」[26]。統觀此書內容，可以看出林語堂確實具有異常廣博的語言學知識，並在

25　朱光潛：《我與文學及其他‧論小品文》。
26　林語堂：《重刊語言學論叢序》，《無所不談合集》，臺灣開明書店，1985年5月四版。

語言學研究中取得了可觀的成就。因而，此書的出版，奠定了林語堂作為著名語言學家的地位。

《大荒集》，於1934年由上海生活書店出版。收入了林語堂自1927年後五六年間的雜文27篇。他在《序》中說，之所以命名為《大荒集》，是自比為「大荒旅行者」，但「與深林遁世者不同。遁世實在太清高了，其文逸，其詩仙，含有不吃人間煙火意味，而我尚不能」。「而且在這種寂寞的孤遊中，是容易認識自己及認識宇宙與人生的。」自然，他也坦率地承認書中所說「已無《剪拂集》之坦白了」。

《我的話》，分上、下兩冊：《行素集》、《披荊集》，由上海時代圖書公司分別於1934年和1936年出版。共收入了林語堂《論語》時期所寫的雜文近百篇，其中除了談論幽默、性靈等問題外，不少篇什都具有一定的政治意識，自然也有「走入牛角尖」之作。而行文則都頗為自然，嫻熟，富有知識性、趣味性和可讀性。

《剪拂集》和這三本雜文集的出版，奠定了林語堂作為著名雜文家的地位。據說，魯迅曾對斯諾說，林語堂是中國現代優秀的雜文家之一[27]。這是公允的評價。

8.10 《吾國與吾民》的寫作由來

林語堂這時寫的《吾國與吾民》，是最早向西方宣傳中國和中國

27　魯迅：《與斯諾談話》。

文化的一部重要著作。而這部書的寫作，是與賽珍珠有密切關係的。

　　賽珍珠（1892—1973年）是一位曾經在中國生活多年並同情中國下層人民的美籍作家。當她剛出生四個月時，便隨著她的傳教士父母來到中國，在江蘇鎮江縣城附近小山上一所幽靜的小屋裡度過她的童年生活。她的年老的保姆王媽天天教她學中國話，有時還將自己幼年時代的生活以及饑荒和盜匪的故事講給她聽。一位姓孔的秀才則教她寫漢字，讀經書。後來，她在上海讀了幾年書。十七歲時，她赴美在拉多夫·墨肯大學讀書。畢業後回到鎮江，在教會學校裡向中國學生教授英語。那時她的母親病重，她看護了兩年。待她的母親去世後，她與美國教會派到中國來的農學家洛辛·巴克教授結婚，並一起到安徽宿縣教會裡工作了五年。在這期間，她接觸了許多貧苦而勤勞的農民，對他們的生活情形和善良心地頗有感受，萌發了要寫下「為敬愛的中國農民和老百姓所感到的義憤」的願望。此後，她同巴克教授到南京金陵大學任教，在授課之餘學習中文，研讀《紅樓夢》、《水滸》和《三國演義》等中國小說。1927年春，她到了上海，並很快寫成了第一部中篇小說《東風·西風》。次年，她回到南京，致力於寫作長篇小說《大地》。1930年7月，她攜帶著《大地》書稿，偕同巴克教授赴美。1931年3月，《大地》在紐約出版，立即被美國出版界所組織的「每月新書」推選為傑作，並獲得美國的普立茲文學獎金。1938年，《大地》榮獲諾貝爾文學獎金，使她成為美國第一位獲得諾貝爾獎的女作家。

　　正當《大地》在美國獲得很高的聲譽時，江亢虎曾發表文章非議它：「謂中國農民生活不盡如此，且書中所寫系中國『下流』

（Lowbred）百姓，不足以代表華族！」而林語堂卻於1933年9月1日《論語》第24期上發表《巴克夫人之偉大》一文，對賽珍珠及其《大地》作了很高的評價。他認為，賽珍珠「在美國已為中國最有力的宣傳者。……其小說《福地》（即《大地》—著者按）在美國文壇上，已博得一般最高稱譽，並獲得1932年Pulit Zer一年間最好小說之榮獎。其宣傳上大功，為使美國人打破一向對華人的謬見，而開始明白華人亦係可以瞭解同情的同類，在人生途上，共嘗悲歡離合之滋味」。同時，他還稱讚賽珍珠在《大地》中表現出來的見識有別於「高等華人」的謬見，表現了「中華民族之偉大，正在於高等華人所引為恥之勤苦耐勞，流離失所，而在經濟壓迫戰亂頻仍之下，仍透露其強健本質，寫來可歌可泣，生動感人」。這些說法的傾向性，顯然是正確的。這就成了他不久後與賽珍珠交往的思想基礎。

賽珍珠在美國獲得盛名後，於1933年10月初回到中國。10月14日，她應筆會、中國評論週報社、星期六週報社和現代文學社等團體邀請在上海世界學社作了以《新愛國主義》[28]為題的講演。她說，她出世後一直在中國住了二十七年，吸收了這古國的文化和風俗，因此心裡是關切熱愛中國的。她確信著中國民族的偉大，及其前途的光明。她以為中國一般所謂愛國志士不能替平民謀生活的改善，倒反將他們的窮苦愚昧的狀況對外一味掩飾著，是假愛國。只有切實致力於平民生活的改善才是真愛國。她還說，「中國的老百姓是全世界最高貴的人物。我曉得他們的生活，他們的快樂，他們的受苦。我真心實意地尊敬他們」。這表明，她對中國和中國的窮苦人民，確實是有所

28　《論語》第27期。

瞭解並懷有友善感情的。

就在這時，賽珍珠產生了一個想法，即想尋找一位中國作家用英文寫一本向西方介紹中國的書。經過反覆考慮後，她決意請林語堂來擔負此任。她之所以看中林語堂，是因為她在南京時經常在《中國評論週報》小評論欄中看到林語堂的文章，知道他的英語寫作水準很高，寫各種題材的文章都寫得「新鮮、銳利和確切」，喜歡他的「幽默與俏皮」的文風，尤為欽佩他抨擊時弊的「無畏的精神」[29]。於是，她曾打聽：「林語堂是什麼人呀？」

這年10月間的一個晚上，賽珍珠來到林語堂家裡吃飯。在席間，他們談論以中國題材寫作的外國作家。突然，林語堂說：「我倒很想寫一本書，說一說我對我國的實感。」賽珍珠聽後，立即十分熱忱地答道：「你大可以做得。」[30]經過這次交談後，林語堂便決定寫作《吾國與吾民》一書。

8.11　《吾國與吾民》的不同反響

林語堂從1933年冬著手寫作《吾國與吾民》，至1934年7、8月在廬山避暑時全部完成。歷時約10個月。那時，他正在辦《人間世》等刊物，是「忙裡偷閒」來寫作這書的。

《吾國與吾民》脫稿後，林語堂立即送給賽珍珠過目。當她讀完

29　《愛與刺‧賽珍珠序》，陝西人民出版社，1992年10月二版。
30　《愛與刺‧賽珍珠序》，陝西人民出版社，1992年10月二版。

書稿後，不由得感到極大的驚喜，認為它是一部「偉大著作」，欣然
為它寫了序言。她寫道：

　　與歷來的偉大著作的出世一樣，《吾國與吾民》不期而出世了。
它滿足了我們一切熱望底要求，它是忠實的，毫不隱瞞一切真情。它
的筆墨是那樣的豪放瑰麗，巍巍乎，焕焕乎，幽默而優美，嚴肅而愉
悦。對於古往今來，都有透徹底瞭解與體會。我想這一本書是歷來有
關中國的著作中最忠實、最巨大、最完備、最重要底成績。尤可寶貴
者，它的著者，是一位中國人，一位現代作家，他的根蒂牢固地深植
於往者，而豐富的鮮花開於今天。

　　在賽珍珠的支持下，《吾國與吾民》於1935年9月由美國華爾希
（賽珍珠的後夫）主持的約翰·黛公司出版。書出後，很快在美國受
到好評。《紐約時報》星期日書評副刊第一版上發表克尼迪（R.
E.Kennedy）的評論文章。他說：「讀林先生的書使人得到很大的啟
發。我非常感激他，因為他的書使我大開眼界。只有一個中國人才能
這樣坦誠、信實而又毫不偏頗地論述他的同胞。」《星期六文學評論
週刊》也發表了著名書評家伯發（Nathaniel Peffer）的書評。他讚揚
道：「林先生在歐洲美國都住過，能以慧眼評論西方的習俗。他對西
方文明有豐富的認識，不僅認識而且瞭解西方文明。他的筆鋒溫和幽
默。他這本書是以英文寫作以中國為題材的最佳之作，對中國有真
實、靈敏的理解。凡是對中國有興趣的人，我向他們推薦這本書。」

　　在一片好評聲中，《吾國與吾民》於1935年四個月中印了七版，

成為當年美國最暢銷的書籍之一。於是林語堂在美國一舉成名，備受推崇。

可是，對於林語堂以《吾國與吾民》在美國博得很高的聲譽，國內文壇卻有不同的反響。有的人認為中國人能在國際文壇成名，這畢竟是第一次，這是中國人的光榮。因而，林語堂一時之間頗受人們的器重，許多團體請他寫文章，演講。但也有人持相反的看法，將*My Country and People*書名譯成為《賣Countny and People》，意思是說林語堂出賣國家人民。致使有些未看過這書的人，誤以為它真的是一本賣國主義的書。而且幾十年來，以訛傳訛，人們大都這樣看待它。當時有的人還說，林語堂發了大財，所以要去美國了。

對於這樣一些非議，林語堂置若罔聞，保持我行我素的態度。直到30年後，他才在《論足赤之美》[31]一文中表明自己寫作《吾國與吾民》的心態。他通過記敘美國商務參贊亞諾德出於尊敬之心，想拍下一位賣燒雞的白髯老人的照片而被人誤認為污辱中國人的經歷，懇切地表示說：「知道這一點道理，才知道我《吾國與吾民》的寫法及立場。中國自有頂天立地的文化在，不必樣樣效顰西洋。看到深處，才明白中國人生哲學之偉大，固不在西裝革履間也。」

8.12　《吾國與吾民》是一部怎樣的書？

將《吾國與吾民》一書譽為「偉大著作」，或貶為賣國主義的

31　《無所不談合集》，臺灣開明書店，1985年5月四版。

書，都有言過其實之嫌。實際上，從它的內容來看，它倒是確實稱得起最早較為系統地向西方宣傳中國和中國文化的一部書。而且統觀全書，它有以下五個方面值得加以肯定。

其一，具有憂國憂民乃至愛國愛民的思想感情。林語堂在自序中說：「愛我的國家」，「坦白地直陳一切，因為我心目中的祖國，內省而不疚，無愧於人。我堪暴呈她的一切困惱紛擾，因為我未嘗放棄我的希望。中國乃偉大過於她的微妙的國家，無需乎他們的粉飾。她將調整她自己，一如過去歷史上所昭示吾人者」。這是他對祖國所懷有的基本態度和看法，也是他寫作《吾國與吾民》所持的立場和方法。同時，他表示《吾國與吾民》是寫給「淳樸而忠恕的一般人」和「那些尚未喪失人類基本德性的人們」看的。即是說，他是希望通過《吾國與吾民》一書來促進西方人民對中國的瞭解。

在《閒話開場》中，林語堂更是認為中國本是一個古老而偉大的國家，「可是，今日，她無疑是地球上最糟亂最失政的國家，最淒慘最無告，最不能和衷共濟以排萬難而奮進。……她在國際聯盟中恰恰揀定了與哥達瑪拉（Cuatamala，中美一小國）相比鄰的末座」。因而，他提出了「中國的命運怎樣？」「上帝是否真願意她成就為第一流民族，還是僅僅為『地球太太的流產兒』呢？」而他的看法是，「無論中國人的一切都是缺點，她有一種優越的生活本能，一種戰勝天然之非凡活力」，「她經歷過艱難困苦的時期，反覆循環之戰爭與病疫，以及其他種種天災人禍。她總能秉一種可怕的幽默，與近乎獷野的沉毅氣態，冒萬難而前進；千辛萬苦，最後卒能撥亂除暴，以自複於常軌」。而且中國像一個相容並蓄的大海，「大過於貪官汙吏、

倒戈將軍、騎牆革命家、假道學之貪婪無恥」，「大過於戰爭叛亂，大過於一切汙玷、貧窮與饑饉，因而能一一渡過此等難關而永生」。可見，他是極為關心中國的命運和前途的，也是懷有信心的。

正因為林語堂具有這樣的思想感情，因而儘管《吾國與吾民》描寫了中國人存在著種種落後、保守和愚昧的精神狀態，即詳盡地剖析了消極的「國民性」，但並不使人感到他是在有意醜化中國人，而是足以引起人們的深思，認識它的實質和弊害，設法克服它，擯棄它。當他把中華民族的所謂「德性」概括為十五個方面（一為穩健，二為淳樸，三為愛好自然，四為忍耐，五為無可無不可，六為老滑俏皮，七為生殖力高，八為勤勉，九為儉約，十為愛好家庭生活，十一為愛好和平，十二為知足，十三為幽默，十四為保守，十五為好色）後，他進一步指出，「上述所謂德性之幾項，實際乃為一種惡行，而非美德，另幾項則為中性品德，他們是中華民族之弱點，同時亦為生存之力量。心智上穩健過當，常挫弱理想之力而減損幸福的發皇；和平可以轉化為懦怯的惡行；忍耐也可以變成容納罪惡的病態之寬容；保守主義有時可成為遲鈍怠惰之別名，而多產對於民族為美德，對於個人則為缺點」。其中所隱含的態度，應該說是嚴肅的。

此外，林語堂雖然指出中國人存在著不少的精神弱點，但更是認為中華民族是偉大的民族。他說：「中華民族是天生的堂堂大族……雖然在政治上他們有時不免於屈辱，但是文化上他們是廣大的人類文明的中心，實為不辯明白之事實」，「中國人之心靈不可謂為缺乏創造力」，「久已熟習於文學之探討」，「而詩的培養尤足訓練他們養成優越的文學表現技巧和審美能力。中國的繪畫已達到西洋所未逮的藝

術程度，書法則沿著獨自的路徑而徐進，達到吾所信為韻律美上變化精工之最高程度」。這樣一些看法，可謂充滿著熱愛中華民族的感情，熱情地讚頌了中國人民具有高度的智慧，尤其在文化藝術上有傑出的創造才能。

其二，對傳統的社會政治生活作了評說。林語堂在《社會生活與政治生活》中，批評封建家族制度有許多的弊害。諸如剝奪了個人自主的權利，使人喪失了訂婚權和夫妻的自由生活，失去了「事業心和發明天才」，甚至連「遠遊與運動」亦不可能，因為孔子說過，「父母在，不遠遊，游必有方」。不過，他對孔子的「名分學說」和道德倫理卻作了一定的肯定。認為孔子是希望「倘使每個人知道自己的本分，而其行動適合自己的地位，則社會秩序更能有把握的維持」。「他也曾允許某種程度的超家族的仁愛。他把家庭內的道德訓練作為普通道德訓練的基礎，他計畫想以普通的訓練，實現一個社會，這個社會是要很適宜於和諧幸福的共同生活的。」可是，他又認為孔子將政治與道德「混合」了，過於看重了道德的作用，其結果必然「對於國家則為危害」。在他看來，要建立和維持一個正常而合理的社會，僅是講道德是遠遠不夠的。

基於這樣的認識，林語堂對孔子理想的「賢能政府」持否定的態度。他認為「至於盼望德行統治的政府與仁義的統治階級之出現，那是多麼屬於幻想」，其實際情形卻是「常為舉世無雙的一大腐敗罪惡」。為什麼呢？那是因為統治者的「道德修養，敵不住擺在眼前的引誘，因而大多數忍不住舞弊起來」。因而，他讚賞韓非子的「法治」主張，指出韓非子「始終擯棄道德之俗論」，「堅決主張設立一種神

聖不可侵犯的法律，為統治階級與被統治階級所共同遵守，上不避權貴，下不欺庶民。他信仰法律是超然的，在法律的面前，一切人是平等的，而私人的勢力與私人間的關係，應該予以打倒而代以法律」。由此，他又進一步表示，「深信吾人停止談論人民道德的感化愈早則吾人之能建立中國之廉潔政府亦將愈早」，「中國所需要者，是以非增進道德而為增加牢獄以待政客」，「中國所需要者，既不為仁，亦不為義，又非為榮譽，卻為單純的賞罰，即需要勇氣來槍決掃蕩這班不仁不義不顧廉恥的官僚。唯一保持官吏廉潔的方法即為加以逮捕而用槍彈來警戒他們」。他的這些看法，是有眼光有見地的，並切合社會實際需要的。

在《婦女生活》中，林語堂則頗為具體地敘述了中國婦女生活的演變情形，簡直具有中國婦女生活簡史的價值。他指出，中國婦女歷來處於從屬地位，從未有過應有的權利。孔子有關「女性低劣」的基本意識種下了男尊女卑、女人從屬男人的「根苗」。婦女被束縛的程度，「隨著孔子學說之進展而與日俱深」。漢代確立了女性的所謂德性，如服從、貞節、「三從四德」，但寡婦仍可再嫁而不受限制。魏晉之際，形成了女子嫁充妾媵之風和父母溺斃女嬰的惡習，女子變成男子的玩物。到了宋代，守寡貞節的道德，成為社會公認的一種法典。而且一般而言，向來婦女在家庭中還受到丈夫和婆婆的壓迫與虐待，以及受到起於唐代的纏足制度的摧殘。此外，中國人把「賢妻良母」看作為理想的女性，對女兒的管束異常嚴謹，使她們的儀態溫文端莊，重視處女的貞操，學會針線刺繡。只有士紳之家的女兒才有讀書寫字的機會，並出了不少的女才子。但一般人卻以為才學過多對於

婦女是危險的，故有「女子無才便是德」的說法。至於自由戀愛，公開求婚，對於中國婦女是無緣的，「愛」往往與涕淚、慘愁、孤寂相糅合。在某種意義上來說，在中國只有妓女算是唯一自由的女性，她們使許多男子嘗嘗羅曼斯的戀愛的滋味，包括著名詩人蘇東坡、秦少游、杜牧、白居易之輩。有鑑於這些，林語堂認為無論是離婚、娶妾、重婚還是濫施戀愛，受痛苦的都是女性，只有正常的婚姻才是婦女「唯一保障」。

可是，自民國以來，經五四運動和國民革命後，中國婦女已開始享有男女平等、讀書、工作、參政等權利，有的女性還成為摩登姑娘。人們對於女性美的觀念也發生了變化，從喜歡矯揉造作的所謂嫻靜溫雅變為喜愛較為適合人類天性的活潑健美。

因此，林語堂頗為感慨地表示，希望「孔教學說所予婦女界之人為的限制和過分劃分的性的區別，必須讓其地位適合人類天性的觀念而不復回復」。

其三，對傳統的文化思想作了評介。林語堂在《人生之理想》中，對儒、道、釋作了宏觀的評價。他認為，孔子是一個人文主義者，孔子學說是一種對待人生與宇宙的思想，以「人」為中心，以中庸之道為核心思想，要求人們為人處事合乎人情的「常軌」。孔子以禮義為教，以順俗為旨，重視人類的教育與禮法。孔子學說的人生觀是積極的，他的哲學的本質是都市哲學，過於崇尚現實而太缺乏空想的意象的成分。此外，在其他章節中，林語堂還指出孔子不是一個好的政治思想家，否定他對道德作用的過分推崇，和「禮不下庶人，刑

不上大夫」、「男尊女卑」、「男女授受不親」等說教。

對於道教，林語堂認為是一種消極的人生哲學。老子的學識是政治的放任主義與倫理的自然主義的哲學。他的理想政府是清靜無為的政府。他的《道德經》是自保的哲學，教人放任自然，消極抵抗，以守愚之為智，處弱之為強，所謂「不敢為天下先」，「以其不爭，故天下莫能與之爭」。這是以渾渾噩噩藏拙韜晦為人生戰爭利器的學理。老子還鼓吹「無知」為人類的最大福音，教人以無為之道，逃遁現實，返歸自然，以延壽養生，因而形成消極的人生觀，即「出世」思想。但是，他也指出，道教曾經有過較大的影響。不僅使中國文學產生了「企慕自然之情調」，而且使人們企圖拿神學來解釋宇宙之冥想。它的陰陽二元意識，早在戰國時代已極流行。魏晉時，它的勢力駕於孔教之上。到了唐代，它長期被當作國教。此外，他還指出，道教本身的範圍不斷有所擴大，包括醫治、生理學、宇宙學、符咒、巫術、房中術、星相術、拳術。尤為突出的是，還創造了一種鍛煉養生法，即所謂吐納丹田之氣。這「氣」字是道教中最緊要而有用的字。「氣為非可目睹而至易變化的玄妙的東西，它的用途可謂包羅萬象，無往而不適，無往而不通，上自慧星的光芒，下而拳術呼吸，以至男女交媾……」對此，他評價為「中國人想揭露自然界秘密的一種嘗試」。

至於佛教，林語堂認為是構成中國人的思想一部分的唯一主要的異國思想。中國的為官者，文人學士和平民百姓，大都受其影響，文化藝術乃至日常飲吃均染上了佛教色彩。以至佛教的寺院超過了孔廟和道教的「觀」的數量。政界人士之所以重視佛教，是「因為中國政

治不能復興中國，他們乃熱望阿彌陀佛加以援手」。文人學士之所以喜歡玩弄佛學，是因為「每當政局紊亂或朝代更易之秋」，可以「削髮逃禪，半為保全生命，半為對亂世的悲觀」。民間之所以迷信佛教，是因為它「具有福音的潛勢力，大慈大悲即為福音」，而它「深入民間最活躍最直接的影響為輪回轉生之說」。可是，他指出佛教具有消極作用。它叫人「出家」，無非是為了解除精神痛苦，「是一種對抗人生痛苦的報復，與自殺出於同一意味」。它也叫人「禁欲」，而其結果卻造成有的和尚廟成了秘密的賣淫窟，和尚亦誘姦尼姑。如果說它有什麼好處的話，只是給中國人以欣賞山景的好機會，因為大多數寺院都建築在高山景美之處。

從以上所述來看，林語堂對儒、道、釋總體精神的把握和評介，是較為切實的。對於西方讀者瞭解它們，是不無助益的。

其四，對傳統的文化藝術作了評價。林語堂在《文學生活》、《藝術家生活》等章節中，認為中國古代文言散文很少優美之作，駢文尤為矯揉造作和脫離現實生活。唐詩長於運用塑形的擬想、繪畫技巧、象徵主義和隱喻手法。古代戲劇（主要指元曲）有獨特的藝術形式，其中有不少堪稱為偉大的詩篇，是「貧苦階級的精神食糧」。《紅樓夢》「不愧為世界偉大作品之一，足以代表中國小說寫作藝術的水準高度」。可是古代小說大都存在結構散鬆、冗長、自足於講述故事、缺乏歐美小說的主觀特性等弱點。

對於中國的繪畫和書法，林語堂更是倍加讚美。他說，中國繪畫是「中國文化之花。它完全具有獨立的精神氣韻，純然與西洋畫不

同。……顯著有某種神韻的靈活的特性，更有一種筆觸上的豪邁與活潑的情態。……它並不將一切意象繪之於畫面，卻剩下一部分須待觀者的想像」。而中國書法，則是「在世界藝術史上確實無足以之匹敵者」。它既具有線條上的美質，像筆力、筆趣、蘊蓄、精密、遒勁、簡潔、厚重、波磔、謹嚴、灑脫；又具有結構上的美質，如長短錯綜、左右相讓、疏密相間、矯變飛動等等。

所有這樣一些論評，表明了作為國學大師的林語堂，對於我國的文化藝術是頗為熟悉的，是有真切見解的，有些看法還是頗為新穎的。

其五，閃爍著針砭時弊的鋒芒。林語堂在書中，不時聯繫現實，針砭時弊，機鋒閃爍，並不乏幽默感。譬如在《社會生活與政治生活》中，他有力地抨擊統治者徇私舞弊，敲詐錢財，胡作非為，並認為官僚是「民主主義的天然敵人」，不失掉他們的「面子」，「中國將不成其為真正的民主國家」。他更是點名指斥張宗昌等現代軍閥「簡直有一顆墨黑的良心」。他們口口聲聲要恢復名教禮教來提高他人的道德水準，而自己卻「廣置姬妾，自五人至十五人不等，又為強姦幼女之老手」。他還指出中國的政治之所以那麼腐敗，「完全在制度（法）」，「倘官僚貪汙而無刑罰為之制裁，那麼你要望他不貪汙，實在是過於苛求人類的天性了」等等。

《吾國與吾民》一書，除了具有上述值得肯定的方面之外，也存在著一些侷限性。這首先表現在宣揚了所謂歷史循環論，把中華民族的發展歷史說成是以八百年為一週期的，甚至還說什麼「故吾人可未

卜先知此後二百年之局勢：南北之分裂，北部中國被異族所征服。真將一一重演乎？」這完全是唯心主義歷史觀的反映。同時，對現代中國人民的不斷覺醒缺乏認識，反而認為他們缺乏自信心，一盤散沙，畏懼帝國主義的侵略。這指少數中國人尚可，若是指大多數中國人就不符合實際，因為現代中國人民一直都在倔強地進行如火如荼的反帝反封建鬥爭。此外，否定中國存在著階級矛盾和階級鬥爭，只認為中國有衙門階級與非衙門階級，而不承認有更具體的階級分野及其矛盾鬥爭等等。

不過，儘管《吾國與吾民》一書存在著類似這樣一些嚴重的缺陷，但瑕不掩瑜，它仍然不失為有自己特色和一定價值的著作。

8.13　舉家旅美

1936年初，夏威夷大學邀請林語堂前去執教，賽珍珠夫婦也一再希望他到美國去寫作。

經過再三考慮後，林語堂決定全家旅美。他作出這樣決定的原因是什麼呢？看來，這跟他提倡幽默、性靈時與左翼發生激烈論辯，不會毫無關係的。他雖然在《臨別贈言》[32]中表示不是因回避左翼的批判而赴美的，但實際上他那時的心態是複雜的，有以赴美來擺脫一下尷尬處境的想法，不是不可能存在的。自然，更主要的是，1935年《吾國與吾民》一書在紐約出版後受到美國讀者的熱情歡迎，使他認

32　《宇宙風》第25期。

為去美國致力於弘揚中華民族文化是一條可行之路。

決心下定後，林語堂和廖翠鳳緊張地做好赴美的準備工作。家雜的處理和應酬事情，幾乎全都由廖翠鳳一手辦理。林語堂主要忙於挑選帶往美國的書籍。因為他確定自己到美國後是以寫作為生的，非有充足的書籍資料不可。於是，他挑選了大批必用書籍裝箱帶走。單是有關蘇東坡的各種參考書籍就有13類124種。還有大量的珍本古籍。這些書籍，後來果然幫助他寫出了一本又一本宣揚中華民族文化的著作。

動身赴美前，林語堂專程去了北京一次，飽覽了文化古都的風光，並作深情的告別。

上海文化界友好人士得悉林語堂赴美的行期已近時，在一個多月內多次為他餞別。1936年8月9日，《中國評論週報》的桂中樞、朱少屏更是在國際飯店14層樓的宴會廳舉行盛大宴會，歡送他赴美。參加歡送會的有中外文化界人士和來賓40餘人。在歡送會上，他接受歡送者頻頻祝酒，談笑風生，氣氛頗為熱烈。最後，他還跟大家合影留念。

1936年8月10日晚11時，在許多親友的歡送下，林語堂偕同夫人廖翠鳳和三個女兒林如斯、林太乙、林相如，乘「胡佛總統號」客輪離開上海，開始了他人生道路上的新旅程。

第九章

在海外弘揚中華民族文化和宣傳抗日救國

9.1　旅美之初

　　林語堂及其一家赴美途中，曾在日本橫濱、夏威夷等地參觀，遊覽，歷時四十天后，才於1936年9月初抵達美國。

　　他們抵美後，先是住在位於賓夕法尼亞州鄉間的賽珍珠家裡。那時，賽珍珠剛與第二個丈夫華爾希結婚不久，他們擁有一大片土地，經濟寬裕，過著頗為愜意的日子。他們對於林語堂的到來，自然是高興和歡迎的。林語堂住在他們家裡，一時倒也自在，並飽嘗了異國村居的風味。該處地形起伏有變化，風景殊佳，樹木尤多，除有榆樹、槭樹外，還有楊柳，到處綠得可愛。而且賽珍珠別墅後面是一片蘋果園，不遠處又有一條河。因而，他感到口乾時可以往園中摘蘋果，興趣來時又可到河裡去捉魚蝦。但他並不想在賽珍珠家裡長住，打算住在普林斯頓大學附近，與小孩赤足遨遊山水，以練練身體。可惜那裡沒有一間中國飯店，也看不到聽不著紐約的戲劇、美術和音樂，深感不便。於是，在賽珍珠家裡未住滿一個月，他便在紐約中央公園西邊一幢老樓房的七樓上租了一套公寓居住。

　　在紐約安頓下來之後，林語堂逐漸與文藝界人士有了接觸。先後認識了戲劇家奧尼爾（Eugene ONeill）、詩人佛洛斯特（Robert Frost）、1929年諾貝爾文學獎德國小說家托瑪斯·曼（Thomas Mann）、舞蹈家鄧肯（Isadora Duncan）、女詩人末萊（Edna St·vincent Millay）、女明星姬希（Lilian Gish）、戲劇評論家那森（George Nathan）、作家及書評家卡羅·範多倫（Carl Van Doren）、詩人兼哥倫比亞大學教授萊克·範多倫（Nark Van Doren）、攝影家範凡克頓（Cark Van Vechten）、

華裔女明星黃柳霜（Anna May Wong）等。這些在美國文藝界有影響的人士，都將林語堂看作頗具個性和才華的東方學者。林語堂與他們的交往中，增加了對美國和西方文化的瞭解和體驗。

10月5日，林語堂應美國書籍出版者協會的邀請，在洛克菲勒中心舉行的第一屆全美書展演講會上作講演。這是他旅美後的第一次公開講演，那天，他身穿長袍，風度瀟灑，顯現出自由自在和無拘無束的個性，並以風趣的語言講自己的寫作經驗和人生觀。講演的最後幾句和舉止，更是別開生面。他說，中國哲人的作風是：「有話就講，講完就走。」[1]說完，他不等聽講的女士太太們舉手發問，便揮了揮他的長袖子，飄然而去。

10月19日，魯迅在上海逝世。第二天，林語堂見Herald-Tribune電訊，大為驚愕，並立即告知友人。對於魯迅的早逝，他是惋惜的，並浮想聯翩。他特地寫了《悼魯迅》[2]一文，回顧了自己與魯迅的交往，表示他是「始終敬魯迅」的，並讚揚魯迅是一個堅強不屈的戰士……

跟美國社會接觸了一些時間後，林語堂於10月下旬寫了《抵美印象》一文[3]。在這篇文章中，他暢談了抵美後的感受。他認為，「美國未必是罪惡的淵藪，亦不准是機械文明的福地，卻只是個尚可過得去的，而將來也許能使人們更可比較安樂的文明而已。」「如今不論在資本主義國家，或是共產主義國家，機械之數量總都日漸增多；工作

1 林太乙：《林語堂傳》，臺灣聯經出版事業公司，1991年八版。
2 《宇宙風》第32期。
3 《宇宙風》第30期。

與閒暇之分配二點，總將同為二種主義所注意之焦點。而『閒暇』必成為各種文明的中心問題。可見機械文明並無多大錯處，而美國就站在這個文明的最前頭。」他也認為，美國人在日常生活乃至待人接物等方面有較高的文明禮貌。他更是讚賞美國有言論出版自由。譬如有一個劇作可以諷刺政府機關，稱它是「中央浪費委員會」。但他對美國的所謂「民主政體」卻很不以為然。他說，一般平民根本不可能執政。所謂總統選舉，「便是民主黨和共和黨間，誰最能向人民說謊而已；誰說得高明，便由誰來當總統」。這些說法，表現了林語堂喜歡自由發表議論的個性特點。

12月19日，林語堂又應美國幾個團體的邀請，參加在哥倫比亞大學舉行的有關西安事變的公開討論會。他在會上發表了講演，認為張學良軟禁蔣介石的目的，是為了抗日救國，否定西安事變是「日本陰謀」的說法，並預言這件事的結局將是喜劇而不是悲劇，張學良不久會釋放蔣介石，還會陪同他回到南京去。他的這些見解，引起了與會者的極大興趣，會場上不時發出一陣陣掌聲。而後來事態的發展，果然正像他所預料的那樣。

9.2 《生活的藝術》轟動美國

林語堂旅美目的，是為了專心寫作，向西方宣揚中華民族文化。因而，他於1937年便寫成轟動美國的《生活的藝術》一書。

寫這部書，是應出版商華爾希約請的。林語堂在《關於〈吾國與吾民〉及〈生活的藝術〉之寫作》中說：

……起初我並無意寫此書，而擬翻譯五六本中國中篇名著，如《老殘遊記二集》，《影梅庵憶語》，《秋燈瑣憶》，足以代表中國生活藝術及文化精神專書，加點張山來的《幽夢影》格言，曾國藩、鄭板橋的《家書》，李易安的《金石錄後序》等。然書局老闆意見，作生活之藝術在先，譯名著在後。因為中國人之生活藝術久為西方人所見稱，而向無專書，若不知內容，到底中國人如何藝術法子，如何品茗，如何行酒令，如何觀山，如何玩水，如何看雲，如何鑒石，如何養花、蓄鳥、賞雪、聽雨、吟風、弄月。……夫雪可賞，雨可聽，風可吟，月可弄，山可觀，水可玩，雲可看，石可鑒，本來是最令西人聽來如醉如癡之題目。《吾國與吾民》出所言非此點，而大部分人注意到短短的飲食園藝的《人生的藝術》末章上去，而很多美國女人據說已奉此書為生活的法則。實在因賞花弄月之外，有中國詩人曠懷達觀、高逸退隱、陶情遣興、滌煩消愁之人生哲學在焉。此正足於美國趕忙人對症下藥。因有許多讀者欲觀此中底奧及一般吟風弄月與夫家庭享樂之方法，所以書局勸我先寫此書。不說老、莊，而老、莊之精神在焉；不談孔、孟，而孔、孟之面目存焉。這是我寫此書之發端。[4]

可見，林語堂是為了將中國的傳統生活藝術和人生哲學介紹給西方讀者而寫作此書的。

林語堂之所以能寫成這部書，跟他向來關注人生問題和熱愛生活有關。正如他說的，他喜歡「直接拿人生當作課本」，並經常愛讀中

4　《語堂文集》（下），臺灣開明書店，1978年版。

國古代文化中有關人生哲學和生活藝術的著述。而且,他把大量的這類書籍帶來了美國。除《論語》、《老子》、《莊子》這些儒道經典著作之外,還有陳眉公的《寶顏堂秘笈》,王均卿的《說庫》,開明版《廿五史》,以及《文致》、《蘇長公小品》、《蘇長公外紀》、《和陶合箋》、《群芳清玩》、《小窗幽記》、《幽夢影》等等。因而,他寫起來便能得心應手,揮灑自如。

　　他從1937年3月初開筆,至5月初便寫了二百六十頁。可是,「一夜在床上作起序來,乃覺今是昨非,將全稿全部毀去。因原來以為全書須冠以西方現代物質文化之批評,而越講越深,又多辯論,致使手稿文調全非」[5]。於是,他從5月3日起重新寫起,至7月底寫成全部書稿。在這三個月裡,他「如文王在羑裡一般」,一步也走不開。每天早睡早起,夜眠必足,翌晨便開始寫作,一面抽煙,一面飲茗,精神煥發,口中念出一句一句一段一段文章,叫書記打出初稿。

　　《生活的藝術》脫稿後,由雷諾和希師閣(Reynal & Hitcock)公司出版。但在書額上注明「莊台書籍」(A Jonn Day Book),表明由莊台公司負責編輯的。而華爾希便是莊台公司的老闆兼編輯。書出後,立即被美國「每月讀書會」選為1937年12月特別推薦的書。這就意味著銷路一定會很好。當林語堂接到華爾希告知這消息的電話時,他異常高興,「雙足亂踩,狂叫起來」[6]。不久,《紐約時報》書評副刊發表了吳滋的評論文章,稱讚林語堂「把許多歷史悠久的哲學思想濾清,配以現代的香料,他根據個人的獨特的創見,用機智、明快、

5　　《語堂文集》(下),臺灣開明書店,1978年版。
6　　林太乙:《林語堂傳》,臺灣聯經出版事業公司,1991年八版。

流利動人的文筆寫出一部有骨子、有思想的著作。作者在書中討論到許多問題，見解卓越，學識淵博，對中西方思想有深刻的理解」。書評家Peter Prescott讀了這部書後，也在《紐約時報》上發表文章說：「讀完這部書之後，令我跑到唐人街，遇見一個中國人便向他深鞠躬。」於是，這部書成為美國1938年最暢銷的書。這表明，它在美國引起了轟動，為中國贏得了榮譽。此後，這部書接連不斷地再版，在美國先後重印到四十版以上，並被譯成十幾種文字，英、法、德、意、丹麥、瑞典、西班牙、葡萄牙、荷蘭等國的版本，都一樣受到讀者歡迎。可見，它產生了世界性的廣泛影響。這便奠定了林語堂在國際文壇上的地位。

9.3 《生活的藝術》的內涵

《生活的藝術》能夠產生巨大的國際影響，主要原因在於它具有獨特的思想內涵。從總體方面而言，可以說它提出了一個對人類生活帶有根本意義的哲學命題，即人類應該享受生命。林語堂在書中指出：「我們是屬於這塵世的，而且和這塵世是一日不可離的。我們在這美麗的塵世上好像是過路的旅客，這個事實我想大家都承認的，即使這塵世是一個黑暗的地牢，但我們總得盡力使生活美滿。」「塵世到底是真實的，天堂終究是飄渺的，人類在這個真實的塵世和飄渺的天堂之間是多麼幸運啊！」「哲學家的任務應該是使身心協調起來，過著和諧的生活。」「這個世界太嚴肅了」，尤其是現代工業生活速度「造成了生活之所以那樣困苦，那樣緊張」。因而，他認為人們「應該把生活加以調整，在生活中獲得最大的快樂」，「社會哲學的最

高目標，也無非是希望每個人都可以過著幸福的生活」。這些說法，顯然是對人生所作的既超越又實際的哲理思考。有人認為，「特別是《生活的藝術》，本身也就是一本作者對中西文化人生探討的思想性的藝術作品」[7]。這無疑是有見地的。

那麼，人類怎樣才能使自己的生命快樂而幸福呢？對於這一異常龐大而複雜的命題，林語堂自然沒有也不可能作出全面而深入的探究，他只是提供了他自己所能理解到的某些認識。正如他說的，「供認我自己的思想和生活所及的經驗」。其實，他所提供的就是主張東西文化融合和互補。在他看來，西方文化的發達造成機械工業的日益發展，物質生活愈來愈豐富，可是，也存在著許多嚴重缺陷。他曾說：

老實說，我從1920年後，我對於西洋的文明已經減少了尊敬。我過去對中國的文明總感到慚愧，因為我覺得我們還沒有創造出一個憲法和公權的觀念，這是中國文明上的一個缺點：我始終相信建立一個共和君主的立憲政府，是人類文化上的一個進步。可是現在在西洋文明的發祥地，我居然也看到人權、個人自由，甚至個人的信仰自由權（這自由權在中國過去和現在都享有著）都可以被踐踏，看到西洋人不再視立憲政府為最高的政府，看見尤裡披第型的奴隸在中歐比在封建時代的中國還要多，看到一些西方國家比我們中國只有更多的邏輯而缺少常識，這真使我暗中覺得欣慰，覺得中國是足以自傲的。

---

7   徐：《追思林語堂先生》，臺灣《傳記文學》第31卷第6期。

可見，他並不盲目崇拜西方文明，跟胡適一些人主張中國必須全盤西化顯然不同，跟辜鴻銘、林紓、吳宓等人認為中國應該復古更是不可同日而語。

更為可貴的是，當林語堂洞察到東西文明各有長處和不足時，進一步提出了東西文化融合的主張。他說：

我不曉得將來東西文明是否會溝通起來，可是在事實上，現在的東西文明已經聯起來了。如將來交通更進步，現代的文明更能遠布時，它們間的關係將更加密切。現在至少我們可以這樣說，機械的文明中國不反對，目前的問題是怎樣把這二種文化加以融合——即中國古代的物質文明——使它們成為一種普遍可行的人生哲學。至於東方哲學能否侵入西洋生活中去的這一個問題，無人敢去預言。

在這裡，我們無須去苛求他的說法是否完善，周全，而只從他能用明確的語言來肯定東西方文化「溝通」，並主張東西文化「融合」，就可以說已表現出一種哲人的遠見卓識了。他這一東西文化融合論，無疑有重大的理論意義和實踐價值，體現了現代東西方人的自覺追求，對現代人類文明發展作出了積極的貢獻。

自然，林語堂寫作這書的角度並不是全面探討怎樣實現東西文化融合的問題，而主要是總結和闡述中國傳統文化中的「閒適哲學」，並希望它能與現代西方文明相融合，從而有益於現代人的生活。正如他說的：「我只表現一種中國最優越最聰慧的哲人們所見到而在他們的文字中發揮過的人生觀和事物觀。我知道這是一種閒適哲學，是在

異於現代時代裡的閒適生活中所產生。人類心性既然相同，則在這個國家裡能感動人的東西，自然也會感動別的國家的人類。」因而，介紹「閒適哲學」便成為這書的主旨內容。

什麼是「閒適哲學」？林語堂說：

一種輕逸的，一種近乎愉快的哲學。

我也許可以把這種哲學稱為中國民族的哲學，而不把它叫做任何一個派別的哲學。這種哲學比孔子和老子的更偉大，因為它是超越這兩種哲學家以及其他的哲學家的；它由這些思想的源泉裡吸收資料，把它們融合調和成一個整體；它從他們智慧的抽象輪廓，造出一種實際的生活藝術，使普通一般人都可看得見，觸得到，並且能夠瞭解。拿全部的中國文學和哲學觀察一過後，我深深地覺得那種對人生能夠儘量的享受，和聰慧的醒悟哲學，便是他們的共同福音和教訓——就是中國民族思想最恒久的，最具特性的，最永存的疊句唱詞。

確實，這種「閒適哲學」既不是單純道家的，更不是只屬儒家的，而是跟兩者都有關係，是它們相融合的產物。林語堂認為，道家的玩世主義有其合理的因素，如莊子發現了「自我」，老子的玩世、裝愚和潛隱「違背傳統的習慣」，「可以減低緊張的生活」，但它是叫人完全逃避現實環境的哲學，是「消極的人生觀」，「終究是拙劣的」。因而，它不可能成為大眾所崇拜的流行思想，中華民族至今還是世界上最勤勉的民族，依舊過著熙來攘往的生活，依舊相信財富、名譽、權力，肯為國家服役。因為「如若不是這樣，人類生活便不能

維持下去」。而儒家哲學，則是一種積極的人生觀。它叫人「必須趁人生還未消逝的時候，盡情地把它享受」，人類的壽命有限，「必須把生活調整，在現實的環境之下儘量地過快樂的生活」。他還認為，「儒家和道家的對比是相對，而不是絕對的；這兩種學說，只是代表了兩個極端的理論，而在這兩個極端的理論之間，還有著許多中間理論」。正因為這樣，便可以認為「閒適哲學」是從儒家、道家這兩種「極端的理論」甚至其他「中間理論」中吸取某些合理的因素，從而形成超越於它們的一種人生哲學。

林語堂為什麼提倡這種「閒適哲學」呢？這是因為他認為有益於人們的生活。他曾一再為人們的生活節奏過於緊張而發出感歎：「人們為了生活而任勞任怨地工作，為了要活下去而煩慮到頭髮發白，甚至忘掉遊息」，「我們的生活太狹仄了，使我們對精神生活的美點，不能得到一個自由的視野。我們精神上的屋前空地太缺少了」。因而，他認為「機械的文明終於使我們很快地趨近於悠閒的時代，環境也將使我們必須少做工作而多過遊玩的生活……當物質環境漸漸改善了，疾病滅絕了，窮困減少了，人壽延長了，食物加多了，到那時候，人類絕不會像現在一樣的匆忙」，「我們有了閒暇，方能感到生活的興趣」。而且他還指出，「閒適哲學」並不是只為有產階級者設造的，而是「根本是平民化的」，即為普通人所需要的。因為適當的閒適生活，對任何人都是不可或缺的，即使並不富足也能享受到的。如華茲華斯和柯勒律治徒步漫遊歐洲，心胸裡蘊著偉大的美的觀念，而口袋裡卻不名一文。

那麼，「閒適哲學」的具體表現形態是怎樣的呢？林語堂通過觀

察中國傳統文化，認為「閒適哲學」滲透在生活的各個方面，有多種多樣的表現。譬如：

「中庸生活」。林語堂認為，生活的最高典型是子思所宣導的「中庸生活」。而所謂「中庸生活」，是一種「介於兩個極端之間的那一種有條不紊的生活」，叫人不必逃避人類社會和人生，保留原有快樂的本性，在適中的生活中得到快樂。即：「在動作和靜止之間找到了一種完全的均衡，所以理想的人物，應屬一半有名，一半無名；懶惰中帶用功，在用功中偷懶；窮不至於窮到付不出房租，富也不至於富到可以完全不做工，或者可以稱心如意地資助朋友；鋼琴也會彈彈，可是不十分高明，只可彈給知己的朋友聽聽，而最大的用處還是給自己消遣；古玩也收藏一點，可是只夠擺滿屋裡的壁爐架；書也讀讀，可是不很用功；學識頗廣博，可是不成為任何專家；文章也寫寫，可是寄給《泰晤士報》的稿件的一半被錄用一半退回─總之，我相信這種中等階級生活，是中國人所發現最健全的理想生活。」他還用李密庵的《半半歌》來表達這種生活理想：

看破浮生過半，半之受無用邊。
半中歲月盡幽閒，半裡乾坤寬展。
半郭半鄉村舍，半山半水田園。
半耕半讀半經廛，半士半姻民眷。
半雅半粗器具，半華半實庭軒。
衾裳半素半輕鮮，肴饌半豐半儉。
童僕半能半拙，妻兒半樸半賢。

心情半佛半神仙，姓字半藏半顯。

一半還之天地，讓將一半人間。

半思後代與滄田，半想閻羅怎見。

飲酒半酣正好，花開半時偏妍。

半帆張扇免翻顛，馬放半韁穩便。

半少卻饒滋味，半多反厭糾纏。

百年苦樂半相參，會佔便宜只半。

　　林語堂之所以把這種「中庸生活」看作為最理想的生活，是認為它是「最近人情」的，能使人們的精神達到「最為快樂」的狀態。而且他以為，陶淵明正是享有這種快樂的「最和諧最完善的人物」。他說，陶淵明沒有做過大官，很少權力，也沒有什麼勳績，除了本薄薄的詩集和三四篇零星的散文外，在文學遺產上也不曾留下什麼了不得的著作，但至今還是照徹古今的炬火，在那些較渺小的詩人和作家心目中，他永遠是最高人格的象徵。他的生活方式和風格是簡樸的，令人自然敬畏，會使那些較聰明與熟識世故的人自慚形穢。他是今日真正愛好人生者的模範，因為他心中雖有反抗塵世的欲望，但並不淪於徹底逃避人世，而反使他和七情生活協調起來。他的心靈已經發展到真正和諧的境地，所以我們看不見他內心有一絲一毫的衝突，因而他的生活也像他的詩一般那麼自然而和諧。也許有人以為他是「逃避主義者」，但事實上他絕對不是。他要逃避的僅是政治，而不是生活本身。

　　悠閒生活。林語堂認為，中國人具有喜愛悠閒生活的習性。這是

由於酷愛人生所產生的，也是受了道家哲學和浪漫主義文學影響的結果。但那些有錢的人不一定能真正領略這種悠閒生活的快樂，倒是那些輕視錢財的人，把自己的靈魂和人格看得比名利事業更要緊的人，才真正懂得它的樂趣。他們卑視世俗功名，對於生財之道不大在心，崇尚簡樸的生活，有豐富的心靈。如大文學家陶淵明、蘇東坡、白居易、袁中郎、袁子才等就是這樣的人。他以為人生不應麻煩到「心為形役」的境地。像美國那樣過於講究效率，便使人連享受有限的悠閒的樂趣也失掉了，「造成了生活之所以那樣困苦，那樣緊張」，「把工作看得高於生存，比生存來得緊要」。因而，他主張現代人應適當調整生活節奏，在繁忙中有所悠閒。這是人生的需要，是生活不可或缺的一種快樂。

家庭生活。林語堂認為，家庭的快樂，即夫妻父母子女關係的快樂，是人類生活中最基本的快樂。那種西方流行的獨身主義是文明的畸形產物，「不婚嫁，無子媳，擬從事業或個人成就之中尋求充足滿意生活的替代物」，是愚笨可笑的，應該吐棄。至於那種過分注意女人身體上的性吸引力（甚至「女人可以剝光了去供商業性的開拓」），則是對女性的不尊重，使女性有成為玩物的危險，並導致「家庭理想的必須性常易於被人們所忘卻」。跟西方這些現象相比，林語堂以為中國式的家庭生活理想是有益於人類生活的。中國家庭生活理想始於儒教，孔子就「非常的注重夫妻關係，認為是一切人類關係的根基，也注重孝順父母」。在中國式的家庭裡，「人們須經過童年、成人和老年。這幾個時期先由別人養育他，再由他人去養育別人，最後於老年時重複由別人侍奉他。起先他尊奉別人，受別人的指揮，等到成人

以後，他便漸漸的受人尊奉，指揮別人。……女人在連續不斷的家庭生活中不單是個妝飾品或玩具，也不單是個妻，而實是這株家庭大樹的一個關係生存的必須的分子」。因而，生活在這種家庭方式之中是合乎人生實際需要的。此外在中國式的家庭裡，老年人能受到家人的尊重和扶養，遠比西方人年老時獨個兒住旅館要好得多。林語堂很有意思地說：「凡是年老的人，如可能的話，都應該到中國去居住。因為在那裡，哪怕是白髮龍鍾的乞丐，他討起飯來也比別人容易些。」可見，林語堂通過中西生活方式的比較，認定中國式的家庭生活是較為能夠給人們帶來快樂的。

日常生活。林語堂認為，中國人日常生活中的諸多方面，也能給人帶來快樂。小至如蜷腿側臥，安睡眠床，是人生最大的樂事之一。坐椅亦應以舒服為上，不宜以恭敬為主，因而椅腳以短些為好，像中國的紅木座椅乃至皇帝寶座坐起來都並不使人覺得舒服。烹茶則是一種重要的生活享受，但應注意十條技術：

第一，茶味嬌嫩，茶易敗壞，所以整治時，須十分清潔，須遠離酒類香類一切有強味的物事，和身帶這類氣息的人；第二，茶葉須貯藏於冷燥之處，在潮濕的季節中，備用的茶葉須貯於小錫罐中，其餘則另貯大罐，封固藏好，不取用時不可開啟，如若發黴，則須在文火上微烘，一面用扇子輕輕揮煽，以免茶葉變黃或變色；第三，烹茶的藝術一半在於擇水，山泉為上，河水次之，井水更次，水槽之水如來自堤堰，因為本屬山泉，所以很可用得；第四，客不可多，且須文雅之人，方能鑒賞杯壺之美；第五，茶的正色是清中帶微黃，過濃的紅

茶即不能不另加牛奶、檸檬、薄荷或他物以調和其苦味；第六，好茶必有回味，大概在飲茶半分鐘後，當其化學成分和津液發生作用時，即能覺出；第七，茶須現泡現飲，泡在壺中稍稍過候，即會失味；第八，泡茶必須用剛沸之水；第九，一切可以混雜真味的香料，須一概摒除，至多只可略加些桂皮或代代花，以合有些愛好者的口味而已；第十，茶味最上者，應如嬰孩身上一般的帶著「奶花香」。

這十條，實際上是中國茶文化的精心總結。飲酒也可以助人快樂，甚至有助於人們的創作力，但不應「強行勸酒以取樂」。食品更是人生的第一享受，應做到新鮮、可口和火候適宜。住房對人們生活頗為重要，如要住得舒適，周圍應有一定的空地，能看到自然景色，居室應以「自在」為主。

享受大自然。林語堂認為，享受大自然的美好是一種重要的生活藝術，而且因各人的情性不同而得到不同程度的樂趣，甚至有一種化積效驗，能使人清心淨慮，精神愉悅。可是，現代文明的發展，卻愈來愈把大自然推出人們的生活之外了。因而，他提出了「怎樣去要回大自然和將大自然引進人類的生活裡邊」的問題，並介紹了中國人愛石、愛樹木和愛花的審美意識。

他說，中國人之所以愛石，是因為有一種基本的觀念，即「石是偉大的，堅固的，暗示一種永久性。它們是幽靜的、不能移動的，如大英雄一般的具有著不屈不撓的精神。它們也是自立的，如隱士的脫離塵世。它們也是長壽的……最重要的是從藝術觀點看起來，它們就是魁偉雄奇、崢嶸古雅的模範。此外還有所謂『危』的感想，三百尺

高的壁立風巉岩總是奇景，即因它暗示著一個『危』字。中國人之所以喜愛松樹、柏樹、梅樹、竹和柳樹等樹木，是因為松樹雄偉，象徵行為高尚，柏樹也以雄奇見稱，梅樹尤為象徵品質的高潔，竹能給人溫和感受，楊柳則象徵女性的絕色美麗。中國人之所以愛花，也是因為能給人多種多樣的精神陶冶。如牡丹以濃豔見長，象徵富貴；蘭花香味文靜，象徵幽雅；梅花清瘦見稱，象徵隱逸清苦；蓮花出污泥而不染，象徵賢人；等等」。類似這樣一些審美意識，顯然都是繼承了傳統的美學觀念，而且對現代人仍然有益的。

旅遊生活。林語堂認為，旅遊對人生是有益的。但現代導遊的旅遊，為了取得談話資料的旅遊，和預定了遊覽程式的旅遊，都不是完美的。旅遊的真正動機應是「以求忘其身之所在」，或「以求忘卻一切」的。「一個真正的旅行家必是一個流浪者，經歷著流浪者的快樂、誘惑和探險意念」。「流浪精神使人能在旅行中和大自然更加接近。所以這一類旅行家每喜歡到闃無人跡的山中去，以便可以幽然享受和大自然融合之樂。」這樣的主張，顯然是為了旅遊時能夠無拘無束，輕鬆自由，真正感受到大自然的美好和情趣。

文化生活。林語堂認為，文化生活是一種更高層次的精神生活。教育和文化活動的目標，應該是發展知識上的鑑別力和良好的行為。因而必須注重於培養對事物的明敏的能力，獨立的判斷力和膽力，不可捨此而片面地追求所謂的「博學」。他讚賞孔子提倡的思考精神，即所謂「思而不學則罔，學而不思則殆」，批評現代教育「偏於割捨了鑑別力以求學問。視強記事實即為教育的本身目標」。「機械式的大小考試，為害之大，遠過於我們所能想見。」這可謂切中了現代教

育的弊端。他也欣賞莊子說的「我生也有涯，而知也無涯」的話，並以為尋求知識「終不過是像去發現一個新大陸，『一個心靈的探險行為』。我們如用一種坦白的、好奇的、富於冒險性的心胸去維持這種探索精神，則這種尋求行為便永遠是一種快樂，而不是痛苦了，我們應該捨棄那種規定的、劃一的、被動的強記事實的方法，而將這種積極的滋長的個人快樂為理想目標」。這樣強調探索精神能使人感到快樂，是很有見地的。

對於藝術創作，他則認為是作家個性的表現，是藝術家靈魂的自然表現。在藝術作品中，最富有意義的即是技巧之外的個性。如缺少這個性，便成了死的東西。這不論怎樣高明的技巧都無法彌補的。因而，他反對商業式的藝術和政治式的藝術，認為它們都會妨礙或扼殺藝術個性的表現。

以上所說的，便是林語堂提倡的「閒適哲學」的主要方面。從中可以看出，他確實是從人生的實際需要出發，盡力挖掘並繼承中國傳統文化中儒家和道家等哲學的有關內涵，而且融入了他個人的見解的。表面看來，這種「閒適哲學」是跟搏擊生活的進取精神截然不同的，但它畢竟是我國傳統文化的遺產之一，而且是可以作為人們生活的一種補充而存在的。因而，不宜簡單地否定它，重要的是怎樣正確地運用它。

自然，林語堂在談論「閒適哲學」時也存在某些侷限性。諸如未能看到社會解放是人們過上「閒適」生活的前提條件，把「中庸生活」看作為生活的最高模式，鼓吹用幽默來拯救世界和平，過分欣賞

封建時代文人學士的消閒意識，等等。但他並非一味提倡封建士大夫的玩世主義和西方資產階級的享樂主義。恰恰相反，他倒是對它們有所否定的。

9.4　宣傳抗日救國

1937年7月7日，日本侵略者挑起盧溝橋事變。這是進一步擴大侵華戰爭的嚴重步驟。中國軍隊在忍無可忍的情況下奮起抵抗，表現了中國人民反抗侵略的意志。

林語堂得悉盧溝橋事變的消息後，心情激憤，立即用自己的筆來宣傳抗日救國鬥爭。8月29日，他在紐約《時代週刊》發表了《日本征服不了中國》一文，揭露日本帝國主義自1931年以來怎樣得寸進尺地侵略中國，表示堅信中國是不可征服的，「最後的勝利一定是中國的」。可謂表達了強烈的愛國主義精神和抗戰必勝的信念。

這年《吾國與吾民》一書印第十三版，林語堂補寫了《中日戰爭之我見》一章。在這新寫的一章中，他一反該書漫論中國傳統文化的基調，改為縱談中國人民一致抗日的問題。他認為在民族生死存亡的時刻，「可救國家的，並非我們的舊文化，而是機關槍和手榴彈」，「只有當我們將日軍從我們土地上趕出去，或者強迫它撤退，我們才會再費時間，思索所有這種文化底大混亂是什麼道理，並考慮又將如何來保存我們舊有的文化」。這表明他已把武裝抵抗並打敗侵略者，看作為壓倒一切的頭等大事。

正因為這樣，他為國、共兩黨自西安事變後建立了聯合戰線而由衷感到高興，並認為「聯合戰線是中國情勢合理的發展」。在這當中，他肯定了張學良發動西安事變的歷史功績，即「強迫蔣氏同意聯合戰線，答應停止無益的剿共」，「為聯合戰線鋪了一條道路」。同時，他稱讚了毛澤東、朱德以民族利益為重，不計較個人恩怨的胸懷。他說：「共產黨領袖朱德和毛澤東，他們誠摯愛國，胸襟闊大，度量豁達，蔣氏曾向朱毛血戰八年，並高懸厚賞購彼等頭顱，及西安事起，蔣命實操朱毛手中，但朱毛豪俠大度，送其出險，深信中國未來抗日戰爭，萬不可無此人。」此外，他讚頌了中國人民同仇敵愾、決心抗戰到底的精神。他說：「中國抗戰的意志系來自民間，是由民眾著力迫使政府前進，擱置延長時間的政策」，「全國人民終於覺悟過來，若再妥協，當危害無窮。他們既看出日人野心永無止境，也看出日人一心想征服中國，決難中途翻改，更明白再讓予中國一寸土地，絕非一個自尊自愛的民族所能容忍。全國人民已到了決心抵抗日本的一點，即使甘冒大戰之危險，亦義無反顧」。最後，他預言日本帝國主義必定失敗，而中國「將從戰爭中得救，將從戰爭中再生」。這些說法表明，在中華民族危機極為嚴重的年代裡，他是一個堅決擁護全民一致抗日的愛國者。

次年，林語堂又發表了《美國與中日戰爭》[8]和《日本必敗論》[9]等文。前文揭露美國政府在中日戰爭中表面上持「中立」的立場，而實際上卻暗地裡給予日本經濟上的支持，成為日本的「經濟同盟」。他

8　徐：《追思林語堂先生》，臺灣《傳記文學》第31卷第6期。
9　《宇宙風》第70期。

指出美國政府僅在1937年9月至10月間，就賣給日本汽油337,000,000加侖，還有大量的生鐵。這充分說明他具有強烈的愛國義憤。後文則從軍事、政治、經濟和外交等方面，論述了日本帝國主義發動的侵華戰爭一定要失敗。他認為日本的軍力不足以征服中國，日軍深入長江以後，其防線達一萬華里，處處為遊擊隊所襲擊，只好反攻為守，軍力財力消耗甚大，無法與中國打持久戰。在政治上，日軍野蠻殘暴之至，促使中國人民更加團結一致地抗日，尤其是極有組織和經驗的八路軍和民眾將使他們無法勾結土豪劣紳，沒有立足之地。在經濟上，日本軍用和商用材料都依靠外國進口，經費嚴重不足，經濟面臨破產境地。在外交上，日本將愈來愈孤立，蘇聯和英法美不可能坐視日本佔領中國，必定加以干涉。這些看法都是頗有分量的，而它出自一介文人的林語堂之口，就不可不謂難能可貴了。

林語堂的這些抗日救國言論，在美國公眾中產生了很好的影響，起到了促使他們同情我國人民抗戰事業的作用。據說，「當時日本輿論界覺得他們沒有一個林語堂這樣的作家可以在世界上爭取同情為憾事」[10]。這就說明他在向世界宣傳中國人民的抗日救國鬥爭方面，確實產生了不小的影響。

9.5 編寫《孔子的智慧》

1938年1月，林語堂編寫了《孔子的智慧》一書。這本書的編寫，是應藍登書屋約請的。據說，該書屋曾出版世界哲學叢書廿冊，

---

10 徐：《追思林語堂先生》，臺灣《傳記文學》第31卷第6期。

其中一冊為《孔子哲學》（Paymond Dowson編），頗為暢銷，壓倒了
康得、達爾文、斯賓塞等西洋十九家。於是，該書屋擬出版《現代叢
書》時，便認為不可以沒有孔子的書，並邀請林語堂編寫。林語堂為
有這機會向西方介紹中國最重要的傳統文化思想而感到十分高興。儘
管書屋老闆只給600元，買斷這本書的版權，他也答應。他允編後，
於1937年12月準備材料，將孔門之書重讀了一遍，確定了編寫的有關
內容和體例，接著又花了一個月時間，「拼命」將書編寫完畢。

《孔子的智慧》一書，較為完整地表達了林語堂的孔子觀，也較
為系統地向西方介紹了儒家學說。在編寫此書之前，他雖然在不少文
章中涉及到孔子及其思想，但都是零星的褒貶，缺乏總體性的評價。
而在這書中，他卻對孔子思想價值取向、系統和特點以及孔子的品格
等等，作了較為切實的論評。

在導言第一部分中，林語堂直截了當地提出儒家思想在現代生活
中還有沒有價值的問題。他之所以提出這一問題，是因為他敏感地看
到了儒家思想遇到了「更大的敵手」，那就是「整套的西方思想與生
活，以及西方新的社會思潮」。可是，他也毫不猶豫地表示，那些西
方思想如同中國歷史上的反儒學派道家、墨家、法家一樣，不可能將
儒家思想根本推翻。其原因在於，「儒家思想的中心性與其人道精神
之基本吸引力，其本身即有非凡的力量」。他還說：

儒家思想，若看作是恢復封建社會的一種政治制度，在現代政治
經濟的發展之前，被人目為陳舊無用，自是；若視之為人道主義文
化，若視之為社會生活上基本觀點，我認為儒家思想，仍不失為顛撲

不破的真理。

在這裡，他否定儒家思想作為政治制度或政治形態方面有繼續存在的價值，但肯定它作為人道主義文化或社會生活上的基本觀念仍然適應現代人生需要，並具有「真理」一般的生命力。因而，他斷言「儒家思想，在中國人生活上，仍然是一股活的力量，影響我們民族的立身處世之道」。這樣的見解，顯然不同於那種對儒家思想作全盤否定的看法，也多少有別於對它作全盤肯定的觀點，而是體現了一定的分析眼光和批判繼承的膽識。這對於自新文化運動以來對儒家思想缺乏具體分析而加以否定的傾向，具有一定程度的突破和超越意義，並在儒家思想研究上起到了積極的導向作用。

同時，林語堂對孔子思想的系統作了探討。他認為，孔子思想之所以能夠支配中國，而且「在兩千五百年內中國人始終奉之為天經地義」，絕不是僅靠《語錄》（指《論語》—著者按）中零散的精粹語錄，而是有其「更為深奧的統一的信念或系統」。而要瞭解孔子思想的系統就須除了要看《論語》這部「孔學上的聖經」外，還應依賴《孟子》和《禮記》等著作。那麼，什麼是孔子思想的系統呢？他指出：「孔子的思想是代表一個理性的社會秩序，以倫理為法，以個人修身為本，以道德為施政之基礎，以個人正心修身為政治修明之根柢。」「更精確點兒說，儒家思想志在從新樹立一個理性化的封建社會，因為當時周朝的封建社會正在趨於崩潰。……他相信道德的力量，相信教育的力量，相信藝術的力量，相信文化歷史的傳統，相信國際間某種程度的道德行為，相信人與人之間高度的道德標準，這都

是孔子部分的信念。」對孔子思想系統作出這樣簡明扼要的概括，說明了他對孔子思想是有較深入的研究的。

此外，林語堂認為孔子思想具有五個重要特點。一是「政治與倫理的合一」。即重視道德的作用，把社會秩序和政治軌道都建立在道德基礎之上，但其最終目的卻與施行刑罰之治的目的相同。二是「禮—理性化的社會」。「禮」在孔學中頗為重要，與「政」的定義是一而二、二而一的。政是「正」，禮是「事之治也」。而禮的具體內涵，則包括宗教的法規（祭祀的典禮規範）和生活的規範（宴飲騎射的規則、男女兒童的行為標準、對老年人的照顧等）。它的作用在於恢復一個理想的社會秩序，使萬事萬物各得其宜，人人相愛，並尊敬當權者和長輩。三是「仁」。什麼是「仁」？「仁」與「人」通用，「仁」即「人」，「仁的本義應當是他的純乎本然的狀態」，「人的標準是仁」，這是孔子的哲學精義。因而孔子叫人修身的最好辦法，「就是順乎其本性的善而固執力行」，並推論出「己所不欲，勿施於人」的恕道。四是「修身為治國平天下之本」。即「儒家把治國平天下追溯到齊家，由齊家追溯到個人的修身」。五是「士」。所謂「士」，就是「知識階級」。孔子把道德教訓全部寄託在他們身上，期待他們成為「在道德上仁愛而斯文的人，他同時好學深思，泰然自容，無時無刻不謹言慎行，深信自己以身作則，為民楷模，必能影響社會。不論個人處境如何，無時不怡然自得，對奢侈豪華，恒存了幾分卑視之心」。

在導言第二部分中，林語堂論述了孔子的品格。他反對把孔子說為「聖人」，認為他也是一個具有普通人一樣的感情的人，但又有超

過常人的品格。具體而言，他有其道德的理想，知道自身負有的使命，深具自信，奮勉力行；學識淵博，多才多藝，努力繼承古代經典學問，思想保守；生活講究，和藹溫遜，風趣詼諧，亦恨人卑視人，等等。這些看法，與歷來把孔子神化的說法不同，比較接近孔子的本來面目。

《孔子的智慧》的體例也頗有特色，是經過林語堂精心設計的，並足以說明他對儒家學說是頗為熟悉的。第一章為導言，對孔子思想及其品格作總體性的闡述，以便讀者有一個基本認識。第二章為「孔子傳」（《史記・孔子世家》）。此傳出自大史學家司馬遷之手，所記孔子的生平經歷是「可靠的」，讀者從中可以看出孔子較真切的面貌。第三章為「中庸」（原為《禮記》第十三章）。林語堂之所以把它置於儒家典籍之首，是由於認為它是瞭解儒家學說的一個「相當適宜而完整的基礎」，「自此入手，最為得法」。第四章為「大學」（倫理與政治）。這是採用朱熹改編的版本，但林語堂作了一些改動。第五章為「論語」。除選入約四分之一的《論語》語錄外，還選了《禮記》十多節作為補充。第六、七、八章為「論以六藝施教」（《禮記》—「經解」第二十六）、「哀公問」、「理想社會」（《禮記》第九—《禮運》）。林語堂認為這三章是關於社會方面的「孔氏三論」，實際上都是論禮。孔子志在用「禮」來恢復古代的封建制度是不合時宜的，但要建立一種和諧的人際關係的哲理（即彼此以適當的態度相對待，為父母者要慈愛，為子女者要孝順，為弟者要敬兄長，為兄長者要愛護弟弟，對友人要忠誠，為臣民者要敬尊長，為首長者要仁愛）卻對中國仍然有益處，仍然是中國社會風氣的基石。第九、十章為

「論教育」（《禮記‧學記》）和「論音樂」（《禮記‧樂記》）。其中孔子對教育與音樂的看法，林語堂說「其見解、觀點，是特別現代的」。第十一章為「孟子」（《告子》篇），以顯示儒家哲學最重要最有影響的發展。

林語堂曾表示，他之所以從儒家經典及《四書》中選出若干章來編寫成《孔子的智慧》一書，是因為它們代表前後連貫的思想，形成了一個系統，有利於西方讀者對孔子思想及其發展得到「全面一貫的瞭解」。從實際情形來看，他這看法是切實的，而且《孔子的智慧》也是能夠達到他的編寫目的的。

《孔子的智慧》於1938年出版後，受到了美國廣大讀者的歡迎。而且在長時期內，它一直是西方讀者瞭解孔子及其學說的入門之作。因而，僅此而言，就可以認為林語堂為促進西方讀者瞭解我國傳統文化起到了重要的作用。

9.6　充滿傳統文化精神的民族正氣歌──《京華煙雲》

《孔子的智慧》脫稿後，即1938年2月初，林語堂偕同妻子女兒們到歐洲旅遊。他之所以這時離美旅歐，一方面想通過旅遊來放鬆一下接連寫了兩書後的緊張神經，另方面也想在歐洲找一個生活費用低的地方來安心寫作，以防出現經濟上入不敷出的窘況。

林語堂一家先是來到法國南部靠近義大利邊境的小鎮蒙頓。這裡山水秀麗，環境幽靜，沒有社交幹擾，很適宜於寫作。可是，住了一

個月後，他感到「蒙頓究竟鄉僻，消息不通，山水佳有何用？」[11]廖翠鳳也覺得小鎮生活太冷靜，她沒有朋友，又不會講法國話，何況三個孩子也應該入學讀書，只由林語堂教她們讀中國古代的文化書籍是不夠的，隱居不是辦法。於是，他們便離開蒙頓，搬往巴黎。

在巴黎住下後，林語堂自然少不了盡情遊覽一番。巴黎向來具有藝術之都的盛名，擁有雄偉的建築和豐富的藝術精品。他曾參觀位於康果特廣場東面、塞納河畔的羅浮宮。它的壯麗，它藏有的雕塑、名畫和寶物，令他讚歎不已。尤其是那件於1820年在米羅出土的維納斯雕像，達‧芬奇的名畫《蒙娜麗莎》，以及《勝利女神像》，更是叫他驚訝之至。他還觀賞了位於星形廣場中央的雄壯的凱旋門，深深地為法國的民族精神所激動。

林語堂這時極為關注祖國神聖的抗戰事業。他每天堅持閱讀倫敦《泰晤士報》、《紐約時報》、上海《密勒氏週刊》，以瞭解國內抗戰的形勢。而且，他每當朝夕坐臥之際，心裡想著的盡是祖國軍民「與敵人廝殺」的壯烈情景，並禁不住發出「書生愧死」、「此筆到底有何用處？」的感慨[12]。

正是在這樣的精神狀態下，林語堂改變了原有的一個打算，即把《紅樓夢》譯成英文，介紹給西方讀者。他認為那時不是翻譯《紅樓夢》的時候，它與現代中國的現實距離太遠了。而且，他意識到用小說藝術來宣傳抗戰，是一種最能影響讀者的形式。「蓋欲使讀者如曆

11　林語堂：《在美編〈論語〉及其他》，《宇宙風》第74期。
12　林語堂：《在美編〈論語〉及其他》，《宇宙風》第74期。

其境，如見其人，超事理，發情感，非借道小說不可。」[13]於是，他決意借鑑《紅樓夢》的藝術形式，寫一部「紀念全國在前線為國犧牲之勇男兒」[14]的長篇小說─《京華煙雲》。

當林語堂決意寫作《京華煙雲》時，他是充滿成功信心的。儘管他從未涉足於小說藝苑，但他自信具備寫作長篇巨制的必要素養和條件。他曾對林太乙說：「以前在哈佛上小說演化一門科目，白教授（Prof Bliss Perry）有一句話打動我心，就是西方有幾位作家，在四十以上才開始寫小說。我認為長篇小說之寫作，非世事人情，經閱頗深，不可輕易嘗試。因此素來雖未著筆於小說一門，卻久蓄志願，在四十以上之時，來試一部長篇小說。而且不寫則已，要寫必寫一部人物繁雜、場面寬廣、篇幅浩大的長篇。所以這回著手撰《京華煙雲》，也非意出偶然。」[15]

林語堂對於《京華煙雲》的寫作，是持著十分嚴肅認真的態度的。他從1938年3月開始，整整用了五個月時間來構思全書的內容和寫法，諸如時代環境、人物安插、情節佈局、起場收場等等。待全盤醞釀好了後，才於8月8日開筆，至1939年8月8日宣告完篇。

《京華煙雲》的一部分內容是在巴黎寫的，一部分文字則是林語堂1939年回到紐約後去維蒙特州避暑時續寫的。不過，不論在哪裡寫，他都是全力以赴的。而且往往進入寫作的最佳狀態中，與小說人物的悲歡離合產生強烈共鳴。有一天，大女兒林如斯進入他的工作

13　林語堂：《給郁達夫的信》，《語堂文集》（下），臺灣開明書店，1978年。
14　林語堂：《給郁達夫的信》，《語堂文集》（下），臺灣開明書店，1978年。
15　林太乙：《林語堂傳》，臺灣聯經出版事業公司，1991年八版。

室，看見他眼淚盈眶，便問道：「爸，你怎麼啦？」他回答說：「我在寫一段非常傷心的故事，『古今至文皆血淚所寫成』，今流淚，必至文也。」[16]邊說邊取出手帕擦眼淚。這是當他寫到紅玉跳水自殺時發生的情形。待後來寫到那壯麗的最後一頁時，更是不僅眼眶裡充滿著眼淚，而且哭了。可見，他在寫作中是傾注了自己的無限真情的，並完全沉浸在描寫的情境之中。據說廖翠鳳曾幾次要他去理髮，他都不是沒有聽見，便是表示不寫完絕不去理髮。

1939年8月8日，林語堂一口氣寫了十九頁，結束了全書的寫作。當他寫完最後一個字，把筆放下時，廖翠鳳和三個女兒圍在他的桌邊，拍手叫起來，三女兒林相如還高興得唱了一首歌。當晚，他親自駕車載著妻女前往一家中國飯館，吃了一頓龍蝦飯。第二天，他還去理了發。

《京華煙雲》殺青後，林語堂打電報告訴賽珍珠夫婦。他們高興地覆電說：「你沒有意識到你的創作是多麼偉大。」[17]他們之所以有這樣的評價，是因為林語堂邊寫邊將文稿寄給了他們看，他們瞭解這部小說所達到的水準。1939年，《京華煙雲》由紐約約翰·黛公司出版，並立即被美國的「每月讀書會」選中，成為12月特別推銷的書。《時代書刊》也發表書評說：「《京華煙雲》很可能是現代中國小說之經典之作。」林語堂對《京華煙雲》也是滿意的。他對林太乙說：「我寫過幾本好書，尤其以寫《京華煙雲》自豪。」[18]還表示了希望他寫

16　林如斯：《關於〈京華煙雲〉》，《京華煙雲》（上），時代文藝出版社，1987年版。
17　林太乙：《林語堂傳》，臺灣聯經出版事業公司，1991年八版。
18　林太乙：《林語堂傳》，臺灣聯經出版事業公司，1991年八版。

的小說能夠傳世的願望。

《京華煙雲》出版後，林語堂極願抗戰中的祖國同胞很快能讀到它的中譯本。他知道郁達夫精通英語和擅長現代小說創作，又是自己的老朋友，便於1939年9月4日寫信請他將此書譯成中文。為了減少翻譯的困難，林語堂將原著所引用的出典、人名、地名和成語，作了三千餘條詳細的注解，前後注成兩冊寄去新加坡，並附了一張五千美元的支票。但因郁達夫當時正值與王映霞發生婚變，心境惡劣，因而只譯出很少（在《華僑週報》連載），便停止了。林語堂雖不無遺憾之感，但從未對人提過曾給郁達夫寄五千美元的事，足見他為人的敦厚。

1940年，日本出版了《京華煙雲》三個日文譯本（均有所刪削）[19]。許多國家也陸續把它譯成本國文字出版。而美國更是一版再版，在40年代便銷售了25萬部。因而，《京華煙雲》成為我國現代文學較早走向世界的一部重要作品。

《京華煙雲》能夠產生世界性的影響，並不是吹捧出來的。實際上，它確實是林語堂的嘔心瀝血之作，並無愧為我國現代文學史上的一部優秀的長篇小說。而它的鮮明特點是，在於用小說藝術的形式，表現了中國的傳統文化和中國現代社會的歷史進程，尤為謳歌了中國人民悲壯的抗日救國鬥爭。整部小說，可以稱作為充滿傳統文化精神的民族正氣歌。它所取得的成就，奠定了林語堂在文學史上作為小說

19　明窗社出版的藤原邦文的節譯本《北京曆日》，今日問題社出版的鶴田知也的譯本《北京之日》，四季書房出版的小田嶽夫、中村雅男、松本正雍合譯的《北京好日》。

家的地位，並體現了他作為國學家的底色。

這部小說反映了從庚子年間義和團反抗八國聯軍侵略起，到中國人民全面抗戰爆發止的近40年間中國社會的變遷。對此期間發生的種種重大事件，都作了真實的再現。譬如，清朝統治者怎樣由害怕義和團變為利用義和團，辛亥革命的發生，袁世凱稱帝，張勳復辟，五四運動爆發，五卅慘案和「三一八」大屠殺的真相，《語絲》派與《現代評論》派的論戰，北伐戰爭的經過，日本帝國主義侵華，日偽販毒走私，盧溝橋事變，「八一三」上海抗戰，等等。通過這些歷史事件的描述，展現了中國現代社會的激烈動盪情形。

在再現重大歷史事件的同時，小說對許多著名的歷史人物也作了符合實際的描寫。孫中山、宋慶齡、蔣介石、馮玉祥、傅增湘、林琴南、辜鴻銘、齊白石、慈禧太后、袁世凱、張勳、段祺瑞、曹錕、張宗昌等，都具有真實感。譬如，對孫中山讓位給袁世凱，作了這樣的描寫：「袁世凱做了中華民國的總統，因為孫中山先生把總統的職位讓給了他。這雖然是高風亮節，但是也未免太書生氣。不過這並非孫中山先生的過錯。」應該說，這樣寫來是再恰當不過了。又如對蔣介石的抗戰態度，也這樣如實地描寫道：「他這個人，在抗日的事情上，原來是消極的，畏首畏尾的。他是國民黨的領袖，是中央政府的首腦。他的消極態度不能不影響一大批黨政要人，這是令人遺憾的。西安事變將他一軍，給了他一個深深的刺激，他應該變得積極了。全國同胞是這麼期望他的。」而對共產黨領導下的抗日鬥爭，他則從側面作了肯定的暗示描寫：「陳三那一批人之中，很多人要去山西加入共產黨，因為那時他們揚言接受中共領導抗日了。」「至於他們怎樣

出城，怎麼打遊擊，在戰爭開始後幾個月，後來竟至幾年，他們阻擋日本進軍西北，都要讀者諸君自己去想像了。他們是勇敢的中國青年，在物質環境極艱難之下，他們的精神，奮發旺盛，他們的樂觀勇氣，堅強不摧，不屈不撓。」類似這樣一些描寫，都是具有正確的是非觀念和褒貶態度的。

小說正因為描寫了大量真實的歷史事件和歷史人物，以及人民群眾的活動，因而具有深厚的歷史感和強烈的反帝反封建精神，尤為突出地表現了中國人民反抗日本侵略者的堅強意志。小說用了不少的篇幅，表現了在日本侵略者最野蠻最殘忍的蹂躪下，中國人民遭受了空前未有的苦難，但終於覺醒和奮起反抗，決心「不把日本鬼子趕下海，誓不停戰！」小說對日本侵略者的罪行作了深刻有力的譴責：「那種暴行使文明人無法想像的，在未來幾百年，會使天下所有的人都一直看不起日本人，都一直看不起日本軍人。」同時更是表現了中國人民的堅定信念：「日本人用一萬年也征服不了中國」，中華民族將永遠「延續」下去，「多少億萬的中國人共同在這偉大的史詩時代，這偉大的史詩故事裡奮鬥生活……」可以認為，小說以沉鬱而悲壯的格調表現了令人激奮的民族正氣，特別是結尾處更是筆酣墨飽地表現了中國軍民震天撼地的殺敵救國豪情。

這部小說也融匯了豐富的中國傳統文化。這除了表現在具有深廣的歷史知識、民情風俗和風物描寫外，更突出地體現在通過人物形象對道家和儒家哲學作了藝術的反映。小說中的姚思安信奉道家哲學，體現了道家順乎自然、超脫禮俗和返樸歸真的思想；曾文樸信奉儒家哲學，體現了儒家重人倫秩序和修身齊家的思想。但對現代的人生來

說，單純的道家思想或儒家思想都不足以適應的。因而，小說通過「道家」之女的姚木蘭成了「儒家」的兒媳婦，體現了儒道互補的思想。她作為姚思安的女兒，由於耳濡目染，深得道家思想的真傳。當她嫁非所愛，成為曾文樸的兒媳婦後，又很快適應了曾家的生活秩序，妥善處理各種人倫關係。不過，在她的心裡卻一直默默地保持著對孔立夫的純潔的愛。直到立夫因寫文章攻擊時弊而被軍閥逮捕並有被處死的危險時，她以超人的膽識和智慧獲得了軍閥釋放立夫的「手令」。而後來當她發現丈夫有「外遇」時，她又以自己的聰明和大度，把事情解決得相當完美，維護了夫妻之愛。

然而，對於愈來愈複雜的現代社會生活來說，即使儒道互補，也往往難以解決種種矛盾和衝突。於是，小說又竭力表現了將儒道哲學跟西方進步思想的結合，跟國家民族命運問題的結合。即用西方的自由、民主和科學思想來使儒道哲學現代化，達到兩者的融合。小說描寫姚思安憂慮民族的生存時疾呼道：「要學新世界的新東西，忘了我們的歷史吧！」便是一個明顯的體現。而小說描寫姚木蘭因為日本侵略者威脅到她們母女的人身安全時，終於拋棄了村婦式的山居生活，融合在千百萬流亡的人群中，成為忍苦、勇敢、偉大民眾的一員，則更是表現了她原有的道家思想發生了極大的變化。

小說所有的這些描寫，有力地啟示人們，現代中國人既要弘揚和發展民族文化的優良傳統，但又不宜僅僅滿足於傳統文化所固有的東西，而應該放眼吸收新的思想，才能適應個人和民族生存發展的需要。可以認為，小說實際上在探討怎樣弘揚民族文化的問題，並得出了有益的結論。

《京華煙雲》作為一部鴻篇巨制，自然也還有其他方面的成就。諸如主要人物形象鮮明，個性突出，情節豐富曲折，結構縝密，語言凝煉，風格樸實、渾厚，等等。而且可以認為，整部小說在各個方面都是力求做到民族化的，並且達到了較高的水準。至於它跟《紅樓夢》的關係，自然是有所借鑑的，但也有明顯的不同。它有自己的創造，有自己的成就和價值。那種以借鑑《紅樓夢》為理由而基本否定它的看法，是不公平的。試問，在現代文學史上的名著中不也有明顯地借鑑了《紅樓夢》藝術的嗎？為什麼對《京華煙雲》卻要貶抑呢？

9.7 傳統文化成為抨擊法西斯的武器

1939年，德國法西斯更加瘋狂地吞併弱小的鄰國，並威脅著英、法等國。而英、法等國也正在積極備戰，準備抗擊。林語堂預感到歐洲戰爭隨時都有爆發的可能，便決定提前離開巴黎，返回美國，並打算看看國內戰爭怎樣發展後，再考慮回國。

回到紐約後，林語堂一家住在曼哈頓八十六街的一個公寓裡。這時，他成了美國文化界注目的人物，演講、作文之類的邀請紛至沓來。儘管他這時還在忙於《京華煙雲》的寫作，但仍然儘量參加了一些較為重要的文化活動。

5月9日，林語堂應邀參加了在紐約舉行的國際筆會第17屆大會。這次大會由美國歷史學家盧龍擔任主席，而林語堂則是在會上發表演講的三人之一。其他兩人是諾貝爾文學獎金獲得者德國的托瑪斯·曼，法國著名作家特洛亞。

林語堂演講的題目是《希特勒與魏忠賢》[20]。魏忠賢是我國明朝的一個異常奸佞而無恥的太監，為歷來中國人民所唾棄的千古罪人，也是林語堂最痛恨的小人。當林語堂看到希特勒給歐洲人民造成巨大的災難時，便將他與魏忠賢加以類比。其用意在於痛斥希特勒的極端殘忍和卑鄙，並預言他的下場必將跟魏忠賢一樣可悲。林語堂說：

　　當今有德國人以希特勒喻耶穌，就像中國有一位儒者倡議擅政獨裁的魏忠賢與孔子應當有同樣的地位。唯有這麼歌功頌德，才能保住差使，而反對他的官吏全給殘殺了。但是魏忠賢雖是聲勢顯赫，卻免不了人民的腹誹，其情形與今日之德國如同一轍。魏忠賢後來迫得只好自殺。自殺乃是獨裁暴君的唯一出路。

　　這不僅表明了林語堂的反法西斯立場，而且說明了他善於以魏忠賢這一中國歷史上的小丑作為一面反面鏡子，照出希特勒必然的可恥下場。頗有意思的是，五年後，果然不出林語堂所料想，希特勒真的走向自殺的末路。

　　在這次演講中，林語堂還指出人類文化有被法西斯戰爭毀滅的危險，呼籲各國作家應擔負起責任來，保衛自己的思想信仰自由，保持自己的個性，維護民族的文化。這實際上希望各國的作家站在進步立場上，堅持正義，抗擊法西斯對人類文明的浩劫。

　　林語堂還應邀為書評家兼編輯菲地門（Clifton・Fadiman）所編

20　　林太乙：《林語堂傳》，臺灣聯經出版事業公司，1991年八版。

的《我的信仰》一書寫了一篇有關他的信仰的文章。這本書一共收有十九位名人的文章，如愛因斯坦、威爾斯（美國作家）、賽珍珠（1938年諾貝爾文學獎金獲得者，美國作家）、杜威（美國哲學家）、羅素（英國哲學家）、桑塔雅那（西班牙哲學家和詩人）、魏白（美國社會主義經濟學家）和胡適、林語堂等。這說明在編者的心目中，林語堂是在西方有很大影響的中國學者之一。

在《我的信仰》一文中，林語堂表示厭煩繁瑣哲學，但喜歡對生命、生活、社會、宇宙及造物有一貫而和諧的態度，並特別推崇道家哲學。他寫道：

我們唯有走廣義的神秘主義的一途，例如老子所宣導的，以廣義言之，神秘主義乃為尊重天地之間自然的秩序，一切聽其自然，而個人融化於這大自然的秩序中是也。道教中的「道」即是此意。它涵義之廣足以包括近代與將來最前進的宇宙論。它既神秘而且切合實際。道家對於唯物論採取寬縱的態度。以道家的說法看來，唯物主義並不邪惡，只是有點呆氣而已。而對於仇恨與妒忌則以狂笑沖散之，對於恣意豪華之輩道教教之以簡樸；對於度都市生活者則導之以大自然的優美。對於競爭與奮鬥則倡虛無之說柔克剛之理以救濟之。對於長生不老之妄想，則以物質不滅宇宙長存之理以開導之。對於過甚則敬之以無為寧靜。對於創造事業則以生活的藝術調和之。對於剛則以柔克之。對於近代的武力崇拜，如近代的法西斯國家，道教則謂汝並非世間唯一聰明的傢夥，汝往前直衝必一無所得，而愚者千慮必有一得，物極則必反，拗違此原則者終必得惡果。至於道教努力和平乃自培養

和氣著手。

　　我們真是處於超野蠻時代。野蠻行為加以機械化敢不是野蠻行為了麼？處於這個冷酷的時代唯有道家超然的憤世嫉俗主義是不冷酷的。然而這個世界終有一天自然而然的會變好的。目光放遠點，你就不傷心了。

　　這一番話表明，林語堂對於道家哲學所具有的樸素的唯物辯證法思想，是頗有瞭解的。他以為道家哲學的根本和精髓，是要人們遵從「天地之間自然的秩序」，而且道家總是以種種方法來矯正或調和違反「這大自然的秩序」的行為。他指出「近代的武力崇拜，如近代的法西斯國家」，是「拗違此原則」的。而且，「物極則必反」，「終必得惡果」，法西斯是不可能得逞的，「這個世界終有一天自然而然的會變好的」。可見，林語堂在這裡不僅宣揚了道家哲學，而且借道家哲學指斥了法西斯的倒行逆施。

　　這年9月1日，歐洲戰爭終於爆發。出於對德國法西斯的憎恨，林語堂於11月12日在《紐約時報》發表了《真正的威脅不是炸彈，是概念》一文。他在文中表現了對法西斯戰爭的極大蔑視，深信人類文化絕不會被戰爭毀滅。他說：「戰鬥跟求生一樣，是人生本能，但二者相較，我相信求生的本能比戰鬥的本能為強，所以求生的本能絕不會喪失；求生的本能既不會喪失，那麼文化，或者說生活的藝術，當然不會毀滅了。」正當法西斯異常猖獗、不可一世之時，林語堂所表達的這樣樂觀而堅定的信念，是能起到激勵人們的作用的。

9.8　回到重慶

1940年5月，林語堂及其一家回到重慶。他回來的第二天，蔣介石夫婦便接見了他。然後，林語堂一家便在北碚鄉間買下的一套房子裡住了下來，並準備長期居住下去。

林語堂在北碚居住了一個多月，幾乎天天都要跑進防空洞裡躲避日機的空襲。於是，他和妻女於7月6日搬到縉雲山一座廟宇裡居住。可是，還是無法躲避日機的狂轟濫炸。

在這些日子裡，林語堂親身感受到了戰時重慶充滿濃烈的抗戰氣息，並親耳聽到過好些抗戰的真實故事，精神上受到了很大的鼓舞。但是，他更是覺得與其在重慶天天跑警報，不如在國外為國宣傳抗戰。於是，徵得宋美齡的支持後，便決定於8月20日重返美國。

啟程前一天，蔣介石夫婦在官邸招待林語堂一家。而且，林語堂接受了入美的「官員簽證」護照，代替了往時的「遊客簽證」，從此便可以減少每隔六個月須離開美國一次然後重新申請入境的麻煩。但他沒有接受過蔣介石政府的一分錢。而他為了表示對抗戰的支持，卻將他在北碚那套四室一廳的住房連同傢俱，一道捐贈給了中華全國文藝界抗敵協會使用。

林語堂一家又要去美國的消息傳開後，輿論界一時有所非議。本來林語堂剛回來時，就有人說：「林語堂鍍金回來啦！」而現在更是有人認為：「林語堂拗不住跑警報，又回美國去啦！」可是，郁達夫當時卻不這樣看，並替他說了公道話：

林語堂氏究竟發了幾十萬洋財，我也不知道。至於說他鍍金云云，我真不曉得，這兩個字究竟是什麼意思。林氏是靠上外國去一趟，回中國來騙飯吃的麼？抑或是林氏在想謀得中國的什麼差使？文人相輕，或者就是文人自負的一個反面真理，但相輕也要輕得有理才對。至少至少，也要拿一點真憑實據出來。如林氏在國外宣傳的成功，我們則不能說已經收到了多少的成效，但至少他總也算是為我國盡了一分抗戰的力，這若說是鍍金的話，那我也沒有話說。總而言之，著作家是要靠著作來證明身分的，如同資本家要以財產來定地位一樣。蹂犬吠堯，窮人忌富，這些於堯的本身當然是不會有什麼損失，但可惜的卻是這些精力的白費。

　　林語堂回到美國後，確實是盡力為國宣傳抗戰的。他接受了《紐約時報》記者的訪問，登出了以《林語堂認為日本處於絕境》為題的報導。他先後在《紐約時報》讀者來信專欄發表了五封書信，批評美國政府玩弄兩面派手法，即表面上同中國保持友好關係，而暗地裡卻一再賣給日本大量的戰爭物資。此外，他還在《新國民》（The New Republic）、《大西洋》（The Atlantie）、《美國人》（The American）、《國家》（The Nation）、《亞洲》（Asia）及《紐約時報週刊》等雜誌發表文章，談論「中國對西方的挑戰」、「中國槍口直對日本」、「西方對亞洲需有政治策略」等問題。林語堂的有關言論，不僅具有鮮明愛國立場，而且有著強烈的愛惜和是非感，因而在美國民眾中產生了良好的影響。

9.9 《中國與印度的智慧》和《啼笑皆非》

林語堂在美國，一直自覺地致力於弘揚中華民族文化和宣傳抗戰。至1942和1943年，他又分別出版了《中國與印度的智慧》和《啼笑皆非》兩書。

《中國與印度的智慧》一書，由藍登書屋出版。這本書介紹中國和印度的文化經典，諸如老子《道德經》、《莊子》、《中庸》、《論語》及《詩經》等等。全書長達一千餘頁。這是林語堂繼編寫《孔子的智慧》之後，向西方介紹儒家和道家作品的一本重要的書。

《啼笑皆非》，則由紐約約翰·黛公司出版。它是一本政論著作，曾風行一時，成為美國1943年最暢銷書之一。它不僅具有異常強烈的政論性，而且充滿著中國傳統哲學的色彩。

該書的一個突出內容，是林語堂憤激地批評美、英對華的錯誤態度。他表示：「在我國與日本作殊死戰時，誰打中國的耳光，就同有人伸手打我一樣。」因而，他一口氣訴說了它們的七大錯誤。一是中日戰爭爆發後，美國採取所謂的「中立」立場，但一直運送汽油和廢鐵去東京，使日本人轟炸中國婦孺，而羅斯福卻宣稱他們的「政策成功」。二是英國政府無意用自己的軍隊去保衛緬甸，又不肯讓中國軍隊及早進入緬甸與日軍作戰，以致日軍佔領了緬甸，使援華物資無法通過滇緬公路運入中國。三是英國在印度和緬甸扣留根據租借法案要交給中國的物資。四是滇緬公路被封鎖之後，美國不肯供給中國適當的空中運輸工具。五是中國軍事代表團到華盛頓提供情報和協同擬具

共同作戰計畫時，受到了冷遇。六是誣衊中國為「法西斯主義」，「帝國主義」，「囤積供應物資」，不給中國軍事援助，使中國受到傷害和侮辱。七是美英蘇三國首腦在卡薩布蘭卡開會竟將作為盟國的中國排斥在外，卻又說是因為史達林反對中國參加。林語堂之所以這樣直言不諱地批評美國和英國的對華錯誤態度，目的是為了「打破封鎖供應中國物資的華盛頓堅壁」，以便有利於中國的抗戰。

同時，林語堂尖銳地批評了西方國家想由白種人統治世界的企圖。他指出，它們奉行「物質主義」，「強權政治」，「地緣政治」，正是為實現世界霸權服務的。「物質主義」在「控制著所有的戰後計畫」，「如果強權政治的概念一直不改變……我們的子孫必然還要流血」，而所謂地緣政治則是「征服世界及世界鬥爭的政治，有意的將政治建立在地理戰略觀念上」。可是，他斷言它們的企圖是無法實現的，因為「亞洲的出現簡直就是帝國主義時代之末日」。

此外，林語堂用儒、道哲學探討了世界和平問題。他有感於第一、二次世界大戰給人類造成了巨大禍害，認為「人民需要和平」，提出了一種「和平的哲學」。他說：

　　和平就是一個極現實的生活條件……我們必須有一種哲學使我們相信和平是積極的，而不僅是免除衝突和戰爭──一種消極的理想。和平是富足，是生長，運動，行動和生活。和平與諧和一樣自然，因為那是人們的正常方式，人們反對戰爭正如直覺的反對音樂的不調和一般。所以家庭和平，國內和平，以及世界和平的心理都不能十分不同─那只是社會關係的諧和。

鑒於對和平的認識，林語堂認為中國的傳統哲學是有益於世界和平的哲學原素。諸如老子的知足和不爭哲理有益於各國之間不打仗，孔子強調的禮樂治國有助於「大順」的世界和平，孟子的人類天性善良論有益於發揚人類的共同尊嚴和平等，等等。顯然，在他看來，中國的傳統哲學中有不少對人類和平大為有益的哲理，有必要加以繼承和弘揚。

可以認為，《啼笑皆非》反映了林語堂的政治觀和哲學觀的某些重要方面，因而具有一定的價值。

9.10　再回重慶

1943年秋，林語堂再次回到重慶，打算「一則參觀國內情形，二則報告國人國際政治思想動向」[21]。

他這次回來，更加受到了國民黨黨政要人的重視。先後住在熊式輝和孫科家裡。蔣介石夫婦曾六次接見他，給了他侍從室「顧問」頭銜。並被安排到寶雞、西安、成都、桂林、衡陽、長沙、韶關等地參觀。

他在重慶和到各地參觀期間，曾應邀作了幾次講演。如1943年10月16日，在重慶中央大學作了以《論東西文化與心理建設》為題的講演；11月13日，在西安青年堂作了以《中西哲學之不同》為題的講演；1944年1月14日，在長沙中山堂作了以《論月亮與臭蟲》為題的

21　《論東西文化與心理建設》，1943年10月26日重慶《大公報》。

講演。這些講演有相同的主旨，即強調東西文化各有長處和不足，都應該認真加以研究，以使它們溝通和互補。他說：

但是要一般社會有自信心，必須國人對於吾國文化及西方文化有一番相當正確的認識。認識吾國文化，本非易事；認識西方文化，也非朝夕可致。必有好學深思之士，通達古今，兼有悟力識見，始貫通得來。

這等於講中國文化固然不是十全十美的文化，外國文化也不是十全十美。各國文化有其利弊優劣，外國月亮也要欣賞，外國臭蟲也要防範。對本國外國文化都具真切的認識，批評的眼光。東西的優劣，應以大公無私的學者眼光見識去批評，這才可叫做東西文化之溝通，而且溝通得起來。

要真正達到溝通東西文化境地，第一便須有自信心，立穩腳跟。要自信心，必有膽識，然後方能方寸不亂，去批評各方的優劣。東方月亮也賞，西方月亮也賞。東方臭蟲要拍滅，西方臭蟲也要撲滅。若自信心不立，先自慌張，認為東方本無文化，方寸已亂，見了西洋文化，五體投地跪拜，怎能夠說得上批評。

盲目拜外，固然不是，一味復古，也無是處。在這一點，更需要對於儒道釋有真知灼見的學識。儒家的中心思想，必須找到，始可以談到中國固有的文化。尤其要與西方比較一下，權其輕重，知其利弊，棄其糟粕，取其精華，得一哲學條理，然後可謂學者的批評態

度，然後可合大國之風。我想大學修身齊家治平的話，顯而易見，其理易尋，懂得的人，十有八九。但是，中庸一書，真懂中庸至德，而能以科學原理說出來的，也許國中沒有幾人。怎麼叫做唯天下至誠為能盡其性，及盡人性盡物性之關係，都有玄通的哲理在焉。再如莊子齊物之論，列子商丘開之喻，都可與現代科學相對證，使理益彰而意益明。這也是治學的人應用一番苦心，發明新知，使古今中外互相印證，這樣做法，然後可以融會貫通，自由自在，書為我用，我不為書用，收古今中外為我注腳。

總之，要講東西文化的溝通，大家必須肯用頭腦，用思、學並用的功夫，然後能貫穿中外。由思而疑，由疑而悟，自然到達一種融會貫通之樂，並由融會貫通，而對吾國舊有文化起立信心。有自信心，而後中國人敢說中國話，已往文化思想得以斷續不墮。

所有這些看法，無疑都是正確的，並有較高水準的。這表明林語堂對東西文化確實作過長時期的比較研究，才有這樣真切的見解。不過，他在有關講演中，也說了一些不妥當的或片面性很大的話。如說左派作家「一味抹殺固有文化」，反對「讀古書」，「對西洋思想文化，也無認識」；又如說《三國》、《水滸》宣揚的忠孝節義對中國人民仍有積極的影響；等等。

正因為這樣，當時左派作家對林語堂非常反感。郭沫若首先在《新華日報》發表了題為《啼笑皆是》的文章，極力挖苦和諷刺林語堂。接著，田漢、秦牧、曹聚仁等也刊出了抨擊他的文章。一時間，

形成了聲勢不小的批林熱潮。應該肯定，他們對林語堂的某些批評是對的。如指出他將中國人民奮起抗戰說為「純是忠孝節義之說深入人心」，是無視現實的說法；又如指出他說左派作家反對「讀古書」，則是「算舊帳」；等等。可是，對他的批判也有過分之處。這表現在無視他在國外宣傳抗戰，否定他的東西文化觀，說他「東方既未通，西方也不懂，只靠懂得一點洋涇浜的外國文，撿拾一些皮毛來，在那裡東騙騙西騙騙」[22]，甚至於說他是一個「賣身投靠的幫閒清客」[23]。顯然，這些看法是不符合實際的。

對於這些指摘，林語堂當時沒有加以答辯，只是在答記者陳凡訪問時作了這樣的表示：「郭沫若的文章完全是謾罵，我不預備答覆。至於曹聚仁，我在中央大學演講的時候，是特別指出曹聚仁的，他，他們那班人，以前在上海天天勸人不要讀古書，說古書有毒⋯⋯我說要讀古書，就是希望我們要知道自己。至於說我的英語好不好，只有讓英國人，美國人，總之懂得英語的人去批評，郭沫若是沒有資格批評我的英語的。至於讀《易經》，郭沫若也是讀的，我林語堂也是讀的，我林語堂讀了，不敢說懂，郭沫若讀了，卻偏說懂，我與他的分別只是這一點。」[24]可見，林語堂對郭沫若等人給予他的批評是很不服氣的。當他1944年春離國赴美前夕，他還寫了《贈別左派仁兄》三首詩，流露了對左派作家的不滿。

22　郭沫若：《啼笑皆是》，《評林語堂》（陳蕩編輯），桂林華光書店，1944年版。
23　憶松：《現實駁倒了誰》，《評林語堂》（陳蕩編輯），桂林華光書店，1944年版。
24　《評林語堂・編輯雜記》（陳蕩編輯），桂林華光書店，1944年版。

第十章

繼續在海外弘揚中華民族文化

和反對美國製造「兩個中國」

10.1　以傳記形式介紹中國文化—《蘇東坡傳》

1945年8月15日，日本帝國主義被迫宣佈無條件投降。中國人民浴血奮戰八年之久的抗日戰爭，終於取得了偉大的勝利。

抗戰勝利後，林語堂沒有回到國內，繼續留在美國致力於弘揚中華民族文化。

林語堂這時著手寫《蘇東坡傳》，歷時三年完成，於1947年由約翰・黛公司出版。

林語堂向來對蘇東坡有特別的好感，認為他「有魅力、有創意、有正義感、曠達任性、獨具卓見」，但「吃苦吃得太多了」[1]。因而，他1936年攜家赴美時，便將有關蘇東坡的資料13類124種帶到美國，準備有機會時寫一本書來介紹他。可以說，寫《蘇東坡傳》，是他醞釀了多年的事情。

在寫作過程中，林語堂重新閱讀了蘇東坡的作品及跟他的經歷有關的大量材料，研究了他一生中的重要活動及時代環境，盡可能地忠於史實，連蘇東坡和有關人物說的每一句話都做到了有所本，並盡力突出傳主蘇東坡的個性特點。可是，在傳記中又不乏林語堂的主觀感情，使傳主蘇東坡成為林語堂理想化的人物。而且可以認為，整部傳記充滿著才情，文采斐然，以傳主蘇東坡為載體，融匯了豐富的民族文化知識，使它無愧為用傳記形式向西方介紹我國文化的一部優秀作品。因而，自它問世以後，不僅為林語堂所偏愛，而且為歷來的中外

1　《蘇東坡傳・原序》，臺北遠景出版事業公司。

讀者稱讚不已。

《蘇東坡傳》的一個顯著特點是，注重描寫傳主蘇東坡與時代政治風雨的關係。林語堂認為，蘇東坡與王安石變法的衝突，「決定了他一生的經歷，也決定了宋朝的命運」。因而，他盡力描述了王安石的變法情形和蘇東坡對它所持的態度。他除了肯定王安石的個人修養好（不貪汙，不好色），文章出色，思想創新，口才絕佳，是能幹的行政人才外，也認為其「改革的動機不容置疑」，某些改革措施也是好的，如青苗法「計畫本身完善合理」，免役法是「最好的新政」等等。可是，他更是認為王安石的改革是失敗的，產生了「悲慘結果」。而其原因在於實行「變法」過程中，出現了事與願違的情況。譬如，實施青苗法時強迫農民貸款，甚至由富人貸款後向農民放高利貸，結果給農民帶來了災難。又如實施免役法時，「政府的興趣在稅收，人民免役的福利完全被保甲法所抵消，保甲法強迫服役，比徵兵更糟糕」。此外，王安石在變法過程中，排斥異己，用人不當，造成嚴重後果。

至於蘇東坡對王安石變法的態度，林語堂認為是反對的。譬如，蘇東坡曾一再上書神宗皇帝，攻擊青苗法，勸告神宗不要用權勢逼人民屈服，要靠異議的健全來完善政府職能。不過，他對蘇東坡批評變法帶來不良現象的詩篇，卻給予了充分的肯定。認為蘇東坡那些詩篇對現實的譏諷和針砭是「正義的批評」，「沒有人比蘇東坡更充分表達民間的疾苦」，「其中並沒有叛變的意識，沒有公開批評，沒有反對當局。但是這些詩具有蚊子叮的效果。叮幾下叫人著惱；叮太多就叫人整夜睡不著」。他還指出，正因為蘇東坡對王安石變法持不同態

度，因而一再遭貶，甚至鬧出「烏台詩案」，遭到逮捕並被關押了四個多月，險些兒被殺害。直到哲宗皇帝時代，蘇東坡因為受過太后的寵愛，反對變法，又再次受到迫害，被流放嶺南惠州和海南儋州。對於蘇東坡的這些遭遇，他是深表同情的。

同時，《蘇東坡傳》把傳主蘇東坡描寫成集儒道釋於一身的政治家和詩人。林語堂認為，蘇東坡是一位「巨儒政治家」，本質上是奉行忠君報國思想的。因而，他描寫了蘇東坡受到英宗皇后的信任之時，竭誠向她提出別人不敢說的意見，爭取「廣開言路」，促使朝廷不再實行青苗法，嚴懲政府官員貪汙和無能，減少政府冗員。同時，他也描述了蘇東坡做地方官時怎樣忠於職守，政績顯著。如擔任徐州太守時，組織群眾和禦軍抗洪，保住了徐州城；擔任杭州太守時，完成了杭州的供水系統，建立公立醫院，疏通鹽道，重整西湖，平抑糧價，熱心賑災。被貶惠州期間，則關心惠州城的改善工作，修建了兩座橋，一座橫越大江，一座橫越惠州的湖泊，並曾建議廣州太守王古用竹管將泉水引入廣州供市民飲用，以減少疫病。

在林語堂看來，蘇東坡並不是一個腐儒，而是一個既有濟世思想又玩佛通道的「樂天才子」。他「始終卷在政治漩渦中，卻始終超脫於政治之上」，在順境中不做政客，在逆境中又能安貧樂道，熱愛生命，自得其樂，活得快慰。譬如被貶黃州時，甘心務農，願為隱士，研究佛學和道教，學習瑜珈術和煉丹術；任杭州太守時，游遍了城裡城外的一百多個寺廟，時常混跡於道士和妓女之間；受貶惠州時，更是醉心於煉丹術，信仰簡樸生活和無邪思想，以求長生不朽。

第三，《蘇東坡傳》充分表現了傳主蘇東坡的個性、才華和魅力。在林語堂筆下，蘇東坡是一個個性鮮明的人物。他愛唱反調，敢於堅持原則和自己的主張，討厭虛偽和欺騙，對看不慣的事物總是「如蠅在食，吐之乃已」；是一個具有幽默感的樂天派，一個偉大的人道主義者，一個百姓的朋友，同情人民疾苦；是一個大哲學家，儒家弟子，自然詩人，不完全是清教徒，更不願把時光完全浪費在醇酒美人身上。他具有非凡的天分，傑出的才華，是一個大文豪，大詩人，大書法家，創新的畫家；他的中秋詞，「大江東去」，「十年生死兩茫茫」是千古絕唱，他的「士人畫」具有革新精神，他所有的詩文都具有「真誠性」，單純自然，「能取悅千秋萬世的讀者，超越一時的文風而留傳下去」。正因為這樣，他具有特殊的大魅力，在中國歷史上特別是文學史上佔有重要的地位，一千年來都不斷有人真心地崇拜他。

第四，《蘇東坡傳》融匯了豐富的中國文化知識。傳主蘇東坡既是從政多年的政治活動家，又是多才多藝的天才；既潛心探究過儒道釋哲理，又足跡遍及了大半個中國的名山大川。這就必須運用多方面的文化知識，才能真切地表現出蘇東坡的風貌。實際上，書中確實運用了大量的歷史知識，儒道釋知識，瑜珈術和煉丹術知識，詩詞、美術、書法鑒賞知識，以及地理風物知識（如長江三峽的雄奇，杭州山水的秀麗，黃州、徐州、惠州和儋州等地各具特色的景物）等等。所有這些，都使這書具有很高的文化價值，使讀者愛讀和耐讀，獲益很大。

此外，《蘇東坡傳》還寫了林語堂的一個獨到的發現，即向來認

為蘇東坡有一個「不美而才高」的妹妹的說法，純屬「民間傳記，並無史實根據」，但他卻有一個堂妹，而且是他「初戀的對象，他至死對她柔情萬縷」。

總之，《蘇東坡傳》是充分顯示出林語堂的才華和學問的一部佳作。它有益於人們瞭解蘇東坡和宋代的歷史文化，而且至今仍能給人許多美感。

10.2　編寫《老子的智慧》

1947年春，經陳源提名，林語堂前往巴黎出任聯合國科教文組織美術與文學組主任。他上班後，忙得疲倦至極。每天下午回到家裡，他總是躺在沙發上，動也不能動。於是，他不久便提出辭職，並從巴黎搬到法國南部的坎城，繼續以寫作為業。

在坎城，林語堂除寫了小說《唐人街》外，還編寫了《老子的智慧》和《美國的智慧》等書。《老子的智慧》是應藍登書屋約請寫的，列為「現代叢書」之一，並於1948年出版。

《老子的智慧》，是林語堂向西方介紹道家乃至整個中國古代哲學思想的一部重要著作。全書除了序論、序文外，設有七章，即「道之德」、「道之訓」、「道之體」、「力量之源」、「生活的準則」、「政治論」和「箴言」。每章的具體內容，則是《道德經》的一部分和《莊子》的有關文字，並附有譯文。

在序論中，林語堂闡述了有關道家哲學諸問題的看法。

其一，道家哲學與儒家哲學有很大不同。具體表現在：

孔子學說的人生觀是積極的。而道家的人生觀則是消極的。道家
學說為一大「否定」。而孔子學說為一大「肯定」。孔子以禮義為教，
以順俗為旨，辯護人類之教育與禮法。而道家吶喊重返自然，不信禮
法與教育。

孔子設教，以仁義為基本德性。老子卻輕蔑地說：「失道而後
德，失德而後仁，失仁而後義……」孔子學說的本質是都市哲學，而
道家學說的本質為田野哲學。

孔子學說中還有其他缺點，他過於崇尚現實，而太缺乏空想的意
象的成分。……孔子學說沒有神仙說，而道教則有之。

道家哲學為中國思想之浪漫派，孔教則為中國思想之經典派。確
實，道教是自始至終羅曼斯的：第一，他主張重返自然，因而逃遁這
個世界，並反抗狡奪自然之性而負累的孔教文化；其次，他主張田野
風的生活、文學、藝術，並崇拜原始的淳樸；第三，他代表奇異幻象
的世界，加綴之以稚氣的質樸的「天地開闢」之神話。

所以道教是中國人民的遊戲姿態，而孔教為工作姿態。這使你明
白每一個中國人當他成功發達而得意的時候，都是孔教徒，失敗的時
候都是道教徒。道家的自然主義是服鎮痛劑，所以撫慰創傷了中國人
之靈魂。

這兩家最大的異點：儒家崇理性，尚修身；道家卻抱持反面的觀
點，偏好自然與直覺。

林語堂的這些論述，是他首次對道家學說和儒家學說作較系統的

比較，並具有較高的概括性。這表明他這時對這兩派學說有了進一步的總體把握。

其二，闡釋了老子思想所具有的某些重要特點。林語堂認為，老子《道德經》雖然在文學史上的地位不如《莊子》，但是它蓄藏著「更為精煉的俏皮智慧之精髓」。它是世界文壇上最光輝燦爛的自保的陰謀哲學。它不只是教人以放任自然，消極抵抗，而且教人守愚之為智，處弱以為強。它所說的「不敢為天下先」，就是不受人注目，不受人攻擊，因而便能立於不敗之地。對於老子哲學最高範疇的「道」，他認為是宇宙的神智，萬物的根源，是賦予生命的原理；公正無私，含蓄無形，看不見摸不著。它創造了萬物，改變了萬物；它是不朽的本體。而對老子為什麼總是強調以柔克剛，他則認為「答案是：宇宙周而復始的學說—所謂生命，乃是一種不斷地變遷，交互興旺和腐敗的現象，當一個人的生命力達到頂峰時，也正像著要開始走下坡路了，猶如潮水的消長，潮水退盡，接著漲潮」。類似這樣一些問題的闡釋，都說明了老子哲學具有樸素的唯物辯證法思想。

其三，主張結合莊子來研究老子。林語堂認為，莊子是老子的弟子，是最偉大的道學家代表人物，而且「老、莊思想的基礎和性質是相同的」，「他們的觀點幾近完全一致」。如果有什麼不同的話，只是表達方法不同而已。如：老子以箴言表達，莊子以散文描述；老子憑直覺感受，莊子靠聰穎領悟；老子微笑待人，莊子狂笑處世；老子教人，莊子嘲人；老子說給心聽，莊子直指心靈。因而，他在這書中除了收入老子《道德經》全部內容外，還選擇了《莊子》的許多篇什，以便讀者更好地把握道家思想。

還須指出的是，林語堂曾於1938年編寫了《孔子的智慧》，1942年翻譯了《論語》、《道德經》和《莊子》，現在又編寫了《老子的智慧》，因而可以說將我國傳統文化的經典作品都介紹給西方讀者了。在他之前，西方傳教士和中外學者曾陸續做過一些譯介我國傳統文化的工作，譬如《老子》一書就有過12種英文和9種德文譯本，辜鴻銘也精心翻譯了《中庸》。但真正給西方讀者提供了相當完備讀物的還是林語堂，也可以說許多西方人都是從林語堂的有關著作中瞭解中國傳統文化的。因而，林語堂確實是努力使中國傳統文化走向世界的重要學者。

10.3 譯介中國古代小說名作

林語堂在坎城住了較長一段時間（中間曾去瑞士，但因為瑞士要交納的所得稅奇高，不久又搬回坎城），編寫了《老子的智慧》等書後，又偕廖翠鳳回到紐約。

此後幾年間，林語堂在弘揚中華民族文化方面，主要是致力於譯介我國古代的小說名作。1950年，他將《杜十娘怒沉百寶箱》改寫成《杜十娘》（Miss Tu）一書，由倫敦威廉・海涅曼公司出版。1951年，他將《杜十娘》和節譯的《老殘遊記二集》等，合成《寡婦、尼姑、歌妓》一書，由約翰・黛公司出版。1952年，他又在約翰・黛公司出版了《英譯重編傳奇小說》（Famous Chinese Short Stories）。此書共收入20篇唐宋傳奇、話本小說和清代志異小說，用英文改寫，並寫有導言。這些書出版後，銷路很好，頗受讀者歡迎。

《英譯重編傳奇小說・導言》，是一篇有一定學術價值的文章。它除了說明該書編選的宗旨外，還闡述了林語堂對我國古代短篇小說的看法。他認為，我國唐代以前許多記述神怪的作品，「皆失之淺陋」。短篇小說成為一種藝術形式始於唐代的傳奇，其特點是，「類皆簡短，通常皆在千字以內，為古文體，遒勁有力，異乎尋常，極能刺激想像」。宋朝的話本則是短篇小說的新發展，由民間口語文學發展而成，大都稱得起「佳妙」之作，「文筆極洗煉」。對於明代的短篇小說，他卻認為「主題皆陳陳相因，敘述亦平庸呆板，其中趣味濃厚之故事雖亦不少，唯不能顯示人類個性，意義亦不深刻」。此外，他對清代蒲松齡的小說極為讚賞。稱「中國神怪小說作家數以百計，其描寫深刻入微，故事美妙生動者，唯蒲氏一人」。這些說法都是符合實際的，有助於西方讀者瞭解我國古代短篇小說發展狀況及其特點。

　　林語堂所譯介的有關小說，並不是將原作直接譯成英文的，而是採用「重編」的方法，用現代短篇小說的形式和技巧寫成，對若干作品的故事有省略或增加，「冀其更能美妙動人」，成為「精心結構之作」。可以說，他的「重編」，是對原作進行改寫，是「再創作」。這對於向西方譯介我國古代文言小說，是一個成功的創舉，提供了可貴的經驗。

10.4　三次榮獲榮譽博士學位

　　林語堂自旅美以來，一直兢兢業業地用英文寫作並出版了一本又

一本介紹中華民族文化的著作，促進了西方讀者對中華民族文化的瞭解，為溝通中西文化作出了突出的貢獻。為了表彰他的努力精神和所取得的成就，先後有三所美國高等學府授予他榮譽博士學位。

1940年，紐約艾邁大學（Elmira College）率先授予林語堂榮譽文學博士學位。該校校長讚揚他說：

林語堂——哲學家、作家、才子——是愛國者，也是世界公民，您以深具藝術技巧的筆鋒向英語世界闡釋偉大中華民族的精神，獲致前人未能取得的效果。您的英文極其美妙，使以英文為母語的人既羨慕欽佩又深自慚愧。

1942年，新澤西州若特洛斯大學（Rutgers University）授給他同樣的榮譽。

1946年，林語堂又獲得威斯康辛貝路艾特大學（Beloit College）授予的榮譽人文學博士學位。該校校長讚揚他說：

林博士，東方學者，世界文士，您具有國際思想，為中華民族揚眉吐氣，您的卓越不凡的寫作已使您在世界上成為非官方的中國大使。

從這些讚詞來看，美國學界是充分肯定和高度評價了林語堂的才華、學問和弘揚中華民族文化所取得的成就的。尤為值得注意的是，他們都認為林語堂為中國贏得了莫大的榮譽。這就表明，他是博得了

美國學界衷心尊重的中國學者。

10.5　嚴肅的歷史傳記——《武則天傳》

事業上一直一帆風順的林語堂，也曾有過幾次嚴重的挫折。1952年因為研製中文「明快打字機」耗資12萬美元，陷入了傾家蕩產的境地。1953年因版稅等原因跟交往多年的賽珍珠夫婦絕交。1954年出任南洋大學校長又弄得極不愉快而辭職。這些接踵而來的打擊，使林語堂精神上不無苦悶，而廖翠鳳更是心靈創傷嚴重。

為了排解苦惱，平復受傷的心靈，林語堂於1955年夏天帶著廖翠鳳、林如斯、林相如，前往歐洲漫遊了幾個星期。然後，林如斯回美國找工作，林相如往哈佛大學研究院讀生物化學（後獲博士學位），而林語堂夫婦則留在法國坎城，並住了近兩年之久。

林語堂這次居留坎城期間，仍然是埋頭寫作。除寫有科幻小說《遠景》外，還寫了傳記著作《武則天傳》，並於1957年由世界出版公司出版。

《武則天傳》，是林語堂繼《蘇東坡傳》之後寫的又一部有價值的歷史傳記著作。但兩書的寫作旨意有所不同。他寫《蘇東坡傳》是將蘇東坡作為古今中外的一個理想人物來推崇的，而寫《武則天傳》則是把武則天作為中國歷史上乃至世界史上為數不多的「邪惡之徒」來暴露和鞭撻的。

《武則天傳》與《蘇東坡傳》的寫法也不同。《蘇東坡傳》是由

作者直接記敘，以作者全知的方式來寫出一切；而《武則天傳》則借武則天的孫子李守禮的「唐邠王回憶錄」的形式，描述了武則天的一生。他之所以採用這樣的寫法，目的是為了使讀者相信所寫的都是真實的。

林語堂寫《武則天傳》，完全以《舊唐書》與《新唐書》為依據。書中的人物、事件、對白乃至許多具體資料，都來源於這兩部歷史著作。也就是說，盡力做到了符合歷史的真實。這就決定了它是一部歷史傳記，而不是歷史小說。但它也並非純客觀的記敘，而是有一定的主觀性的。這體現在憑作者的主觀態度來選擇材料和突出重點，並在記敘中注入了作者的強烈感情。因而，它不僅具有歷史真實感，而且具有較強的感染力。

《武則天傳》，詳盡地描寫了武則天是怎樣由一個普通侍女變成為中國歷史上唯一的女皇帝的，而她爬上女皇前後的歷史又是怎樣充滿罪惡的。她野心勃勃，陰險狠毒，計謀多端，專橫暴虐，窮奢極侈，淫蕩無度。因而，林語堂指出：「武則天是一個頑強任性野心極大而又非常聰明的女人。中國歷史上，也可以說世界歷史上，女人從未做過的事，她做出來了。在一般中國人的想像中她晚年的荒淫敗德，使她執政時驚人的才幹黯然失色。在中國歷史上她的地位是無與倫比的，在世界歷史上她當得的地位也足以偉大的邪惡之徒遺臭萬年了。」

林語堂描寫武則天的最重要特點是，充分揭露她怎樣使用種種陰險狠毒的手段來實現其野心。在《武則天傳》原序中，林語堂曾說：

我寫這本武氏傳，是對智慧犯罪做一項研究。她的野心已到瘋狂的程度，但方法卻精確可靠，穩紮穩打，她冷靜鎮定，方寸不亂。瘋狂與不瘋狂，到底區別何在呢？誰有資格決定？無論如何，武則天的按部就班對她丈夫皇朝的推翻之所以成功，就是由於她敏銳冷靜的智慧與厚顏無恥膽大包天的野心合而為一的結果。若是她的行動犯罪，她卻時時能使之合理合法。她的狡點，她的機敏圓滑，她的強悍無恥，是無可置疑的。自古以來，似乎是這樣：殺一個人的人是兇手；殺三個，殺六七個，那他生來就是罪犯；若用組織完善的機構殺幾百人，那他是頭腦清晰的真正的凶魁罪首；倘若他殺了千萬百萬，他就成為歷史上的英雄，要想謙謝這個頭銜，也終歸無用了。

　　這一寫作告白，可謂道出了武則天之所以能夠使她的野心得逞的重要秘訣。而在《武則天傳》中，則異常具體地寫出了她怎樣一步一步地施展各種計謀而登上女皇寶座的。

　　林語堂筆下的武則天是這樣的：她原是太宗的一個侍女。自太宗死後，她設法使高宗迷上自己。然後為了奪取皇后的位子，她先是嫁禍於王皇后害死自己剛出生不久的女兒，接著又製造王皇后欲用巫術謀害高宗的毒計，使高宗終於廢掉王皇后。她當上皇后之後，為了鞏固自己的地位，又製造了所謂燕忠王圖謀造反案，除掉良將忠臣韓瑗、來濟、長孫無忌等，剪除了高宗的羽翼；而且先後害死了五個兒子，兩個兒媳婦，一個皇孫，一個孫女。真可謂「歷史上沒有一個皇后，世界上也沒有一個母親，把自己一家骨肉害得這麼多。謀殺成了習慣，兇手對謀殺就失去了恐怖，而武后之害人性命，一定有一種獨

攬生殺大權的快樂。我們現在所說的是一個超群出眾的非常兇手,在她心裡,屠殺就是偉大,就是權威」。高宗死後不到兩個月,她又廢掉新君中宗,改立睿宗。當徐敬業起兵討伐失敗後,她不僅殺了25個將領,而且建立間諜組織,實行恐怖統治,用最殘酷的手段殺害了無數的無辜者。因而,「在中國歷史上武后算是間諜組織的創始人,而且在武后的統治之下,苦刑的技巧與逼供的方法才達到最高的發展」。當唐室王公舉兵討伐武后失敗後,她對唐室皇族進行了四次大屠殺,造成十八家滅門,幾百家流放。後來還派人到廣東、四川、貴州、廣西、雲南等地殺害了唐室遺孤二千六百餘人。無疑,「在中外歷史上,武則天倘若不是最大的兇手,毫無疑問,她也能列在前幾名」。

天授元年九月九日,武后正式廢棄唐朝,改國號為周,自封為「聖神皇帝」。至此,她「改朝換代的大業已經完成,所謂逆臣叛逆都已誅殺淨盡。這位最偉大的叛逆者已經成功」。此後,她便更加「要享帝王當享之樂」,放蕩淫亂。可是,「專制殘暴之君未有不玩火自焚的,她的放蕩淫亂就是她的滅亡之道」。終於,長安六年正月二十二日,以張柬之為首的一批忠於唐室的良臣發動政變,推翻了武后的統治,恢復了唐朝。而且,武后於當年十一月便在軟禁中死去。至此,「中國歷史上這個最驕奢淫逸,最虛榮自私,最剛愎自用,名聲壞到極點的皇后的一生,就這樣結束了。她死了,她所作的惡卻遺留於身後」。

可以認為,《武則天傳》不愧為一部嚴肅的歷史傳記,體現了林語堂的武則天觀。儘管史學界對武則天的評價說法不一,但林語堂所

寫的卻無疑是真實可信的，可成一家之言。它有益於人們瞭解武則天其人和唐朝由盛而衰的複雜歷史，並具有一面歷史的鏡子作用，照出一切野心家和暴君的醜惡嘴臉和罪惡伎倆！

10.6　初次訪台和反對製造「兩個中國」

1957年，林語堂夫婦離開法國坎城返回美國。這次回來，他們住在紐約東邊七十八街。這年，他的宗教信仰發生了變化，由三十年來只信人文主義，變為重新信仰基督。這其實是他思想苦悶的反映。

正在這時，馬星野（林語堂廈大時的學生）來到紐約，發現林語堂已被濃重的鄉愁所牽縈，便竭力勸說他到臺灣去看看。因為在馬星野看來，臺灣與林語堂的家鄉閩南只有一衣帶水之隔，許多臺灣人都是閩南的移民，林語堂可以在臺灣聽到鄉音，感受到鄉情的。

林語堂夫婦果然於1958年10月14日到臺灣參觀，歷時半個月。在台期間，林語堂夫婦受到了臺灣的文人學者，親朋好友，社會名流和國民黨要員的歡迎。蔣介石夫婦也於10月16日下午5時在士林官邸會見了他們，並大談《紅樓夢》評述問題。同時，他曾應邀在臺灣大學作了《紅樓夢》考證的學術報告，對後四十回是否高鶚所續問題，發表了自己的看法。此外，他還在臺灣中央研究院集刊《慶祝趙元任先生六十五歲論文集》中發表了《平心論高鶚》的長篇論文。這表明，他畢竟是一個學者文人，始終未忘學術。

其實，林語堂也未完全忘卻政治。1959年，美國參議院外交委員

會發表了所謂「康隆報告」，製造了所謂「兩個中國」的謬論。林語堂出於強烈民族感情，堅決反對美國政府這一企圖永遠分裂中國的圖謀。他曾在紐約自己的家裡，異常憤激地對前來看望他的陳紀瀅說：

美國的「兩個中國」觀念是錯誤的……他們不瞭解東方，更不瞭解中國人。

據陳紀瀅回憶，林語堂當時說這番話時的情形是這樣的：「他說這段話時，是站著說的，渾身用力，雙拳並舉，兩眼要迸出火星似的。我真沒想到林氏是這樣快人快語。可惜那一剎那間沒留下鏡頭，否則必是一副動人的身影。雖然如此，我至今還記得這一幕景象。」[2]

此後不久，林語堂還替梁和鈞起草的《康隆報告的分析：亞洲人所見的謬妄和矛盾》作修正核定，並領銜簽名，公開表明他堅決反對美國政府製造「兩個中國」的立場。

10.7　到華盛頓講演和遨遊中南美六國

1961年1月16日，林語堂應美國國會圖書館的邀請，到華盛頓作了《「五四」以來的中國文學》[3]的講演。

在這篇講演中，林語堂對五四文學革命作了充分肯定。他認為它不是什麼「文藝復興」，而是一場名副其實的「文學革命」；它不單

2　　陳紀瀅：《我們知道的林語堂先生》，臺灣《傳記文學》第31卷第6期。
3　　林語堂，《語堂文集》（下），臺灣開明書店，1978年版。

是文學語言方面的革命（即主張用通俗的白話來寫作），也是一個觀念上的革命，導致了與舊文化決裂和學習「整個西方文化」；在這場革命中，胡適起了重要的「領導」作用，而陳獨秀的言論則最為「激進」。

對於新文學創作，林語堂也認為是有成績的。在他看來，最好的詩人是徐志摩。最好的短篇小說作家是魯迅、沈從文、馮文炳和徐訏。老舍是「極少數能寫道地京話的一個」，「文筆有北方話的鮮明特色」，「活潑有勁」，「風格極為幽默」。而周作人和朱自清則是以白話來寫散文「最白淨」的。

在講演中，林語堂對魯迅作了極高的評價。他讚揚魯迅在打倒舊中國方面是個主將，他的雜文和短篇小說都寫得不壞，在三十年代使廣大青年轉向左傾也起了重大影響。他是這樣讚賞魯迅的戰鬥風格的：

魯迅用諷刺作為利器，把舊中國活活剝皮。他的筆猶如鋒利而塗有毒藥的箭。他自以是個戰士而不是作家。他一箭中對手時的得意之狀，還歷歷在我目前（我在北平、廈門、上海，都和他極熟）。魯迅有個敏感銳利的頭腦，而他所處在的，又正是個難逃大變的社會。……事實上，他對舊中國是所知太多了，熟習那個社會的世故和為人之道。他曾在日本讀書，但他是浙江紹興人，而紹興師爺那種一字定人生死的刀筆本領，正是他的文章風格的來源。

此外，林語堂還坦率陳述了有關中國現代文學的好些看法。在文

藝鬥爭方面，他對30年代某些左派作家批判魯迅，50年代批判俞平伯、胡風及反右，都有所異議；在文藝創作方面，他認為曹禺的很多劇本都是脫胎於尤金・奧尼爾的，茅盾的小說完全師承普頓・辛克萊的寫法。

總體來看，這篇講演的觀點雖然不無偏頗（如過於強調了胡適對五四文學革命的領導作用，完全否定中國的當代文學創作等等），而且內容也較空泛，但畢竟是較早在美國介紹了中國現代文學，並說了他的真實看法，對西方讀者是有一定的幫助的。

這一年，在馬星野的促進下，林語堂偕同夫人廖翠鳳到中南美六國遊歷。由於他的《生活的藝術》等著作早已在這些國家裡廣泛流傳，因而他們遨遊的兩個月中受到這些國家人們的熱情歡迎，許多人都爭著要看看林語堂的風采。有一次他在某大學講演時，由於聽眾太多，員警只好將街道封鎖起來。

林語堂在委內瑞拉、哥倫比亞、智利、秘魯、阿根廷、烏拉圭，都曾發表講演，講題分別是《一個墨守成規的人的聲明》、《使不好的本能發生良好的作用》、《本能和合乎邏輯的思想》、《陰陽哲學和邪惡問題》、《中國的文化傳統》和《科學和好奇心》等。這些講演大都是對中西文化作比較，並宣揚中華民族文化，因而受到聽眾的歡迎。

10.8　鄉愁益濃

1962年，林語堂突然飛到香港，看望在香港工作的女兒林太乙（香港《讀者文摘》主編）和女婿黎明（在香港政府新聞處工作）。林太乙憑直覺，感到「爸爸一個人飛來看我們，他好像在尋找什麼」[4]。

林太乙夫婦陪林語堂在香港到處遊玩。林太乙對林語堂說：「香港有山有水，風景像瑞士一樣美。」林語堂卻說：「不夠好，這些山不如我阪仔的山，那才是秀美的山。我此生沒有機會再看到那些山陵了。」[5]

林太乙夫婦帶領林語堂來到新界落馬洲，站在那山峰上，遙望大陸的一片片田地和薄霧籠罩著的山丘。林語堂眯著眼睛看，眼巴巴地看。但他說：「不，這裡看不到阪仔的山陵。」林太乙問他：「阪仔的山是什麼樣子？」他說：「青山，有樹木的山，高山。香港的山好難看，許多都是光禿禿的。」[6]

林太乙夫婦又帶領林語堂登上了山頂，那裡有樹木，是青山，從山頂往下望四面是水。於是，林語堂說：「環繞阪仔的山是重重疊疊的，我們把阪仔叫做東湖。山中有水，不是水中有山。」[7]這時，林太乙恍然大悟地明白了：「原來他在尋找那些環繞著他的快樂的童年

4　　林太乙：《林語堂傳》，臺灣聯經出版事業公司，1991年八版。
5　　林太乙：《林語堂傳》，臺灣聯經出版事業公司，1991年八版。
6　　林太乙：《林語堂傳》，臺灣聯經出版事業公司，1991年八版。
7　　林太乙：《林語堂傳》，臺灣聯經出版事業公司，1991年八版。

的山陵。那時，他還沒有離開那深奧的山谷。還不識愁的滋味。」[8]

林太乙所悟到的，是對的。林語堂這時確實是身在香港，而心裡卻在思念著阪仔。這年他正在寫一部有關他童年生活的小說，深深地陷入了鄉情、鄉思和鄉戀之中。他這次一人來港，也許就是想在香港靜靜地感受到一些鄉情吧。這也就難怪他從報上得知九龍寨有個婦女貧病潦倒的消息後，便和林太乙去連員警也不輕意去的地方，找到那婦女，給了她數百塊錢呢。[9]

1963年，林語堂果然出版了充滿著濃鬱的鄉情和初戀之情的長篇小說《賴伯英》。

1964年11月中旬，馬星野自巴拿馬（擔任「大使」五年期滿）返台出任中央通訊社社長，路過紐約。在一次晚宴上，他約請林語堂為中央社寫專欄。林語堂表示可以考慮。他返回臺灣後又寫信給林語堂說，專欄內容可以無所不談，沒有什麼限制。林語堂立即回信表示，就以「無所不談」四字作為專欄的名稱。他在專欄第一篇文章《新春試筆》[10]中說：

承星野兄之好意，囑我撰稿。政治既不足談，唯談文藝思想山川人物罷了。我居國外，凡三十年，不教書，不演講，不應酬，不投刺，唯與文房四寶為老伴，朝於斯，夕於斯，樂此不疲，三十年如一日。星野兄叫我擁重兵，征西域，必謝不敏。叫我揮禿筆，寫我心中

8   林太乙：《林語堂傳》，臺灣聯經出版事業公司，1991年八版。
9   林太乙：《林語堂傳》，臺灣聯經出版事業公司，1991年八版。
10   《無所不談合集》，臺灣開明書店，1985年四版。

所得，以與國內學者共之，則當勉強。

這專欄自1965年2月10日開始發稿，每月四篇。這些文章，都是中文寫的。他雖然停止中文寫作30年了，可是一旦揮起筆來，依然駕馭自如，文味甚濃。

因而，一時間，「無所不談」專欄頗受人們的青睞。僅在臺灣就有十三家報紙訂戶。在中國香港地區、菲律賓、泰國、美洲（紐約、三藩市、多倫多）等地也有12家報紙訂戶。

10.9　結束旅美生涯

1965年，林語堂夫婦70雙壽。在香港任《讀者文摘》中文版總編輯的林太乙，特地偕同丈夫黎明及孩子從香港飛抵紐約，與林如斯、林相如一道，置辦了好幾桌酒席，邀請了幾十位親朋，熱烈慶祝一番。

宴會上，既熱鬧又歡樂，使林語堂興致極好，談鋒頗健，詩興大發，接連作了兩首詞。一首是《臨江仙》：

三十年來如一夢，雞鳴而起營營，催人歲月去無聲。倦雲遊子意，萬裡憶江城。

自是文章千古事，斬除鄙吝還興，亂雲卷盡縠紋平。當空明月在，吟詠寄餘生。

另一首是《滿江紅》：

七十古稀，只算得舊時佳話。須記取，岳軍曾說發軔初駕，冷眼數完中外賬，細心評定文明價。有什麼了不得留人，難分舍。
……

顯然，在這兩首詞中，披露了林語堂的一個心聲，即對美國已毫不留戀，思歸心切。

林語堂決意結束旅美生活，並不是一時衝動之下的決定，而是經過深思熟慮的。他雖然旅美已達三十年之久，但一直保持著一個中國人的尊嚴，對美國不無看法，認為不是自己「落根的地方」。因而，他一直不願意加入美國籍。

現在年屆七十高齡的他，雖然精神仍然很好，步履矯健，但畢竟已感到是落葉歸根，返回故土的時候了。

於是，林語堂夫婦就於這一年，離開美國，回到香港，跟林太乙一家住在一起。伴隨他在海外三十年的那二十幾箱書籍也運了回來，擺滿了林太乙的飯廳和客廳的牆壁。

第十一章

在臺灣從事文化活動的新績

11.1 定居臺灣

1966年1月26日下午2時半，林語堂夫婦由香港乘飛機到松山機場，再次來臺灣參觀。

林語堂這次訪台，雖然只歷時四天，但對他決定到臺灣定居卻起到了重要作用。一者，他感到臺灣文化界人士和政界要人對他都很熱誠。馬星野於1月27日為他舉行了盛大的歡迎酒會，文、政界有關人士幾乎都參加了。接著，蔣復聰也在故宮博物院招待他們夫婦。連蔣介石夫婦也於29日在高雄官邸會見了他。二者，他覺得在臺灣比在香港更能感受到鄉情。閩南同鄉會曾盛情請他們夫婦吃飯，別有一番鄉誼。而且他們無論走到哪裡，都能聽見閩南話，使他產生了仿佛回到了故鄉一樣的感覺，以至多少少年往事湧上心頭，激動不已。他禁不住對記者談起他在尋源書院畢業後，他父親的學生陳子達曾送給他一百銀元去上海念書的事，和他二姐美宮送他四角錢要他讀書成名的事，而且談得老淚縱橫。三者，他到了臺灣中央研究院參觀，並在胡適的墓前獻花，站了許久，以表示對他曾給自己雪中送炭的感念。凡此種種，都使他對臺灣產生了一種親切感。於是，他便決定前來臺灣定居。

1966年6月，林語堂夫婦由香港搬來臺灣。他們先是以一萬元（台幣）一月的租金，租下陽明山五福裡一家花園住宅居住，後來住進了蔣介石夫婦特地為他在陽明山建造的一幢別墅裡。當時蔣介石還請他出任考試院副院長，他卻婉辭了。他所樂於從事的，仍然是文化活動和筆耕生活。而且，日後果然做出不少新的成績。

11.2 　《無所不談合集》

在陽明山定居後，他繼續為中央社「無所不談」專欄撰稿。至1968年，寫了近百篇。早在1965年2月，臺北文星書店出版了《無所不談》一集，收入39篇文章。1967年4月，文星書店又出版了《無所不談》二集，收入50餘篇文章。1974年10月，臺灣開明書店則將一、二集連同後來所寫的合為一集出版，書名為《無所不談合集》，共收入180篇文章。林語堂為它寫了序，說明了集中文章的主要特點：

書中雜談古今中外，山川人物，類多小品之作，即有意見，以深入淺出文調寫來，意主淺顯，不重理論，不涉玄虛，中有幾篇議論文，是我思想重心所寄。如《戴東原與我們》、《說誠與偽》、《論中外之國民性》諸篇，力斥虛偽之理學，抑程朱，尊孔孟，認為宋儒之以佛入儒，談心說性，去孔孟之近情哲學甚遠，信儒者不禪定亦已半禪定，顏習齋、顧亭林已先我言之。此為儒家由動轉入靜之大關捩，國人不可不深察其故。《論東西思想法之不同》，是我一貫的中心思想，尤詳述此議，心所謂危，不敢不告。

對於林語堂「無所不談」文章，在臺灣有人有所非議。「一種是說中央社寄發這類文章，太沒有意義……至少總該與國際政治經濟以及時局有關係的文章。有的則說林語堂的文章總是那一套，沒有什麼新鮮的東西。」陳香梅就說過，「語堂先生似乎是關在太狹小的圈子裡。外國的作家同社會與世界時時有多方面的接觸，所以不會像他那

樣偏狹。」[1]

　　但也有不少人對林語堂的「無所不談」持讚賞態度。馬星野曾表示：「林先生這幾十篇文字，雖然是每星期陸續寫出的散文，可是一貫地表示出林先生對文學、哲學、宇宙人生的看法，對於中西文化的評價，對於當代人物的臧否，其中有經緯脈絡可尋。」[2]而香港著名作家徐訏更是認為：「現在《無所不談》已經出全書了，我有機會整個的來看，覺得實在也足稱是燦爛繽紛，琳琅滿目，這正如我們走進美麗的山野，其中雖有纖弱的小草，但正多豐碩美麗的花木。」又說，「在那本集子中，儘管有許多篇我覺得平庸無奇，甚至有故作幽默之處，但整個的來看，那裡正閃耀著語堂先生獨特的風采與色澤。那裡有成熟的思想家的思想，有洞悉人情世態的智慧，有他的天真與固執，坦率與誠懇，以及潛伏在他生命裡的熱與光，更不必說他的博學與深思，在許多課題前，他始終用他獨特的風格來表達他有深厚的、有根據的見解，與確切與健全的主張。」[3]

　　實際上，《無所不談合集》是林語堂晚年治學為文的總匯，體現了他重新用中文寫作後取得的新成績。它所涉及的話題還是比較廣泛而多樣的，真可謂不拘一格，無所不談，大凡中西文化、哲理、文學、宇宙人生、現代人物、語言、繪畫等等，都在所談之列。而且不無見地，有其價值所在。至於其文筆，則純樸、簡煉，兼有一定的幽默感，可讀性強。因而，《無所不談合集》是林語堂的一部重要著

1　　徐訏：《追思林語堂先生》，臺灣《傳記文學》第31卷第6期。
2　　《馬星野序無所不談初集》，《無所不談合集》，臺灣開明書店，1985年5月四版。
3　　徐訏：《追思林語堂先生》，臺灣《傳記文學》第31卷第6期。

作。

11.3　《紅樓夢》研究

林語堂向來特別喜愛《紅樓夢》。他早年在清華學校任教時，就曾下了一番功夫研讀，使他一輩子受益匪淺。1938春，他還想把《紅樓夢》譯成英文，介紹給西方讀者。直至1973年，終於如願以償。此外，在他的有關論著中一再推崇《紅樓夢》是中國最偉大的小說，也是世界優秀長篇小說之一。可是，他在長時期內因忙於別的寫作而未能撰文專論這部巨著。

直到1958年，他到臺灣參觀時，才應邀在臺灣大學作了《〈紅樓夢〉考證》的學術講演，並在臺灣中央研究院集刊《慶祝趙元任先生六十五歲論文集》中發表了《平心論高鶚》的長篇論文。自此之後，他又先後在「無所不談」專欄發表了多篇談論《紅樓夢》的文章。如《說晴雯的頭髮兼論〈紅樓夢〉後四十回》、《續論〈紅樓夢〉後四十回問題》、《說高鶚手定的〈紅樓夢〉稿》、《跋曹元中〈紅樓夢〉後四十回作者問題的研究》、《〈紅樓夢〉人物年齡與考證》、《論大鬧〈紅樓〉》、《俞平伯否認高鶚作偽原文》、《新發現曹雪芹訂百二十回〈紅樓夢〉本》和《〈平心論高鶚〉弁言》等。從這些文章來看，林語堂研究《紅樓夢》用力頗多，功底很深，並有獨到的見解，完全可以稱得起是一個紅學家。

林語堂研究《紅樓夢》的中心問題是，後四十回是不是高鶚的偽作。長期以來，紅學界由於受胡適的影響，一直認為後四十回不是曹

雪芹寫的，而是高鶚補作的。胡適早在五四時期，受清代考偽風氣的影響，根據張問陶所說的《紅樓夢》後四十回「俱蘭墅所補」一句話，便論定後四十回是高鶚偽作的。於是，魯迅的《中國小說史略》說後四十回為高鶚所「續」，譚正璧的《中國小說發達史》說後四十回為高鶚所「作」，而俞平伯則多年來竭力論證後四十回確是高鶚的偽作。因而，後四十回為高鶚所作便成了「定論」。然而，林語堂卻對這一「定論」持懷疑態度，並認為「高鶚是否偽作，今本後四十回是否曹雪芹原著，這問題是中國文學史上一重公案。……謂雪芹以一才子之筆，自不能完成其書，只能寫風花雪月的散品，而不能成體大思精之巨著，未免冤枉，故不敢不辯」[4]。

林語堂在長達6萬言的《平心論高鶚》一文中，對《紅樓夢》後四十回的真偽問題，作了系統的考據式研究。而在《說晴雯的頭髮兼論〈紅樓夢〉後四十回》、《續論〈紅樓夢〉後四十回問題》等文中，則對此問題作了進一步的探討。在這些文章中，他提出了一個重要見解，即「曹雪芹有時間可以續《紅樓夢》全書，且必已續完」，「高本後四十回系曹雪芹原作的遺稿而補訂的，而非高鶚所能作」。其主要理由是：

（一）……因為此書至八十回中止，只有「風月繁華」，而無沉痛故事。其時寶玉尚未提親，騙局未成，黛玉未死，故事尚未轉入緊張關頭（黛死，釵嫁，玉瘋。）；中心主題（寶玉斬斷情緣，賈府繁華，成為幻夢）尚未發揮；尚未寫出全盤結構（賈府敗落，各人下

4　　林語堂：《平心論高鶚》，《無所不談合集》，臺灣開明書店，1985年5月四版。

場）；初回伏線，未見呼應。倘使草蛇灰線，只有伏筆，而不見於千里之外，則《紅樓夢》一書，不能成其偉大。假使曹雪芹所寫僅是風花雪月，吃蟹賞菊，飲酒賦詩之事，而無世情變化沉痛經驗，雪芹之才，只見一半（閨閣閒情之細緻描寫），未見匠才（結構之大，伏線之精），難稱為第一小說大家。書中主人翁，也不過是一個永不成器，縱情任性的多情茜紗公子而已，無甚足觀。

（二）胡適早已推定雪芹所作必不止八十回，必有八十回以後的「殘稿」。最清楚確定的事實有二：

在1754年（甲戌）已有脂硯齋重評石頭記，最少有二十八回（可能已成四十回或八十回）。

在1756年（乾隆二十一年丙子）五月初七日，紅樓夢已有謄寫本，「對清」至七十五回（見庚辰本七十五回前單頁）雪芹逝世之時（一七六三，癸未除夕，據周汝昌考定），去甲戌是九年，去丙子五月是七年又七個月。在這八九年間，雪芹非續完全書故事，成後四十回不可。在1760年（庚辰）寫稿至少當有一百回，所以庚辰本第四十二回前總評說：「今書至三十八回時已過三分之一有餘。」若僅一百回，後來因故事收場方面太大，伏線太多，以二十回寫出黛玉之死及賈府之敗和各人下場，定然不夠，故必延長至一百二十回。但是此批附四十二回之前，所說釵、黛二人悉捐前嫌，又正是四十二回之事，而原稿作三十八回，故以四十回為「三分之一」，則全稿應是一百二十回。又1762年（壬午）3月畸笏批書，確已見過「末回情榜」，是全書初稿已成之證。高本作偽之最重要證據，倒不在張問陶一句話中之一「補」字，而在另一事實。就是我們所見一百二十回程本未出以前的各抄本，僅有八十回。八十回以後殘稿之說出，作偽之

說，根本動搖。

（三）甲戌抄本已有「披閱十載，增刪五次」字樣，時是書已有五種書名：石頭記，情僧錄，紅樓夢，風月寶鑑，金陵十二釵。退一步說，以1756年5月初7日已對清七十五回為起點計算，雪芹也有七年半工夫，可以寫成以後四十五回之未定稿。1762年那年壬午9月，雪芹似乎還忙於披閱增刪，似乎索還借閱批稿甚迫。由於甲戌以後傳抄偽誤迷失之經驗，雪芹似已學乖。八十回以後之稿，未更校正，不肯隨便傳抄。後四十回既是散稿，雪芹一死，家中更無心進行書稿之傳閱，總是家藏舊稿，經過相當長的時間，才慢慢傳佈出來。且凡編小說，初回各人性格未清，佈局未定，下筆每或遊移不定（今本事實最混亂的是未入大觀園以前之頭二十二回），及至故事收場成急轉直下之勢，正如驥馬下坡，欲罷不能，故寫作必愈速，況且細玩冊文，各人下場早已定好了。

（四）雪芹陸續成書，屢次增刪改易，「書未成淚盡而逝」。所留的是適之所謂「殘稿」。既有殘稿，必有回目。此後數十回殘稿，脂評屢屢說到（「後三十回」、「後半部」等等）。其中有已迷失者，有易稿中自行刪去者。畸笏在雪芹死後四年批書時所見已迷失了五六稿（第二十一回庚辰本眉批云，「余只見有一次謄清時，與獄神廟慰寶玉等五六稿，被借閱者迷失，歎歎，丁亥—1767—夏，畸笏」）。

畸笏是雪芹的家裡人，連他所藏的都迷失一部分，而這迷失部分（獄神廟，射圃），卻成了高本的罪過。程偉元所得兩三種殘稿，有迷失者仍然迷失，有正文迷失而為畸笏所未見者（懸崖撒手），複為程氏所得。

（五）迷失諸稿，或屬前八十回，或屬後四十回（獄神廟，及射

圍文字），無法可考。但「情榜」文字，確應屬後四十回（其中榜上寶玉是「情不情」，黛玉是「情情」），高本缺。此節及十獨吟為可以確指高本缺漏或未備唯一的兩段文字。

（六）高本四十回大體上所有前八十回的伏線，都有極精細出奇的接應而此草蛇灰線重見於千里之外的寫作，正是《紅樓夢》最令人折服的地方。在現代文學的口語說來，便是結構上的嚴密精細。這是評高鶚者（適之、平伯、魯迅）所公認。

（七）高本人物能與前部人物性格行為一貫，並有深入的進展，必出原作者筆下。

（八）高本作者才學經驗，見識文章，皆與前作者相稱。

（九）高本文學手眼甚高，有體貼入微，刻骨描繪文字，更有細寫閨閣閒情的佳文，似與前八十回同出於一人手筆。

（十）程偉元所得的殘本，確是雪芹原作的散稿抄本。得之並不算稀奇。畸笏、脂硯所謂已經迷失文字，不可強其複得。並不得據以為作偽不接應之證。

（十一）裕瑞開漫罵之風，周汝昌繼之，俞平伯攻高本故意收場應如此不應如彼，全是主觀之見，更以「雅俗」二字為標準，不足以言考證。天地之大，人猶有所憾，平伯喜不喜紅樓結局，與書之真偽無關。平伯除有成見之外，又犯曲解事實，掩滅證據，故事鋪張的毛病……

（十二）時人傳說，只有張問陶後四十回「俱蘭墅所補」一句話，此「補」字出了不少毛病。高鶚所作，係「修補」、「補訂」之「補」，而非「補續」、「增補」之「補」，更非「補作」、「續作」之「補」，更非「作」，更非「作偽」。胡適明言，「因為高鶚不諱他補

作之事，故張船山直說他補作後四十回的事」。張氏所言，正是程乙本高序所自述，是當時公開事實。俞越不察，未見過程乙本，遂引為高氏補續之據。換言之，高氏之補，是因為「坊間繕本，及諸家所藏秘稿，繁簡歧出，前後錯見……此有彼無，題同文異」，乃「廣集核勘，准情酌理，補遺訂訛」的工作，「至其原文，未敢臆改」。「至其原文，未敢臆改」八字不准，其餘是實。高鶚補前八十回與補後四十回的功夫相同……

（十三）續紅樓夢書是不可能的事。這是超乎一切文學史上的經驗。古今中外，未見過有長篇巨著小說，他人可以成功續完。高鶚是個舉人（後成進士），舉人能當編輯，倒不一定能寫小說。除非我們見過高鶚有自著的小說，能有相同的才思筆力外，叫他於一二年中續完四十回，將千頭萬緒的前部，撮合編纂，彌縫無跡，又能構成悲局，流雪芹未盡之淚，嘔雪芹未嘔之血，完成中國創造文學第一部奇書，實在是不近情理，幾乎可說是絕不可能的事。

這些理由，都是建立在遵循文學創作規律和嚴格的考證基礎上的，因而具有較強的說服力。

事實上，自1963年上海商務印書館影印出版《乾隆抄本百廿回紅樓夢稿》後，林語堂的看法便被證明是有見地的了。因為從這個「抄本」可以看出，「後四十回也和前八十回一樣，原先就有底稿」，即為曹雪芹原來所寫有的。於是，范甯就曾在「跋」中指出，後四十回「大致可以確定不是高鶚寫的」，「高鶚在這個底稿上面，做了一些文字的加工」。而俞平伯更是在《影印脂硯齋重評石頭記十六回後記》

和《談新刊乾隆抄本百廿回紅樓夢稿》等文中表示，「程氏刊書以前，社會上已紛傳有一百二十回本，不像出於高鶚的創作」，「這裡不妨進一步說，甲、乙兩本，皆非程高懸空的創作，只是他們對各本的整理加工的成績而已」。顯然，他們根據「抄本」所得出的結論，跟林語堂的看法是一致的。但林語堂提出自己的看法時間，卻比他們整整早了八年。

因而，我們應充分肯定林語堂對《紅樓夢》研究所作出的積極貢獻。後四十回為高鶚所作的說法，在紅學界以訛傳訛，延續了四十餘年。而林語堂卻是第一個出來公開反對這一說法的人，並以其紮實的研究成果衝擊了這一謬說，從而使《紅樓夢》研究中的這一大「熱點」問題，有所突破。而且因為有了這一突破，便影響到了對《紅樓夢》的重新評價。正如林語堂指出的，「這問題與我國的文學的成就，很有關係」，「曹雪芹如果只寫了《紅樓夢》前八十回的話，則《紅樓夢》不能成其偉大，曹雪芹難以稱為第一小說大家」，「不幸這部結構縝密、佈局恢偉、首尾相應化工的傑作，經過高鶚作偽說，斬而為二，曹雪芹能屬稿而不能完書，這部小說就變成殘篇斷簡」。而確定一百二十回均為曹雪芹所作後，就完全可以認為，「紅樓夢是中國文學史上最偉大的一部創作，也是想像文學頂尖，最高峰。我想應與托爾斯泰的《戰爭與和平》同列為世界十大小說之一」。

隨著《乾隆抄本百廿回紅樓夢稿》的出版，林語堂還提出了另外一個重要看法。他在《說高鶚手定的紅樓夢稿》和《新發現曹雪芹手訂百二十回紅樓夢本》等文中認為，「一百二十回『菫菫重訂本』所改部分很可能就是曹雪芹的親筆」。其理由是：

一、這稿本所改所補，不可能是高鶚所作，因為手筆完全不同。高鶚的書法見於程乙本的高序，是木刻的，有「高鶚敘並書」字樣。假定這序文所刻字樣，非高鶚寫的，一定不會在高程所編的本子出現。

二、這稿本前題「已卯秋月董董重訂」。董董應是雪芹別號。……董就是芹，生在水為芹，在土為董。蔣慰堂先生又說雪芹好用重疊字，如「空空道人」「茫茫大士」。

三、卷前題「已卯秋月」，已卯是1759年，正合是雪芹最忙於改稿之時，就是庚辰本庚辰的前一年，去雪芹癸未1763年除夕逝世四年。

四、最重要的，這稿本添補的情形，絕對非平常編輯者對於字句加工情形而已。是一作家用盡心血改訂自己的稿及繪聲繪影添補故事的情節。改他人稿，只求字句通順而已，「修正」與「補寫」、「重寫」不同。許多回添補的情形，是重寫而不是修正，是勾了五六行，或塗改四五行，再於行中密密用蠅頭小字添上去，添了沒地方，再用另紙黏上。所補的又是那麼多，又是作者置身其中入神體會出來。

五、程偉元辛亥1791年冬至出活字排本，現稱為「甲本」，何以七十天內在第二年花朝，毀版又出「乙本」，這是個大謎。誰也不能在這短期間改補這些地方。

六、這稿不應題為「蘭墅太史手定」本。七十八回卷末只有高鶚題「蘭墅閱過」四字。

七、雪芹的筆跡與此改稿添補字樣極相似，是同一路的。我們現在所知大概是雪芹筆跡，只有四字行書「空空道人」。這是曹雪芹所寫「雲山翰墨，冰雪聰明」的下款，現歸吳恩裕所藏（見《有關曹雪

芹十種》影印）其中如空字之寶蓋，及「道」字的走旁，都屢見稿中，可以對證。……我們對於曹雪芹的筆跡，可有更充分的佐證，而我們所看的就是世界大文豪著書改稿的筆跡。這部稿本寶貴極了。

林語堂的這一看法提出後，葛建時、嚴冬陽和趙岡等人曾發表不同的意見，認為《紅樓夢》稿中所作的改動，既不是曹雪芹改的，也不是高鶚改的，而是另外一位不知姓名的人改的。於是，林語堂又發表了《再論紅樓夢百二十回本》一文，表示「到底此本改稿是否雪芹親筆所改，意義重大，不得不再為闡明此中的關鍵，使大家更為清楚瞭解這個問題」，並堅持認為「菫」字比「蓮」字合理，「菫菫」很可能是曹雪芹的別號，稿本中那些「清清楚楚，間架分明，筆力遒勁，蠅頭小書添改補寫的筆跡，自首至尾出於一人手筆」，很可能是曹雪芹「親筆所改」；「前八十回及後四十回添改、塗改，密密重寫，常常勾掉數行，所塗改數字有時與同頁的原抄稿字數相等，或超過而用另紙黏上」，也很可能是曹雪芹所「手改」的。自然，林語堂只是說「很可能」，並沒有作絕對的肯定。不過，他提出的看法是有意義的。要是人們能找到更加充分的材料來證明他的看法可以成立的話，那確實是「可以改寫部分中國文學史」了。

此外，林語堂有關《紅樓夢》研究方法的見解，也值得讚許。他認為蔡子民的《紅樓夢索隱》說《紅樓夢》為暗寓政治諷刺小說，俞平伯的《紅樓夢》研究用打倒孔家店觀點來評價寶玉，有的人更是認為曹雪芹是「反抗資本主義」等，都是牽強附會的，難以作出中肯的評價；而胡適搞的「大膽的假設，小心去求證」，則是「名為小心求

證，實是吹毛求疵。因此愈考證愈甚，鬧得滿城風雨，結果撲個空」。與此相反，林語堂提倡「著重以文學的觀點」來研究《紅樓夢》，即「以文字考證內容而言，主要問題為後四十回與前八十回，文字是否均稱，故事是否吻合，人物性格是否一貫，寫情寫景，能否有雪芹游龍莫測之筆」。自然，他也並非只執此法，而是同時重視必要的材料考證，並力求真實、準確而充分。

11.4　主張「回復孔孟面目」

自1966年以後，林語堂在「無所不談」專欄中，發表了好些談論孔孟的文章，如《論孔子的幽默》、《再論孔子近情》、《溫情主義》、《孟子說才志氣欲》和《說誠與偽》等。在這些文章中，他進一步表述了自己的孔孟觀，努力「回復孔孟面目」。

林語堂認為，歷史上真實的孔子，是最近人情的。他「恭而安，威而不猛，並不是道貌岸然，冷酷拒人於千里之外」[5]。「對他的門人，全無架子」，「孔子師生問答之間，每每有老實話，娓娓動人的話，師生近情的話，甚至有脫口而出不加修飾的話。」[6]「孔子一生是會拉弦琴，也會唱歌好音樂的人。……孔子與人歌而喜歡，便喝彩令人再唱一遍，然後和之。」同時，他也認為孔子還是一個有幽默感的人。在《論語》中，有許多他說的幽默話。譬如，孔子有一次及鬧人在路上失散了，後來門人在東門找到他，便說他的相貌怎樣，還說

5　　林語堂：《論孔子的幽默》，《無所不談合集》，臺灣開明書店，1985年5月四版。
6　　林語堂：《論孔子的幽默》，《無所不談合集》，臺灣開明書店，1985年5月四版。

他像一條喪家犬。孔子聽了後說：「別的我不知道。至於像一條喪家狗，倒有點像。」[7]這樣指出孔子具有幽默感，是歷來孔子研究中所沒有的，是林語堂的獨到見解。

此外，林語堂還認為，孔子學說中的某些內容對現代人生仍然是有益的。如「儒家正心、誠意、修身、齊家，自然是儒道的中心思想，也是儒道的本源，也是吾國思想系統所以獨異於西方哲學，而足以救西方專求知不求道的空疏迂闊之謬」[8]。又如，「孔子研究夏禮殷禮，而結果還是『吾從周』，吾從周即吾從今。……孔子苟日新，日日新，是最好學不倦的人。孔子不作復夏復殷之夢」[9]。至於孟子，他則認為是「儒家中的理想主義者」，「能發揮性善之說，言孔子所未言，又能推廣仁義之本意，說出仁義本於天性，使孔子的道理得哲學上的根據，及政治上的條理。他又雄辯，又弘毅，又善諷刺、善幽默，是一種浩然大丈夫意象」，並「重志氣」，「講才學」。[10]類似這樣一些看法，表明他這時對於孔孟及他們的思想是持充分肯定態度的。

林語堂對於歷代儒家歪曲孔孟，十分反感。他指出，「古代儒家經解，道學的氣氛就甚厚」，歷來的孔學都把孔孟看作為「板起長臉孔的老先生，都沒有孔子之平和可親，或孟子的辣潑興奮」[11]，而宋

7　林語堂：《溫情主義》，《無所不談合集》，臺灣開明書店，1985年5月四版。
8　林語堂：《論東西思想法之不同》，《無所不談合集》，臺灣開明書店，1985年5月四版。
9　林語堂：《論守古與維新》，《無所不談合集》，臺灣開明書店，1985年5月四版。
10　林語堂：《孟子說才志氣欲》，《無所不談合集》，臺灣開明書店，1985年5月四版。
11　林語堂：《孟子說才志氣欲》，《無所不談合集》，臺灣開明書店，1985年5月四版。

儒更是曲解儒家，把孔教變成「殘酷的禮法」，把孔孟「動」的哲學變為「靜」的哲學[12]。因而，他認為「如何儒道適合今日世界，由致虛守寂的靜的儒道，變為有作為有幹勁的儒道而成為一種活的力量」，是現時代「應當推求的根本問題」[13]。而要能夠這樣，則應「回復孔孟面目」，「要回復孔孟教人的力量，非奪朱回孔不可」[14]，「切不可以殘酷的禮法歸罪於孔孟，使現代人對於孔孟之道隔了一層障蔽而未得其真切意味。」[15]「我們對孔孟之道應有深一層的認識，不可能裝一副道學面孔，唱唱高調，便已自足。」「而我們自己的倫理，也得認識孔、孟的真傳，不為宋儒理學所蔽，始能合乎現代的人生觀。……而孔道可與現代思想融合無間的，就是誠之一字。」[16]

從這些說法來看，可以認為林語堂發現了孔孟個性中的某些被人們忽視的重要方面，在還孔孟原有面目方面作出了獨特的貢獻。而且他也提出了如何使儒家思想適應現代人生的需要問題，並說明了儒家思想確實有值得繼承的方面。

11.5　提倡整理漢字

林語堂作為一個著名語言學家，雖然長期中斷了語言學研究工

12　林語堂：《論中外的國民性》，《無所不談合集》，臺灣開明書店，1985年5月四版。
13　林語堂：《論東西思想法之不同》，《無所不談合集》，臺灣開明書店，1985年5月四版。
14　林語堂：《論東西思想法之不同》，《無所不談合集》，臺灣開明書店，1985年5月四版。
15　林語堂：《戴東原與我們》，《無所不談合集》，臺灣開明書店，1985年5月四版。
16　林語堂：《說誠與偽》，《無所不談合集》，臺灣開明書店，1985年5月四版。

作，但他對漢字改革等問題仍然是關切的。從1966年起，他發表了《整理漢字草案》、《整理漢字的宗旨與範圍》和《再論整理漢字的重要》等文，提倡整理漢字。

林語堂之所以提出這樣的主張，是因為認識到漢字複雜，重疊，繁難，字數太多，異體字太繁，非大大精簡一番不可。他說，《康熙字典》收錄約四萬五千字，其中三萬五千字是死字、假字、別體字，實為「國渣」，而不是「國粹」，不能要求現今的人們全去掌握和使用，否則不利於教育與文化普及，也不利於人們使用的方便和效率的提高，更是很難適應「今日各國競爭極烈」的時代需要，「誰願意混，誰就滅亡，為時代淘汰」。而且他認為，「『省便』就是中國漢字演變的一大原則」，「文字必隨時而變」，因而整理漢字是理所當然的。

整理漢字的具體宗旨是怎樣的呢？他認為，整理漢字工作應該是通過「去蕪存菁，清除障蔽，使這漢字更加整肅、方便與美化」，「增進書寫的便利」，而且只須整理出三千五百個字來，便「盡可夠用」。他之所以規定這樣數目的字，是因為它們結合運用起來，可成三四十萬語辭，不少於任何文明國家的語言。而且，他知道日本限定書報「常用字」只有一千八百五十字，一部《禮記》不過二千三百六十七個字，《莊子》不過三千二百多字，《三民主義》也只有兩千一百三十四個字。這些事實表明，他的主張是可行的。

怎樣整理漢字呢？他在《整理漢字草案》中提出了六點意見：

一、去重複累贅的字。字有正有偽，有本字，有俗字，有或字。這種字非常多。我們應取其簡便者用之。

二、或體字取其簡便者用之。字有本體，有俗體，有古，有今。古字省便應從古，今字省便應從今，此孔子所謂吾從周也。俗字應取其已通用而省便者。

三、加偏旁部首之字，應用者留之，可省者一律淘汰。漢字字數之多，皆由好用偏旁而起。一字加部首偏旁，自然更明了。但加之複加，字數便驟增起來。

四、古事古物名稱不在今日行文範圍者皆應刪去。

五、音義相同相近的字，酌量合併。例如併合併吞，可否即作并合并吞。傍近，可否即作旁近。頒佈即作頒布。

六、筆劃太繁者，須另想辦法。

此外，他在《整理漢字的宗旨與範圍》一文中還提出了五點意見：

一、不造新字。因為舊有的字已夠重疊，不應加上新字的麻煩。

二、不走極端。中國文字，有中國文字之美。其中有可以意會不可言傳的妙處。所以改革漢字，也必顧到心理習慣。一切更動，全改舊觀，有妨於我們的審美的享受。

三、不務求古。改革字體，求一古文根據，是極自然的事。我國人尤喜這一套。我以為古體已經通用的，不妨從古；古體生僻，於學者等於新字，平添一層麻煩。譬如「禮」字古作「礼」，已經通用，是好的。「與」字作「与」，「豐」字作「丰」也是古體，也是可取。

但是「婚」字作「士昏禮」的「昏」，不能說是簡便。

四、去蕪存菁。漢字本不難，是因為守古太過，以致堆積下來，愈來愈繁。結果成一篇爛帳。

五、統一字形。既然要去蕪存菁，我們對於社會上已經通用的字，就不得不去其蕪雜重複的字體。

林語堂這些整理漢字的看法發表後，曾引起臺灣語言學界人士的重視，「報協」還成立了常用字整理小組，制定了三千個新聞常用字。可見，他對於臺灣的漢字改革工作起到了一定的推動作用。

其實，林語堂有關漢字整理的意見，對於中國今後進一步實行漢字改革，也是有參考價值的。

11.6　主編《當代漢英詞典》

1967年春，林語堂被聘為香港中文大學的研究教授，並主持編纂《當代漢英詞典》。他認為，如要應付社會和科學發展需要，出版一部新的漢英詞典，實在刻不容緩。為了做好這一工作，他邀請馬驥伸、黃肇珩夫婦負責收集資料和查核，陳石孚做英文助理編輯，陳守荊和施佩英分別擔任秘書和抄寫工作。

編寫這部詞典，是要「做一本更合時代的漢英辭典」，「凡當代國語中通用的詞語，報紙雜誌及書籍可以見到的，一概收入」[17]，因

17　林語堂：《當代漢英詞典緣起》，《無所不談合集》，臺灣開明書店，1985年5月四版。

而工作異常龐大而艱巨。但他認為編詞典工作，「如牛羊在山坡上遨遊覓食，尋發真理，自有其樂。」他親自草擬詞典的編輯體例初稿，反覆與馬驥伸、黃肇珩商討，足足花了六個月研究、修改，才定下「大樣」。然後，由馬驥伸、黃肇珩幫助他選擇中文單字和詞句，加以注釋，並按注音符號的次序排列好。接著，再由林語堂譯成英文。他每天工作七八個小時，有時甚至十二小時，寫出每個字和每個詞句的英文意義。凡有疑問，他必反覆問明出處、用法。所有原稿，他都一一過目修改，並且一再校對，以消滅差錯。

為編纂這部詞典，林語堂可說達到了忘我工作的地步。「他日夜趕工，廢寢忘食，寫到最後幾頁，他連字都看不清楚了。」[18]一天早晨起來，廖翠鳳發現他臉漲得通紅，嘴巴有點歪，便立即送他到醫院檢查。檢查結果，是「中風的初期徵兆」，醫生要他全休兩個月。他出院後，又繼續堅持工作，並在兩個月內完成了詞典的編制工作。然後，由香港中文大學派人前來將堆滿一大書架的稿子運去排印清樣。

就在這時，林如斯在臺灣故宮博物院住房裡自殺。這對林語堂來說，是一個非同尋常的打擊。廖翠鳳更是因此而暈倒並得了恐怖症。可是，他並沒有被悲痛所壓倒，而是堅持致力於編纂詞典的工作。當清樣運來後，他用放大鏡仔細地加以校對。由於身心過於疲勞，他校對完畢後又病倒了。這次是十二指腸脫垂，造成吐血。

就是這樣，林語堂花了五年時間，費盡心血，《林語堂當代漢英詞典》終於1972年10月由香港中文大學出版。全書包含著一千四百五

18　　林太乙：《林語堂傳》，臺灣聯經出版事業公司，1981年6月八版。

十一頁正文和三百多頁的說明。說明部分，有「前言」、「序」、「單字索引」、八個「附錄」、「羅馬字拼音索引」和「英文索引」。

這部詞典，是中國有史以來由中國學者編纂的第一本最完美的漢英詞典。香港中文大學校長李卓敏在「前言」裡指出，它「將是迄今為止最完善的漢英詞典」。美國《紐約時報》也稱讚它是「世界兩大語系溝通上的里程碑」。林語堂則認為它是自己著作生涯中的「巔峰之作」。因而，這部詞典的成功編纂，可以說是林語堂晚年重要的學術貢獻之一。

11.7　飲譽國際文壇

1968年6月18日至20日，國際大學校長協會（The International Association of university Presidents）在韓國漢城舉行第二屆大會，出席的有五十多個國家和地區的大學校長暨學術界人士二百多人。林語堂等八人作為中國臺灣方面的代表，應邀參加了這次大會。

這次大會共有三個中心議題：（一）東西文化如何調和，以增進人類真正的和平；（二）大學教育應如何配合國家的需要；（三）大學生參加社會運動問題。每一中心議題由協會事先約定一位主旨講演人發表演說，然後由與會者進行討論。林語堂應邀擔任第一議題主講人。

林語堂悉心研究東西文化數十年，不乏深切體會。他接受主講任務後，又花了十多天時間準備講稿。大會開幕的當天下午，他以《趨

向於全人類的共同遺產》為題，發表了四十多分鐘的講演。他講演結束後，與會者報以熱烈的掌聲，大會主席韓國慶熙大學校長趙永植，討論會主席土耳其Ataurk大學校長Resit Sonmoy對他的講演也予以讚揚。他的講詞，被收進了《第二屆大學校長會議實錄》中。據張希哲回憶，他這次講演最主要的論點是分析東西文化的差異及兩者融合的途徑：

一、中國人的思考以直接的洞察力及對實體的全面反應為優先，西方人以分析的邏輯思考為優先。西方人多執著於抽象方法證實的，不能算是真知識。直覺或直覺的觀察力在西洋邏輯系統中是沒有地位的。西洋邏輯常將事物逐段分析研究，因而有時只見片斷現象而忽視了整體。中國人的直覺觀察力是一種明敏的瞭解方式，大部分憑藉以往的經驗，亦可稱為經驗主義，對事物易作全盤的、整體的瞭解和估量。西方哲學特別著重探討知識，尤其是自笛卡兒（1596-1650）之後，哲學方法普遍偏向於科學實證，在這種趨勢之中，往往有時只見樹木而未見森林，甚至只見樹葉而未見樹木。由於忽視了全景的觀察，對於精神方面的許多真理，例如常常談到的信仰、希望、博愛等，又如愛國情操、精神不朽、良辰美景等，便很難得到圓滿的解釋。東方哲學除了研討知識之外，對人生的探究也占很大的比重。東方人認為宇宙的玄妙，人生的美好，不是用三段論法的邏輯所能推演出來的。

二、中國人以感覺作為現實體不可分的部分；對於事物的看法，不像西洋人專說理由，而多兼顧感覺，有時且將感覺置於理由之上。西方哲學家常假定事物是靜止不動的，並將之分割為若干部分，以便

於實驗或求證。中國哲學認為事物是變動的，經常都在或快或慢的變化中，而初次感覺或自然感受所得的印象至為重要。這種感覺狀態，很難像物質一樣將它分解開來研究，只可作些比喻。例如兩軍作戰，西方人的觀點較重視兵力、裝備、補給等因素，中國人除了這些之外，還重視軍隊的士氣。又如醫療，在西方特別重視病人體溫的升降，在中國則還要注意病人的感覺如何。

三、中國哲學的「道」相當於西洋哲學的「真理」，但含義比「真理」廣闊些，因西洋的「真理」，僅是指到達正當生活的途徑；而中國所謂「道」，平易近人，是指人人應該走，且是人人可能走的途徑，是日常生活的一部分。孔子謂「道」不可須臾離開了人生，可以離開人生的，便不是道；但西方所謂「真理」，縱使離開了人生，依然稱為「真理」。

林博士在演講中，也曾簡略地提及過去東方文化對西方文化的影響及東方文化受西方文化衝擊的情形。對於未來，林博士認為：如果東方民族能對科學真理及政治民主養成更敏銳的觀察和反應，西方哲學能跳出學究式的理論圈子而重返於人性社會及生活範疇，則東西文化更易於融和。這種融和的文化，將大有助於人類建立和平、合理生活方式的社會。這是林氏對於本題的結論。[19]

這當中，可謂探討了東西文化的不同及怎樣溝通的問題，有些看法較為接近東西文化的真實情況，因而受到與會者的歡迎是可以理解的。

19　張希哲：《林語堂論東西文化的差異與調和—記林博士在國際大學校長會議的演講》，臺灣《傳記文學》第31卷第6期。

1969年9月，國際筆會第36屆大會在法國蒙頓（Moton）召開，林語堂（任中國臺灣筆會會長）、馬星野、陳源和蘇秀法代表中國臺灣筆會參加。許多國家的作家都欽仰林語堂，當他在大會發言時，全場鴉雀無聲。而且，當他因發言時間已到被停止發言時，全場作家又都認為大會主席失禮，紛紛向他表示歉意。

　　1970年6月，亞洲作家第三次大會在臺北舉行。林語堂親自挑起籌備和主持這次會議的重擔。因而，這次會議開得有聲有色，取得了成功。他作的講演，也受到與會者的歡迎。

　　同年7月底至8月初，國際筆會第37屆大會在韓國漢城召開。林語堂是作為特別邀請的少數貴賓之一，被安排在會場所在地朝鮮飯店居住。因為他是國際知名的亞洲學人，因而韓國新聞界人士日夜包圍著他，有一位特別熱心的韓國學人更是不停地向他請教問題。

　　在大會上，他作了一次特別講演，題目是《論東西文化的幽默》[20]。這一講演，毫無學究氣，充滿著幽默感。他只以少量的話說明什麼是幽默，即認為「幽默的發展是和心靈的發展並進的。因此幽默是人類心靈舒展的花朵，它是心靈的放縱或者是放縱的心靈」。「幽默則如從天而降的溫潤細雨，將我們孕育在一種人與人之間友情的愉快與安適的氣氛中。」它能產生一種「相視莫逆」、「心照不宣」的「會心的微笑」。在整篇講演中，他盡是引述釋迦牟尼、耶穌基督、孔孟老莊、維多利亞女王的遺言、蘇格拉底容忍他的悍妻和林肯對其太太的態度等幽默現象，講得既生動活潑，又深蘊幽默之義，博得了

20　《語堂文集》（下），臺灣開明書店，1978年12月初版。

與會者的濃厚興趣。會議期間,他還經常與諾貝爾文學獎獲得者川端康成在一起親切交談,建立了醇厚的友誼。

1975年9月,國際筆會第40屆大會在維也納舉行。在這次大會上,林語堂被推舉為國際筆會副會長,成為亞洲學人膺此榮譽職位的第三人(另外兩人是印度的光詩南,日本的川端康成)。而且,他的《京華煙雲》也被推薦為諾貝爾文學獎候選作品。因而,他作為國際著名學者和作家所獲得的榮譽,達到了頂峰。

11.8 告別世界

當林語堂的聲譽上升到最高峰時,他的身體狀況卻每況愈下。年過八旬的他,健康驟然衰退,記憶遲鈍,走路要用手杖了。

林語堂1974年寫作《八十自敘》時,還表示要「讓自己至少再活十年。生命,這個寶貴的生命太美了,我們恨不得長生不老」,但也畢竟感到了「我們的生命就像風中的殘燭,隨時可以熄滅」。1975年5月,他在為美國圖書館學家安德生編纂的《林語堂精摘》寫的序中更是說:

我喜歡中國以前一位作家說過的話:「古人沒有被迫說話,但他們心血來潮時,要說什麼就說什麼;有時談論重大的事件,有時抒發自己的感想。說完話,就走。」我也是這樣。我的筆寫出我胸中的話。我的話說完了,我就要告辭。

他說這番話時，他知道自己的健康狀況已嚴重惡化，有要離開世界的預感了。

1975年10月10日，朋友們在香港利園酒店為林語堂慶祝八十大壽。來賓除了中文大學的許多教授外，還有老朋友簡又文、徐訏、張國興等人。10月12日，林語堂夫婦在林相如陪伴下回到臺北，出席了由十個文藝、學術、新聞團體在大陸餐廳為慶祝他的八十華誕而舉行的盛大聯合茶會。《華岡學報》還出版了《慶祝林語堂先生八十歲論文集》，以示紀念。

這年12月，林語堂寓居在香港的小女林相如家裡。這時，他愈來愈感到生命屬於自己的時日不多了，因而變得時常掉眼淚。無論遇到風和日麗的時候，或是聽見山上鳥鳴的聲音時，他都不由自主地落下眼淚來。而且，有一天他跟林太乙到永安公司去購物時，竟突然抓起一串假珍珠項鍊，泣不成聲。這是生命快要結束之前的明顯徵兆。

耶誕節過後，他的體力更加衰弱了，雙腳已不能走路，只好坐上輪椅。他一天比一天瘦弱下去，每次傷風或患痛風之後，就失去身體一部分功能。而且，一再服用費子彬中醫開的藥物後，都不見得有效。

有一次睡覺時，他從床上掉下來。因為沒有力氣爬起來，只好靜靜地在地板上躺到天亮。當林相如起床看見後，心痛地說：

「爸，你怎麼不喊我？」

「你白天要工作，我不想吵你。」林語堂安詳地答道。

又過了一些日子後，林語堂連坐輪椅也坐不穩了。為了防止他從輪椅上跌下來，家人不得不用繩子把他捆綁在輪椅上。當林太乙前來看望他時，他說：「我真羨慕你，想去哪裡就去哪裡。」

1976年3月22日，林語堂胃出血，被送進醫院。3月26日，轉為肺炎，心臟病突發。經大力救治無效，於當晚10時10分逝世。

就這樣，林語堂永遠向世界告別了！

3月29日，林語堂的靈柩由妻子、女兒、女婿護送到臺北。國際筆會臺灣分會、台故宮博物院、《國語日報》和臺灣開明書店等八個團體負責治喪事宜。4月1日下午，林語堂生前好友和仰慕者500餘人在臺北新生南路懷思堂為他舉行追思會。之後，林語堂的遺體安葬在陽明山的家園裡，面對他所深愛的蒼翠的山巒。

林語堂的逝世，在海內外產生了強烈的反響。《中國時報》發表社論說：「林氏可能是近百年來受西方文化薰陶極深而對國際宣揚中國傳統文化貢獻最大的一位作家與學人。其《吾國與吾民》及《生活的藝術》以各種文字的版本風行於世，若干淺識的西方人知有林語堂而後知有中國，知有中國而後知有中國的燦爛文化。尤為可貴者，其一生沉潛於英語英文，而絕不成為『西化』的俘虜，其重返於中國文化的知識勇氣及其接物處世的雍容謙和，皆不失為一典型的中國學者。」

美國《紐約時報》以第一版刊出林語堂逝世的消息，以三欄的篇幅刊登林語堂的半身照片，並詳細介紹他一生的經歷及其對中西文化

學術界的卓越貢獻，讚揚他「向西方人解釋他的同胞和國家的風俗、想望、恐懼和思想的成就，沒有人能比得上」。

華盛頓大學教授吳納孫評價林語堂說：「林語堂是一位偉大的語言學家、優良的學者、富於創造力和想像力的作家。不寧唯是，他是一位通人，擇善固執，終於成為蓋世的天才。要說哪一項造詣是他最大的成就，就已經錯了。他向西方和中國人證明，一個人可以超越專家這個稱謂的侷限而成為一個通才。」

美國前總統布希1989年2月10日對國會兩院聯席會議講演時，也稱讚林語堂的著作說：「林語堂講的是數十年前中國的情形，但他的話今天對我們每一個美國人都仍受用。」

總之，林語堂不愧為一位具有世界影響的中國學者和作家！

■ 附錄一　林語堂學術行年簡表

1895年—1912年

　　林語堂1895年10月10日出生於福建省龍溪縣阪仔村。6歲進阪仔的銘新小學讀書。10歲到廈門鼓浪嶼教會小學讀書。13歲到17歲在尋源書院讀書。曾由他父親林至誠教讀《四書》、《詩經》、《聲律啟蒙》和《幼學瓊林》等，自學過蘇東坡的作品、司馬遷的《史記》、吳乘權的《綱鑒易知錄》，因而，「對儒家經典根底很好」。此外，他父親曾鼓勵他學好英語，給他灌輸基督教義，要他看林琴南譯的西方小說，如《福爾摩斯》、《天方夜譚》、《茶花女》，以及史各德、狄更斯、莫泊桑等人的作品。

1912年—1916年

　　在上海聖約翰大學讀書。在此期間，林語堂幾乎中斷了中文學習，但把英語學通了，並曾在學校圖書館借閱了張伯倫的《十九世紀的基礎》、赫克爾的《宇宙之謎》、華爾德的《社會學》、斯賓塞的《倫理學》、韋習特墨的《婚姻論》等書，增進了西方文化知識。

1916年—1919年

　　在清華學校任英文教員。在此期間，林語堂中止了對基督教義的信仰，改為信仰人文主義。博覽國學書籍，攻讀《紅樓夢》用力尤多。並經常跑去以賣舊書著名的琉璃廠翻看和選購國學書籍，諸如《人間詞話》、《四庫集錄》、《說文》、《玉篇》、《廣韻》、《韻府群玉》、《佩文韻府》、《駢字類編》等。因而，大大充實了國學基礎知識。

　　從1918年起，林語堂關心文學革命，並著手從事語言學方面的研究工作。曾發表三篇文章：《論漢字索引制及西洋文學》（《新青年》第4卷第4號）、《漢字索引制說明》（《新青年》第4卷第2號）、《分類成語辭書編纂》（《清華季刊》）

1919年—1920年

1919年7月9日，林語堂與廖翠鳳結婚。婚後，即偕妻子前往美國哈佛大學留學。對白璧德的古典主義文學理論感到難以接受，喜愛義大利美學家克羅齊的表現主義文學理論。課餘常到衛德諾圖書館挑選圖書閱讀。

1920年—1923年

在法國樂魁索城的中國勞工青年會服務了一段時間後，到德國耶拿大學就讀一學期，於1921年2月獲哈佛大學的碩士學位。接著，進萊比錫大學攻讀博士學位。除學習西方的語言學理論外，還鑽研了國學書籍《漢學師承記》、《皇清經解》、《皇清經解續編》等，打下了語言學和音韻學的堅實基礎。撰寫了《古代中國語音學》博士論文。獲音韻學博士學位。

1923年

9月到北京大學執教，任英文系英文和語言學教授。曾開設《基本英文》、《作文》和《英語教授法》等課程。課餘致力於語言學等方面的研究。曾發表三篇論文：

《讀汪榮寶〈歌戈魚虞模古讀考〉書後》（《國學季刊》第1卷第3號）

《國語羅馬字拼音與科學方法》（《晨報副刊》9月12日）

《科學與經書》（《晨報五周年紀念增刊》12月1日）

1924年

1月被推舉為北大方言調查會主席。9月參加語絲社。是年林語堂的重要著述有：

《再論〈歌戈魚虞模古讀考〉》（《晨報副刊》3月16日）

《關於研究方言應有的幾個語言觀察點》（《歌謠研究增刊號》）

《北大研究所國學門方言調查會宣言書》（《晨報副刊》3月25日）

《北大方言調查會方言字母草案》（《歌謠週刊》3月）

《徵求關於方言的文章》（《歌謠週刊》3月24日）

《徵譯散文並提倡幽默》（《晨報副刊》5月23日）

《幽默雜話》（《晨報副刊》6月9日）

《一個研究文學史的人對於責推怎樣想呢？》（《晨報副刊》6月16日）

《吃牛肉茶的泰戈爾—答江紹原先生》（《晨報副刊》6月27日）

《問竺震旦將何以答蕭伯納？》（《晨報副刊》7月15日）

《論土氣與思想界之關係》（《語絲》第3期，12月1日）

1925年

9月，錢玄同、趙元任成立「七人會」，林語堂是「七人會」的成員之一。他除了繼續研究語言學外，更是致力於關於改造國民性的思考，並積極支持人民群眾的愛國鬥爭，抨擊紳士名流的「高調」，但曾贊同對落水狗實行「費厄潑賴」。是年林語堂的重要著述有：

《談理想教育》（《現代評論》第1卷第5期，1月10日）

《論性急為中國人所惡》（寫於3月29日）

《給玄同的信》（《語絲》第23期，4月20日）

《話》（《語絲》第30期，6月8日）

《丁在君的高調》（寫於6月24日）

《漢代方音考一》（《語絲》第31期，6月15日）

《隨感錄》（《語絲》第48期，10月12日）

《謬論的謬論》（《語絲》第52期，11月9日）

《語絲的體裁》（《語絲》第54期，11月23日）

《Zarathustra語錄》（《語絲》第55期，11月30日）

《苦矣！左拉！》（《剪拂集》）

《「公理」的把戲》後記（寫於12月31日，《剪拂集》）

《插論語絲的文體—穩健、罵人及費厄潑賴》（《語絲》第57期，12月4日）

《論罵人難》（《語絲》第59期，12月28日）

《祝土匪》（寫於12月28日，《剪拂集》）

1926年

出任北京女子師範大學教務長，支持女師大學生反對楊蔭榆和參加社會鬥爭，擯棄「費厄潑賴」，成為「打狗運動」的急先鋒。因而，遭受北洋軍閥政府通緝，被迫南下，在廈門大學任文科主任和國學院總秘書。是年林語堂的重要著述有：

《悼劉和珍楊德群女士》（《語絲》72期，3月29日）

《「英語備考」之荒謬》（《語絲》74期，4月12日）

《圖書索引之新法》（《語絲》76期，4月26日）

《泛論赤化與喪家之狗》（寫於3月10日）

《討狗檄文》（寫於4月2日，《剪拂集》）

《打狗釋疑》（寫於4月17日，《剪拂集》）

《「發微」與「告密」》（寫於4月23日，《剪拂集》）

《塚國絮語解題》（寫於12月19夜，《剪拂集》）

1927年

3月離廈大赴武漢革命政府，任外交部秘書。9月赴上海專事於寫作。10月起在中央研究院任外國語編輯主任。是年林語堂的重要著述有：

《天才乎—文人乎—互捧歟—自捧歟？》（《中央副刊》58號，5月21日）

《談北京》（《中央副刊》65號，5月28日）

《薩天師語錄（一）》（《中央副刊》80號，6月13日）

《前漢方音區域考》（《貢獻》）

1928年

任中央研究院國際出版品交換處處長。是年，林語堂的《剪拂集》由北新書局出版外，其他著述有：

《哈第論死生與上帝》（《語絲》第4卷第11期，3月12日）

《薩天師語錄（二）》（《語絲》第4卷第12期，3月19日）

《論靜思與空談》（《語絲》第4卷第13期，3月26日）

《薩天師語錄（三）》（《語絲》第4卷第15期，4月9日）

《薩天師語錄（四）》（《語絲》第4卷第24期，6月11日）

《開明第一英文讀本》（開明書店8月初版）

《左傳真偽與上古方音（上）》（《語絲》第4卷第27期）

《左傳真偽與上古方音（下）》（《語絲》第4卷第28期）

《給孔祥熙部長的一封公開信》（《語絲》第4卷第38期，9月17日）

《剪拂集序》（《語絲》第4卷第41期，10月22日）

《古音中已遺失之聲母》（《語絲》第4卷第42期，10月29日）

《子見南子》（《奔流》第1卷第6號，11月）

《薩天師語錄（五）》（《語絲》第4卷第33期）

1929年

在上海東吳大學擔任英文教授一年（自1928年9月始）。是年林語堂的著述有：

《開明英文讀本》（三冊），開明書店

《開明英文文法》（上、下冊），開明書店

《關於子見南子的話—答趙譽船先生》（《語絲》第5卷第28期，9月23日）

《新的文評序言》（《語絲》第5卷第30期，10月7日）

《Benedetto Groce的「美學：表現的科學」》（《語絲》第5卷第36期，11月10日）

《樵歌新跋》（《語絲》第5卷第41期，12月23日）

《機器與精神》（12月26日在光華大學中國語文學會講稿，《大荒集》）

1930年—1931年

繼續在中央研究院任職。這兩年林語堂的著述有：

《林語堂時事述譯彙刊》（上海開明書店）

《英文文學讀本》（共二冊）（上海開明書店）

《新的文評》（北新書局）

《論現代批評的職務》（1930年1月30日在環球中國學生會講稿，《大荒集》）

《讀書的藝術》（《讀書月刊》第1卷第6期，3月）

1932年

9月16日創辦並主編《論語》半月刊。12月29日又與宋慶齡、蔡元培和楊杏佛發起成立中國民權保障同盟。是年林語堂的重要著述有：

《悼張宗昌》；《讀蕭伯納傳偶識》；《彌羅妙文》；《「幽默」與「語妙」之討論》（《論語》第1期，9月16日）

《阿芳》；《歲在壬申》；《一國三公》；《述而主義》；《湯爾和識見》；《蔣介石亦論語派中人》；《馬克思風》；《中國何以沒有民治》；《語堂集句》（《論語》第2期，10月1日）

《擬某名流為李頓報告發表談話意見》；《讀鄧肯自傳》；《說難行易》；《思甘地》；《奉旨不哭不笑》；《申報新聞報之老大》；《涵養》；《半部韓非治天下》；《如何救國示威》；《給韓慕孫信》（《論語》第3期，10月16日）

《給李寶泉覆信》（《論語》第3期，10月16日）

《尊禹論》；《九疑》；《斷爛朝報》；《吾家主席》；《汪精衛出國》；《今年大可買豬仔》；《你不好打倒你下文》（《論語》第4期，11月1日）

《哥倫比亞大學及其他》；《文章五味》；《誰握此苗》；《哀梁作友》；《陳、胡、錢、劉》；《孔子亦論語派中人》；《黏指民族》；《顏任光之幽默》；《劉熙亦幽默》（《論語》第5期，11月16日）

《編輯罪言》；《回也愚》；《司法得人》；《捐助義勇軍》（《論語》第6期，12月1日）

《臉與法制》；《新舊文學》；《賦得遷都》；《會心的微笑》（《論語》第7期，12月16日）

《翻譯之難》（《申報・自由談》，12月18日）

1933年

2月17日蕭伯納到上海訪問，林語堂熱情歡迎，並在《論語》第12期設「迎蕭專號」，受到魯迅的好評。是年，林語堂的《語言學論叢》由開明書店出版外，其他著述有：

《冬至之晨殺人記》（《申報・自由談》，1月1日）

《新年恭喜》；《又來憲法》；《得體文章》；《文章無法》；《十大宏願》（《論語》第8期，1月1日）

《祝壽》；《笨拙記者受封》；《個人的夢》；《紙煙考》；《談牛津》（《論語》第9期，1月16日）

《吃糍粑有感》；《劉鐵雲之諷刺》；《吸煙與教育》；《唔篤走諸》（《論語》第10期，2月1日）

《等因抵抗歌》；《糍粑與糖元寶》；《變賣以後須搬場》；《適用青天》（《論語》第11期，2月16日）

《談蕭伯納》（《申報・自由談》，2月17日—19日）

《天下第一不通文章》;《蕭伯納與上海扶輪會》;《蕭伯納與美國》;《水乎水乎洋洋盈耳》;《歡迎蕭伯納文章考證》;《再談蕭伯納》（《論語》第12期，3月1日）

《談言論自由》（3月4日在上海青年民權同盟講演稿）（《論語》第13期，3月16日）

《國文講話》（《申報・自由談》，4月14日）

《薩天師語錄》;《編輯滋味》（《論語》第15期，4月16日）

《論文》（《論語》第15期、28期，4月16日、11月1日）

《春日游杭記》（《論語》第17期，5月16日）

《蕭伯納論讀物》（《申報・自由談》，5月28日）

《思滿大人》（《論語》第22期，7月1日）

《白克夫人之偉大》（《論語》第24期，9月1日）

《讓娘兒們幹一下吧！》（《申報・自由談》，8月18日）

《拿去我臉上的毛》（《申報・自由談》，9月10日）

《論政治病》（《論語》第27期，10月16日）

《論語錄體之用》（《論語》第26期，10月1日）

《與陶亢德書》（《論語》第28期，11月26日）

《提倡俗字》（《論語》第29期，11月16日）

《論踢屁股》（《申報・自由談》，11月26日）

《我怎樣買牙刷》（《論語》30期，12月1日）

《有不為齋解》;《文字國》（《論語》第31期，12月16日）

1934年

4月5日創辦並主編《人間世》半月刊。是年，林語堂的《大荒集》和

《我的話》（行素集）分別由生活書店和時代圖書公司出版外，其他著述
有：

《答高植書》；《與哥德派拉書》（《論語》第32期，1月1日）

《辭通序》（《申報‧自由談》，1月9日）

《論幽默》（《論語》第33期、35期，1月16日、2月16日）

《怎樣寫》《再啟》（《論語》34期，2月1日）

《宗教與臟腑》（《論語》第35期，2月16日）

《作文六訣序》（《論語》第36期，3月1日）

《論笑之可惡》（《申報‧自由談》，3月10日）

《論以白眼看蒼蠅之輩》（《申報‧自由談》，4月16日）

《論談話》（《人間世》第2期，4月20日）

《周作人詩讀法》（《申報‧自由談》，4月26日）

《方巾氣之研究》（《申報‧自由談》，4月28日、4月30日，5月31日）

《七日日記》（《人言週刊》第1卷第26期）

《說小品文半月刊》（《人間世》第4期，5月20日）

《母豬渡河》；《紀春園瑣事》（《人間世》第5期，6月5日）

《中國人之聰明》；《論小品文筆調》（《人間世》第6期，6月20日）

《論作文》（《人言週刊》1卷18期，6月）

《談玩物不能喪志》；《說自我》（《人間世》第7期，7月5日）

《時代與人》（《人間世》第8期，7月20日）

《英人古怪脾氣》（《人間世》第9期，8月5日）

《無字的批評》；《說浪漫》（《人間世》第10期，8月20日）

《大學與小品文筆調》；《羅素離婚》；《有不為齋叢書序》（《人間世》
11期，9月5日）

《辜鴻銘論》；《辜鴻銘》（《人間世》第12期，9月20日）

《說大足》；《怎樣洗煉白話入文》（《人間世》第13期，10月5日）

《關於本刊》（《人間世》第14期，10月20日）

《論小品文筆調》（《泰東日報》，10月28日）

1935年

9月16日創辦並主編《宇宙風》（十日刊）。是年林語堂的《吾國與吾民》由美國約翰·黛公司出版外，其他重要著述有：

《開明英文講義》（共三冊）（林語堂、林幽合編，上海開明書店）

《英文小品甲集》（上海商務印書館）

《英文小品乙集》（上海商務印書館）

《子見南子及英文小品文集》（上海商務印書館）

《談勞倫斯》（《人間世》第19期，1月5日）

《說瀟灑》（寫於1935年元旦；《文飯小品》創刊號，2月）

《紀元旦》（《論語》第58期，2月1日）

《小品文之遺緒》（《人間世》第22期，1月16日）

《哀莫於心死》（《人間世》第23期，3月5日）

《再談小品文之遺緒》（《人間世》第24期，3月24日）

《談中西文化》（《人間世》26期，4月20日）

《慈善啟蒙》（《文飯小品》第3期，4月5日）

《今文八弊》（上、中、下）（《人間世》第27—29期，5月5日、20日，6月5日）

《大義覺迷錄》（《人間世》第30期，6日20日）

《中國的國民性—散漫性之來源》（5月27日在大廈大學演講稿；《人間世》第32期，7月20日）

《說本色之美》（《文飯小品》第6期，8月31日）

《孤崖一枝花》；《無花薔薇》；《且說本刊》（《宇宙風》第1期，9月16日）

《煙屑》（《宇宙風》第1—3、6—7期連載）

《不怕筆記》；《論裸體運動》（《宇宙風》第2期，10月1日）

《所望於申報》；《不知所云》；《談螺絲釘》（《宇宙風》第3期，10月16日）

《提倡方言文學》；《再談螺絲釘》（《宇宙風》第5期，11月16日）

《談中西文化之別》；《四談螺絲釘》（《宇宙風》第6期，12月1日）

《說恥惡衣惡食》；《記翻古書》（《宇宙風》第7期，12月16日）

1936年

8月10日晚舉家乘「胡佛總統號」客輪赴美。9月初到達後，先在賽珍珠家裡住了近一個月，接著在紐約中央公園西邊一幢老樓房的七樓租了一套公寓居住。10月5日，應美國書籍出版者協會邀請，在第一屆全美書展演作會上講演。10月19日魯迅逝世，林語堂曾撰寫《悼魯迅》一文。12月19日，林語堂又應邀參加在哥倫比亞大學舉行的有關西安事變的討論會，並發表講演。是年林語堂的重要著述有：

《子見南子及其他》（商務印書館）

《中國新聞輿論史》（芝加哥大學出版社）

《關於北平學生一二九運動》（《宇宙風》第8期，1月1日）

《外人旁觀者》；《告學生書》；《論躺在床上》（《宇宙風》第9期，1月16日）

《考試分數之不可靠》；《論看影流淚》（《宇宙風》第10期，2月1日）

《藝術的帝國主義》；《記性靈》（《宇宙風》第11期，2月16日）

《茵冶論考試》;《冀園被偷記》(《宇宙風》第12期,3月1日)

《節育問題常識》;《叩頭與衛生》;《兩部英語字典》(《宇宙風》第13期,3月16日)

《吃草與吃肉》(《宇宙風》第14期,4月1日)

《遊山日記讀法》(《宇宙風》第15期,4月16日)

《跋眾愚節字林西報社評》(《宇宙風》第16期,5月1日)

《古書有毒辯》;《申報的醫藥附》;《字林西報評走私》(《宇宙風》第18期,6月1日)

《「貓與文學」小引》(《宇宙風》第22期,8月1日)

《中國雜誌的缺點》(《西風發刊詞》);《西風發刊詞》(《宇宙風》第24期,9月16日)

《臨別贈言》(《宇宙風》第25期,9月16日)

《我的話》(《披荊集》)(上海時代圖書公司)

1937年

致力於弘揚中華民族文化和宣傳抗日。是年,林語堂的《生活的藝術》由美國約翰·黛公司出版外,其他著述有:

《抵美印象—至國內友人》;《中日之國民性—近情與不近情之差別》(《西風》10期,6月1日)

《課兒小記》(海外通信之一)(《宇宙風》第31期,12月16日)

《日本征服不了中國》(紐約《時代週刊》8月29日)

《中日戰爭之我見》(為《吾國與吾民》第十三版增寫的一章)

1938年

《孔子的智慧》由藍登書屋出版。這是林語堂首次將儒家學說介紹給西方讀者。2月初,林語堂偕妻女到歐洲旅遊。8月8日,在巴黎動筆寫作

《京華煙雲》。是年林語堂的其他著述有：

《美國與中日戰爭》(《宇宙風》第70期，7月1日)

《日本必敗論》(《宇宙風》第73期，8月16日)

1939年

因歐洲戰爭即將爆發，林語堂一家提前回到紐約。5月9日，林語堂應邀參加在紐約舉行的國際筆會第17屆大會，並發表以《希特勒與魏忠賢》為題的講演。另外，書評家兼編輯菲地門約請林語堂為《我的信仰》一書撰寫一篇同名文章。是年，林語堂的《京華煙雲》由美國約翰·黛公司出版。9月4日，林語堂致信郁達夫(《我的長篇小說》，《宇宙風》乙刊第15期，10月16日)，委託他翻譯《京華煙雲》。

1940年

5月全家回到重慶。8月20日返回美國。去國前，林語堂將其在北碚四室一廳住房連同傢俱捐贈給中華全國文藝界抗敵協會使用。是年，林語堂的《諷頌集》由美國約翰·黛公司出版。

1941年—1942年

在紐約專事寫作。是年林語堂發表的著述有：

《辜鴻銘—最後一個儒家》(《西風副刊》第32期，4月)

《歐美印象》(林語堂等著，上海西風社1941年11月版)

《中國印度之智慧》(美國藍登書屋1942年)

《中國何以必勝》(《泰晤士週刊》，1942年2月15日)

《美國與中國的抗建》(《宇宙風》散文半月刊第115期，6月1日)

1943年

政論《啼笑皆非》由美國約翰·黛公司出版。是年秋，林語堂全家再次回到重慶。是年林語堂的其他著述有：

《科學與人生觀》（《中央週刊》第6卷第18期）

《論中西文化與心理建設—10月24日在中央大學演講稿》（《半月文萃》第2卷第5期轉載）

1944年

春，林語堂一家返回美國。是年發表的論述有：

《論月亮與臭蟲》（《宇宙風》乙刊第135、136期合刊）

《啼笑皆非》；《五十以學易辯》（《宇宙風》乙刊第138期，8月）

1947年

出任聯合國科教文組織美術與文學組主任。不久辭職，從巴黎搬到坎城，繼續以寫作為業。是年，林語堂的《蘇東坡傳》由美國約翰·黛公司出版外，其他著述有：

《我的二姐》（原載美國The Rotarian，黃嘉德譯，《西風》第93期，4月）

《文人畫像》（林語堂等著，上海晨光出版公司）

1948年

偕同夫人從坎城回到紐約。是年，《老子的智慧》由美國藍登書屋出版。

1950年

《美國的智慧》，由美國約翰·黛公司出版。

1952年

《英譯重編傳奇小說》（內有導言），由美國約翰·黛公司出版。

1954年

10月2日下午乘機赴新加坡，出任南洋大學校長。至次年4月26日辭職。

1957年

《武則天傳》，由美國世界出版公司出版。

1958年

10月14日到臺灣參觀。曾應邀在臺灣大學作《〈紅樓夢〉的考證》講演。是年，《匿名》由美國法拉‧史特勞斯與庫德海公司出版。

1959年

美國參議院外交委員會「康隆報告」製造「兩個中國」謬論，林語堂表示堅決反對。是年，《中國的生活》和《從異教徒到基督教徒》由美國世界出版公司出版。

1961年

1月16日，應美國國會圖書館邀請，在華盛頓作以《「五四」以來的中國文學》為題的講演。在馬星野的促進下，偕夫人到中南美六國遊歷並發表講演。是年，《輝煌的北京》由美國康諾出版公司出版，《不羈》由美國世界出版公司出版。

1965年

2月10日開始在臺灣中央社「無所不談」專欄發表文章。是年，結束旅美生活，回到香港。《無所不談》一集，由臺北文星書店出版。

1966年

1月26日，再次到臺灣參觀。6月，定居臺灣。《平心論高鶚》，由臺北文星書店出版。

1967年

《中國畫論》（譯自國畫名家），由美國普拉姆出版公司出版。《無所不談》二集，由臺北文星書店出版。

1968年

6月18日至20日，出席在漢城舉行的國際大學校長協會第二屆大會，並發表以《趨向於全人類的共同遺產》為題的講演。

1969年

被推選為國際筆會臺灣分會的會長。9月，出席在法國蒙頓舉行的國際筆會第36屆大會並發表講演。

1970年

負責籌備6月在臺北舉行的亞洲作家第三次大會。7月底至8月初，出席在漢城舉行的國際筆會第37屆大會，並發表以《論東西文化的幽默》為題的講演。

1972年

《當代漢英詞典》，由香港中文大學出版。

1974年

《無所不談合集》，由臺北開明書店出版。

《八十自敘》，由臺北遠景出版社出版。

1975年

9月在維也納舉行的國際筆會第四十屆大會上，林語堂被推舉為副會長。他的《京華煙雲》被推舉為諾貝爾文學獎候選作品。

1976年

3月26日22時10分，林語堂逝世於香港。

4月1日，安葬於臺灣陽明山家園裡。

■ 附錄二　參考資料

1. 《新青年》。

2. 《國學季刊》。

3. 《北京大學日刊》。

4. 《歌謠週刊》。

5. 《晨報副刊》。

6. 《語絲》。

7. 《中央副刊》。

8. 《論語》。

9. 《人間世》。

10.《宇宙風》。

11.《逸經》。

12.《西風》。

13.《魯迅全集》，人民文學出版社，1982年。

14.林太乙：《林語堂傳》，臺灣聯經出版事業公司，1981年6月八版。

15.萬平近：《林語堂論》，陝西人民出版社，1987年。

16.施建偉：《林語堂在大陸》，北京：十月文藝出版社，1991年。

17.施建偉：《林語堂在海外》，百花文藝出版社，1992年。

18.張華主編：《中國現代雜文》，西北大學出版社，1987年。

19.邵伯周：《中國現代文學思潮研究》，學林出版社，1993年。

20.胡風：《林語堂論》，《文學》第4卷第1期。

21.陳金淦：《評「論語」派》，《徐州師範學院學報》1979年第3期。

22.張梁：《林語堂論》，《文學評論叢刊》1980年第4期。

23.唐弢：《歷史不能背離事實》，《文物天地》1981第4期。

24.倪墨炎：《魯迅和論語派關係始末》，《新文學論叢》1982年第4期。

25.《魯迅與林語堂》，《福建論壇》1984年第3期。

26.周啟付：《林語堂與〈論語〉》，《藝譚》1984年第3期。

27.萬平近：《老舍與林語堂及其論語派》，《新文學論叢》1984年第4期。

28.梅中泉：《林語堂和〈京華煙雲〉》，《書林》1988年第3期。

29.張謙：《林語堂和他的〈紅牡丹〉》，《文藝學習》1988年第4期。

30.唐弢：《林語堂論》，《林語堂選集》，海峽文藝出版社，1988年版。

31.萬平近：《林語堂的文學生涯》，《林語堂選集》，海峽文藝出版社，1988年。

32.陳平原：《兩腳踏東西文化—林語堂其人其文》，《讀書》1989年第1期。

33.閻廣林：《林語堂幽默觀論略》，《西北大學學報》1989年第3期。

34.莊鐘慶：《論語派與幽默文學》，《新文學史料》1989年第3期。

35.陳漱渝：《林語堂的幽默小品》，《散文世界》1989年第2期。

36.餘斌：《林語堂的「加、減、乘、除」》，《讀書》1989年第10期。

37.施建偉：《林語堂與幽默》，《文學報》1989年5月4日。

38.施建偉：《幽默—林語堂與魯迅比較》，《魯迅研究動態》1989年第10期。

39.林榮松：《民族意識和林語堂的小說創作》，《學術論壇》1989年第3期。

40.黃萬華：《「京華煙雲」兩題》，《牡丹江師院學報》1989年第1期。

41.萬平近：《從文化視角看林語堂》，《文化文摘》1989年第3期。

42.施建偉：《林語堂與賽珍珠》，《文匯讀書週報》1990年5月12日。

43.萬平近：《談〈京華煙雲〉中譯本》，《新文學史料》1990年第2期。

44.吉雲士：《林語堂傳略》，《文教資料》1990年第3—4期。

45.吉雲士：《林語堂著譯編年》，《文教資料》1990年3—4期。

46.吉雲士：《文人眼中的林語堂》，《文教資料》1990年第3—4期。

47.施建偉：《幽默—林語堂與魯迅比較》（續），《魯迅研究月刊》1990年第7期。

48.戴嘉樹：《林語堂現象—東西文化的夾縫》，中國人民大學複印報刊資料《中國現代當代文學研究》1990年第7期。

49.田錫明：《理想自我的追求—試論林語堂的長篇小說〈京華煙雲〉》，中國人民大學複印報刊資料《中國現代當代文學研究》1990年第2期。

50.施建偉：《林語堂研究綜述》，《福建論壇》1990年第5期。

51.王惠廷：《林語堂三十年代幽默文學漫議》，中國人民大學複印報刊資料《中國現代當代文學研究》1990年第4期。

52.顧國柱：《林語堂的「綜合觀」與克羅齊的「表現說」》，中國人民大學複印報刊資料《中國現代當代文學研究》1990年第1期。

53.沈棲：《林語堂散文創作簡論》，中國人民大學複印報刊資料《中國現代當代文學研究》1991年第2期。

54.薛光前：《林語堂我的英文老師》，臺灣《傳記文學》第28卷第5期。

55.馬星野：《回憶林語堂先生》，臺灣《傳記文學》第31卷第6期。

56.陳石孚：《林語堂先生與我》，臺灣《傳記文學》第31卷第6期。

57.黎東方：《我論語堂先生》，臺灣《傳記文學》第31卷第6期。

58.張希哲：《林語堂論東西文化的差異與調和》，臺灣《傳記文學》第31卷第6期。

59.徐：《追思林語堂先生》，臺灣《傳記文學》第31卷第6期。

60.陳紀瀅：《我所知道的林語堂先生》，臺灣《傳記文學》第31卷第6期。

61.黃肇珩：《煙鬥、字典、馬—語堂先生的三件事》，臺灣《傳記文學》第32卷第1期。

62.謝冰瑩：《憶林語堂先生》，臺灣《傳記文學》第32卷第1期。

63.徐：《從〈語堂文集〉談起》，臺灣《傳記文學》第34卷第6期。

64.關國煊：《胡適與中國民權保障同盟》，臺灣《傳記文學》第50卷第6期。

後 記

經過一段緊張的寫作後，全書終於依期脫稿了。這總算完成了一件事，心裡不免有如釋重負之感。

寫這麼一本書，對我來說不是一件輕而易舉的事。因為林語堂本身就是「一團矛盾」，是一個極為複雜的文化現象，而且自30年代以來，國內評論界一直對他持有較多的非議，因而不容易對他作出中肯的評述。不過，我認為他畢竟是一種客觀存在的文化現象，不管怎樣「矛盾」和複雜，經過花一番力氣之後是可以得到切實的瞭解，並作出恰當的評價的。為此，我在寫作過程中，儘量多看一些原始材料，力求以較充分的史實來說明真實情況。同時盡力做到全面地考察和審視問題，以減少以偏概全和主觀臆斷的片面性。此外，堅持實事求是的態度去分析問題，「當好說好，當壞說壞」，不隱瞞自己的看法。可以說，我是在有限的時間內，盡了自己最大的努力，寫了自己至今所能達到的認識了。不過，限於這書主要是評述林語堂作為國學家的活動的，因而對他的小說創作談得較少，對他晚年社會態度也未去涉及。這是必須加以說明的。而且，所作的評述，肯定會有不當之處。懇請專家和讀者指正。

這書之所以能夠較為順利地寫成，是有多方面原因的。一是得到

百花洲文藝出版社的大力支持，特別是此書的責任編輯錢宏先生對此書寫作提出了寶貴的指導意見。二是海內外許多研究林語堂的學者提供了豐碩的成果，使我省去了不少重複摸索的力氣，並有可能在他們所取得的成就基礎上多少有所進展。三是有好些友人不吝賜教和說明解決資料難題。如金岱、吳定宇二位先生曾與我共同商討林語堂文化活動的特點等問題；李銘標先生和范靜梅、李秀卿女士分別在臺灣和香港為我購買了大量的林語堂著作，吳定宇先生也給我借閱了不少的珍貴資料。在這裡，讓我對所有給過我助益的同仁和朋友，謹致由衷的感謝！

最後，諸孝正教授在百忙中抽出時間，並冒著酷暑，為拙著撰寫序言，給了我莫大的激勵。他這種大力支持學術研究的高尚精神，是很令我感佩的。在此，讓我表示誠摯的謝意！

劉炎生

1993年7月30日於華南師大

昌明文庫·悅讀人物　A0603034

林語堂評傳

作　　　者	劉炎生
版權策畫	李　鋒

發 行 人	陳滿銘
總 經 理	梁錦興
總 編 輯	陳滿銘
副總編輯	張晏瑞
編 輯 所	萬卷樓圖書股份有限公司
排　　版	菩薩蠻數位文化有限公司
印　　刷	維中科技有限公司
封面設計	菩薩蠻數位文化有限公司

出　　版	昌明文化有限公司

桃園市龜山區中原街 32 號

電話 (02)23216565

發　　行　萬卷樓圖書股份有限公司

臺北市羅斯福路二段 41 號 6 樓之 3

電話 (02)23216565

傳真 (02)23218698

電郵 SERVICE@WANJUAN.COM.TW

大陸經銷

廈門外圖臺灣書店有限公司

電郵 JKB188@188.COM

ISBN 978-986-496-132-0

2018 年 1 月初版

定價：新臺幣 440 元

如何購買本書：

1. 劃撥購書，請透過以下郵政劃撥帳號：

帳號：15624015

戶名：萬卷樓圖書股份有限公司

2. 轉帳購書，請透過以下帳戶

合作金庫銀行　古亭分行

戶名：萬卷樓圖書股份有限公司

帳號：0877717092596

3. 網路購書，請透過萬卷樓網站

網址 WWW.WANJUAN.COM.TW

大量購書，請直接聯繫我們，將有專人為您服務。客服：(02)23216565 分機 610

如有缺頁、破損或裝訂錯誤，請寄回更換

國家圖書館出版品預行編目資料

林語堂評傳 / 劉炎生作. -- 初版. -- 桃園市：昌明文化出版；臺北市：萬卷樓發行，2018.01

面；　公分. -- (昌明文庫. 悅讀人物)

ISBN 978-986-496-132-0(平裝)

1.林語堂 2.臺灣傳記

783.3886　　　　　　　　　　107001503

本著作物經廈門墨客知識產權代理有限公司代理，由百花洲文藝出版社授權萬卷樓圖書股份有限公司出版、發行中文繁體字版版權。